처음 만나는
행동경제학

심리를 알면 경제가 보인다

처음 만나는
행동경제학

신임철 지음

에이콘

존경하는 부모님, 사랑하는 아내 미영이와
자랑스러운 아들 동혁이에게 이 책을 바칩니다.

저자의 이력은 매우 독특하다. 노벨경제학상 수상자인 로버트 쉴러[Robert Shiller] 예일대 교수에게서 행동경제학을 직접 배운 후 행동경제학 논문으로 박사학위를 받은 경영학자이자, 복합리조트[IR]를 비롯해 금융회사, 미술관, 인공지능 스타트업, 디지털 플랫폼 기업 등에서 일한 전문경영인이다. 다양한 이력에서 나오는 해박한 지식과 경험 그리고 날카로운 통찰력이 느껴지는 책이다. 에세이처럼 쉽고 편안하게 잘 읽히지만, 학문적 성찰과 깊이는 웬만한 전문서적을 능가한다. 우리나라 독자를 위한 최고의 행동경제학 교과서라고 말해도 지나침이 없다. 이 책을 통해 우리나라 경제학계에서도 행동경제학의 위상이 더욱더 높아지길 바란다.

전필립 / 파라다이스그룹 회장

오직 학문적 대가들만이 쉬운 입문서를 쓸 수 있다는 말이 있다. 그만큼 비전공자도 이해할 수 있는 입문서를 쓴다는 것은 결코 쉬운 일이 아니다. 행동경제학에 관한 방대한 연구논문과 저서를 섭렵한 후 독자들이 쉽게 이해할 수 있도록 풀어 쓴 저자의 능력과 글솜씨가 그저 놀라울 따름이다. 행동경제학의 핵심 내용을 가장 쉽고 빠르게 파악할 수 있는 지름길 같은 책이다.

고영배 / 우리펀드서비스 대표이사

쉽고 재미있고 흥미진진하다. 인공지능, 플랫폼, 가상화폐, 주식, 부동산, 역사, 정치, 문학, 영화, 음악, 미술, 카지노, 게임이론 등 여러 분야를 넘나드는 다양한 소재가 책에서 눈을 뗄 수 없게 만든다. 등장하는 사례는 친숙하고 행동경제학을 이해하는 데 큰 도움을 준다. 이렇게 쉬운 행동경제학 책은 진작 나왔어야 했다.

김종서 / 아톤 대표이사

이력이 말해주듯이 저자는 호기심이 많고 항상 새로운 도전을 해왔다. 행동경제학에 대해서도 그렇다. 이 책은 저자의 오랜 지적 호기심과 집요한 학문적 도전의 산물이다. 그만큼 이 책의 콘텐츠는 신선하고 지적 영감을 주기에 충분하다. 행동경제학에 대한 지적 호기심과 갈증이 있는 독자들에게 일독을 권한다.

현승윤 / 스톤브릿지캐피탈 대표이사

『넛지』를 읽고 왠지 모를 아쉬움이 있었다면 이 책을 꼭 읽어보길 권한다. 그야말로 우리나라 독자를 위한 행동경제학 책이다. 어려운 내용을 독자에게 쉽게 풀어내는 저자의 능력이 탁월하다. 이 책이 우리나라에서 행동경제학의 저변을 넓히는 데 큰 역할을 할 것으로 기대한다.

김효상 / 크로스로드파트너스 대표이사

일상 속 다양한 사례를 통해 행동경제학이 사실 우리 삶 구석구석에 깊은 혜안을 던져주는 학문이라는 점을 명쾌히 밝힌 책이다. 경제학 비전공자도 부담 없이 읽을 수 있는 행동경제학 입문서로서 기존 학문과 인식의 틀을 넘어 세상을 이해하고 분석하고자 하는 지적 도전자들에게 큰 도움이 될 것이다. '융합형 인재'라는 말이 나오기 훨씬 이전부터 다양한 학문과 이론을 섭렵하고, 경영 현장에서 직접 실천해 온 저자이기에 이러한 책의 집필이 가능했다고 생각한다.

정재관 / 고려대학교 정치외교학과 교수

행동경제학과 조직행동론은 분명 다른 학문이지만 공통점도 많다. 행동경제학의 관점에서 조직행동을 바라보는 저자의 시각이 독창적이고 흥미롭다. 이 책은 다른 학문을 공부하는 사람들에게도 좋은 자극과 훌륭한 인사이트를 제공할 것이다.

신순철 / 덴마크 Aalborg University Business School 교수

전문성과 대중성을 모두 갖춘 입문서를 쓴다는 것은 결코 쉬운 일이 아니다. 행동경제학에 관한 다양한 연구결과와 저자의 학문적 고민을 녹여 독자가 쉽게 이해할 수 있는 문장으로 뽑아낸 저자의 능력이 놀랍다. 친절하지만 결코 가볍지 않은 행동경제학 입문서다.

이주영 / The Hong Kong Polytechnic University 경영학과 교수

저자는 타고난 이야기꾼이다. 전작인 『처음 만나는 금융공학』에서 보여줬던 저자의 뛰어난 스토리텔링 능력은 이번에도 여전히 빛을 발했다. 행동경제학의 복잡한 이론을 재미있고 말랑말랑한 이야기로 풀어내는 저자의 재능에 또 한 번 놀랐다.

이철균 / 서울경제신문 산업부장

신임철(imchul.shin@gmail.com)

강원도 철원에서 태어나 고려대학교(정치학 학사), 서울대학교(행정학 석사), 예일대학교(MBA)를 졸업하고, 하버드 비즈니스 스쿨에서 M&A를 공부한 뒤 성균관대학교에서 행동경제학에 관한 논문으로 경영학 박사학위를 취득했다. 예일대학교 재학 시절에는 노벨 경제학상 수상자인 로버트 쉴러 교수로부터 행동경제학과 행동재무학을 배웠다.

은행(우리은행·우리금융지주), 보험(푸본현대생명), 카드(현대카드·삼성카드), 캐피탈(현대캐피탈), 미술관(삼성 리움미술관), 복합리조트(파라다이스시티), 인공지능 에듀테크 스타트업(뤼이드), 온라인 플랫폼(카매니저) 등의 다양한 분야에서 전략, 마케팅, M&A, 파이낸스, 금융상품 개발 등의 업무를 두루 경험하며, 실무자와 팀장을 거쳐 임원, 부사장, 대표이사 등의 전문경영인으로 일했다. 또한 GLG, GUIDEPOINT, AlphaSights, LYNK 등 글로벌 전문가 네트워크 플랫폼 회사의 자문위원으로 활동하며 글로벌 경영 컨설팅 회사, 사모펀드, 투자은행, 국내외 대기업 등을 대상으로 컨설팅을 했다.

국민대학교 경영대학원에서 '금융의 융복합화와 금융마케팅' 수업을 통해 MBA 학생들에게 금융시장, 행동경제학, 행동재무학, 금융마케팅 등을 가르쳤으며, 국가공무원 인재개발원에서는 사무관을 대상으로 인공지능에 대해 강의했다. 이 외에 기업체, 단체, 대학 등의 초청으로 다양한 주제로 여러 차례 특강을 했다. 또한 글로벌 마케팅 저널인 「Academy of Asian Business Review[AABR]」의 논문 심사위원을 역임했다.

주요 저서 및 논문으로는 『처음 만나는 금융공학』[에이콘, 2018], 「소비자행동에 관한 행동경제학 관점의 연구」[성균관대 경영학 박사학위 논문, 2020], 「카지노고객의 행동에 영향을 미치는 심리요인에 관한 행동경제학 관점의 연구」[관광연구저널, 2020], 「심리적 회계가 카지노 게임 행동에 미치는 영향에 관한 연구: EVM 실험연구를 중심으로」[호텔경영학연구, 2020], 「A study on the effect of perceived value of o4o service in the accommodation industry on switching cost, trust transfer, and visit intention」[Journal of International Trade and Commerce, 2019], 「전교조와 정부 간 게임에 영향을 미친 요인에 관한 연구」[서울대 행정학 석사학위 논문, 2001] 등이 있다.

현재 GS그룹의 전기차 충전 플랫폼 사업 계열사인 GS커넥트와 차지비(ChargEV)의 대표이사를 겸직하고 있다.

고등학교 3학년 때 대학입학 원서를 쓸 때의 일입니다. 담임 선생님께서 "너는 경제학이나 경영학에는 관심이 없느냐?"라고 물으셨습니다. "저는 전혀 관심이 없습니다."라고 대답했습니다. 그 당시 저는 장래희망이 정치가였기 때문에 대학에서 꼭 정치학을 공부하고 싶었거든요. 게다가 저는 경제학과 경영학 간의 학문적 차이도 잘 몰랐고, 경제학과 경영학의 '경經'자만 들어도 경기驚氣를 할 정도로 그 두 학문을 별로 좋아하지도 않았습니다. 솔직히 큰 흥미도 없었고요.

그러던 제가 마침내 경제학을 본격적으로 공부해야만 하는 상황에 처하고야 말았습니다. 대학원에 다닐 때 행정고시 1차를 붙었는데, 2차 시험에 경제학이 필수과목이었던 것입니다. 어쩔 수 없이 서울대 이준구 교수님의 미시경제학과 고려대 김기화 교수님의 거시경제학 교재를 구입해서 공부를 시작했습니다. 처음에는 당연히 책 내용이 무슨 말인지 전혀 이해할 수 없었습니다. 그래서 달달 외울 정도로 수십 번을 정독했습니다. 그리고 결국엔 경제학이 서서히 재미있어지기 시작했습니다. 하지만 안타깝게도 행정고시 2차에서는 떨어지고 말았습니다. 그때 제 실력을 생각해보면 행정고시 낙방은 너무나도 당연한 결과였습니다. 물론 경제학 때문은 아니었습니다. 경제학 과목에서는 오히려 꽤 좋은 점수를 받았습니다. 비록 행정고시에는 불합격했지만, 고시공부의 최대 성과는 경제학과 친해진 것이라고 생각합니다.

그후 제가 경제학을 다시 만난 건 예일대학교^{Yale University}에서 MBA^{Master of Business Administration} 과정을 밟을 때였습니다. 예일대학교의 비즈니스 스쿨 이름은 School of Management인데, 줄여서 SOM이라고 합니다. SOM에서는 경영학 교수님들뿐만 아니라 경제학 교수님들도 강의를 하셨는데, 그중에 로버트 쉴러 교수님이 계셨습니다. 행동경제학을 연구한 공로로 노벨경제학상을 받으신 분이죠. 수강신청을 할 때 미국 친구들이 쉴러 교수님 강의는 반드시 들어야 한다는 말을 했습니다. 친구들은 쉴러 교수님이 행동경제학의 대가이며 아마도 천재일 거라고 말했습니다. 그래서 저도 친구들과 함께 "Behavioral & Institutional Economics"라는 과목을 수강하게 됐습니다.

그런데 쉴러 교수님이 가르치신 경제학은 제가 그동안 알고 있었던 경제학(전통경제학, 주류경제학 또는 신고전학파 경제학)이 아니었습니다. 바로 행동경제학^{Behavioral Economics}이라는 것이었습니다. 그래프도 거의 등장하지 않고 복잡한 수식도 많이 없는 마치 심리학 같은 경제학이었습니다. 충격이었죠. 그리고 그때 사용했던 교재가 바로 쉴러 교수님이 UC Berkeley의 조지 애컬로프^{George Akerlof} 교수님(중고차 시장을 분석한 레몬시장 이론으로 2001년 노벨경제학상 수상)과 함께 쓰신 『야성적 충동^{Animal Spirits}』^(알에이치코리아, 2009)이라는 책의 초고였습니다. 저는 쉴러 교수님의 수업을 열심히 들었을 뿐만 아니라, 동시에 쉴러 교수님과의 개인적인 교류를 통해 행동경제학에 대한 소중한 인사이트를 많이 얻을 수 있었습니다. 저는 예일대학교 졸업 후에도 행동경제학의 매력에 푹 빠지게 됩니다. 행동경제학을 주제로 경영학 박사학위 논문을 쓰고, 학술저널에 행동경제학과 관련된 논문도 발표했습니다. 그리고 마침내 이렇게 행동경제학 입문서까지 출간하게 됐습니다.

이 책이 나오기까지는 많은 분의 도움과 응원이 있었습니다. 우선 행동경제학을 처음으로 가르쳐 주신 예일대학교의 로버트 쉴러 교수님과 행동경제학에 관한 논문으로 경영학 박사학위를 받을 수 있도록 지도해 주신 성균관대학교의 김정구 교수님께 큰 감사를 드립니다. 두 분 교수님의 가르침이 없었다면 저는 이 책을 절대 쓸 수가 없었습니다. 그리고 『처음 만나는 금융공학』에 이어 두 번째 책도 출간할 수 있는 기회를 주신 에이콘출판사의 권성준 사장님께도 진심으로 감사드립니다. 권사장님은 오랜 시간 이 책의 집필을 기다려 주셨고, 인생의 멘토로서 항상 따뜻한 조언과 격려로 응원해 주셨습니다. 또한 이 책이 더 좋은 책이 될 수 있도록 유용한 코멘트를 많이 해준 오랜 절친인 정재관 교수(고려대학교 정치외교학과), 친동생인 신순철 교수(Aalborg University Business School), 금융경제학 전문가인 하석근 박사님, 금융 머신러닝 전문가인 이기홍 박사님, 매우 지적인 임승현 아이디어스 CSO에게도 고마운 마음을 전하고 싶습니다. 끝으로 이 책의 집필과 출간을 위해 실무적으로 큰 도움을 주고 모든 일정을 꼼꼼하게 챙겨주신 에

이콘출판사의 황영주 부사장님과 조유나 과장님, 그리고 깔끔하게
편집해주신 양아영 선생님께도 감사의 말씀을 드립니다.

2022년 입춘

신임철

차 례

우리나라 독자를 위한 행동경제학 입문서가 있으면 좋겠다

행동경제학이란 인간 심리의 관점에서 인간의 경제적 선택을 연구하는 학문입니다. 즉 심리학의 관점에서 경제 현상을 연구하는 학문이죠[Mullainathan and Thaler 2000; Thaler 2016]. 행동경제학은 해외에서는 이미 주류경제학과 어깨를 나란히 할 정도로 위상이 높아졌고, 얼마 전부터는 우리나라에서도 많은 사람의 관심과 흥미를 끌기 시작했습니다. 그런데 우리나라에서 접할 수 있는 행동경제학 책은 대부분 노벨경제학상을 수상한 해외 유명 교수들이 저술한 책을 번역한 것입니다. 리차드 탈러[Richard Thaler]의 『넛지』, 『똑똑한 사람들의 멍청한 선택』, 『승자의 저주』, 대니얼 카너먼[Daniel Kahneman]의 『생각에 관한 생각』, 로버트 쉴러의 『야성적 충동』, 『비이성적 과열』, 『버블 경제학』 등이 대표적인 행동경제학 번역서입니다.

　이러한 번역서는 행동경제학의 대가들이 쓴 책이기 때문에 우리나라 독자에게 행동경제학의 진수를 맛볼 수 있는 기회를 줍니다. 하지만 행동경제학 번역서는 주로 영어권 독자에게 친숙한 사례를 들어 행동경제학 개념을 설명하기 때문에 우리나라 독자에게는 그러한 사례가 다소 낯설게 느껴질 수도 있습니다. 등장하는 사례가 낯설면 아무래도 독자들이 행동경제학을 완전히 이해하는

데에도 어려움이 있을 수 있습니다. 또한 번역서에 종종 등장하는 영어식 표현은 우리나라 독자가 행동경제학 책을 읽고 공부하는 데 심리적인 불편함을 줄 수도 있습니다. 이러한 고민을 하다 보면 우리나라 독자를 위한 쉬운 행동경제학 입문서가 있으면 좋겠다는 생각을 하게 됩니다.

따라서 이 책의 목적은 우리나라 독자들에게 매우 친숙한 사례와 친절한 표현을 통해 행동경제학에 대해 마치 에세이처럼 이야기하듯이 설명함으로써, 우리나라 독자들이 행동경제학의 본질적인 내용을 쉽고 정확하게 이해할 수 있도록 도움을 주는 데 있습니다. 좀 더 나아가 이 책이 우리나라 독자들이 보기에 이해하기 쉽고 재미있는 행동경제학 입문서가 된다면 더할 나위 없이 좋을 것입니다.

이 책의 뼈대는 제 경영학 박사학위 논문인 「소비자행동에 관한 행동경제학 관점의 연구」라고 할 수 있습니다. 대부분의 박사학위 논문은 이론적인 내용이 많고 지루하기 때문에 일반 독자들이 읽기가 쉽지 않습니다. 따라서 이 책에서는 제 박사논문의 내용 중 행동경제학에서 중요하게 다루는 개념과 흥미 있는 선행연구 등을 중심으로 책의 전체적인 구조를 잡고, 행동경제학을 쉽게 이해할 수 있는 다양한 사례와 세계적인 행동경제학자들의 연구결과를 덧붙였습니다. 문장은 최대한 쉽고 간결하고 명확하게 쓰고자 했습니다.

대상 독자는 일반인, 개인투자자, 직장인, 대학생, 고등학생까지 매우 광범위합니다. 행동경제학에 관심이 있는 일반인, 소비자의 심리와 행동을 공부하고자 하는 마케팅 담당자, 높은 투자수익률을 원하는 개인투자자, 금융시장의 변동성에 민감한 금융공기업 또는 금융회사 임직원, 행동경제학 수업을 수강하거나 행동경제학을 전공하려는 대학생, 경제 과목에 흥미가 있거나 상경계열 학과로 진학하려는 고등학생 등에게 매우 유용한 책이라고 생각합니다.

이 책은 총 7개의 장으로 구성돼 있습니다.

1장에서는 행동경제학의 정의와 역사, 주류경제학과의 차이, 인간의 생각과 관련된 프로세스와 시스템, 행동경제학과 행동재무학 간의 관계, 행동경제학에 대한 연구로 노벨경제학상을 받은 학자들, 행동경제학을 공부해야 하는 이유 등에 대해 이야기합니다.

2장에서는 사람들이 어떤 결정이나 선택을 할 때 활용하는 자신만의 주관적인 결정 기준이나 규칙인 휴리스틱 또는 편향에 대해 설명합니다. 사람들은 각자의 휴리스틱이나 편향으로 인해 대충 직감으로 신속하게 판단하는 경향이 있는데요. 이용가능성 편향, 대표성 편향, 감정 휴리스틱, 후회회피, 확증편향, 보수주의 편향, 관성, 앵커 효과 등을 살펴봅니다.

3장에서는 불확실한 상황에서의 선택을 설명하는 이론인 전망이론을 알아봅니다. 전망이론은 확실한 이득은 취하되 확실한 손실은 피한다는 이론으로, 가장 핵심적인 내용은 손실회피와 가치함수입니다. 손실회피는 확실한 손실을 피하고 싶어하는 성향을 말하고, 가치함수는 사람들이 이득과 손실에 대해 느끼는 가치를 표현한 함수입니다.

4장에서는 세상의 현상, 문제, 이슈 등을 바라보는 관점인 프레임(틀)을 공부합니다. 프레임이 달라지면 보이는 풍경도 바뀐다는 것이죠. 사람들은 세상을 바라보는 자신만의 프레임을 갖고 있습니다. 사람들의 프레임이 각자 다르기 때문에 사람들의 판단이나 선택도 서로 달라지는 것을 프레이밍 효과라고 합니다.

5장에서는 기업이 예산을 관리하듯이 개인도 자신의 마음 속에 스스로 설정한 심리적 계정별로 한도, 수입, 지출 등을 관리한다는 심리적 회계를 살펴봅니다. 사람들은 심리적 회계로 인해 계정별로 할당된 화폐는 다른 계정으로 전용하지 않고, 해당 화폐가 속한 계정 내에서만 사용하려는 성향을 보입니다. 심리적 회계가 소비자행동에 미치는 영향, 자기통제, 처분 효과 등에 대해서도 자세히 알아봅니다.

6장에서는 자신의 선택에 대한 확신의 정도를 나타내는 자신감과 군중심리를 설명합니다. 자신감이란 자신에 대한 믿음이나 자신의 운에 대한 확신에 따라 행동하려는 심리를 말합니다. 한편 군중심리란 자신에 대한 확신이 없이 다른 사람들의 의사결정이나 행동을 따라 하는 것을 의미합니다. 이 밖에도 과신편향, 사기꾼 증후군, 네트워크 효과, 베블런 효과 등을 공부합니다.

7장에서는 행동경제학의 사촌이라고 할 수 있는 게임이론과 점증모형을 알아봅니다. 용의자의 딜레마 게임, 사슴사냥 게임, 행동경제학과 점증모형 간의 관계 등도 살펴봅니다.

　미국에서는 주류경제학자들과 행동경제학자들은 만나기만 하면 서로 싸우기 때문에 밥도 같이 안 먹는다는 얘기가 있습니다. 주류경제학과 행동경제학 사이의 큰 간극을 단적으로 보여주는 이야기라고 생각합니다. 우리나라 경제학계에서는 두 학문을 연구하는 학자들이 서로 사이가 좋은지 혹은 좋지 않은지는 저도 잘 모르겠습니다. 하지만 우리나라 경제학계에도 분명 주류경제학과 행동경제학에 대한 관심의 차이가 있을 것이고, 아마도 경제학계의 관심은 주로 주류경제학 쪽으로 좀 더 기울어져 있을 것 같습니다. 그리고 이러한 관심의 차이는 경제학자들뿐만 아니라 일반 독자 사이에도 존재할 거라고 생각하는데요. 이를 해결할 수 있는 방법 중 하나는 우리나라 독자를 위한 행동경제학 관련 책이 좀 더 많이 나오는 것이라고 생각합니다. 이 책이 우리나라 독자 사이에서 행동경제학의 저변을 확대해 주류경제학과 행동경제학 간의 균형을 맞추는 데 조금이나마 기여할 수 있으면 좋겠습니다.

　그럼 이제 행동경제학의 세계로 본격적인 여행을 떠나볼까요?

에이콘출판의 기틀을 마련하신 故 정완재 선생님 (1935-2004)

1장

행동경제학이 도대체 뭐야?:
심리학+경제학

경제학은 선택에 관한 학문입니다. 즉 경제학은 경제주체의 의사결정에 대해 연구하는 학문입니다. 세상에는 흔히 두 개의 경제학이 존재한다고 합니다. 하나는 주류경제학이고, 다른 하나는 행동경제학입니다. 우리는 전자를 신고전학파 경제학 또는 전통경제학이라고도 부릅니다. 신고전학파 경제학이라는 말이 매우 어렵게 들리는데, 사실 우리와 아주 떨어져 있는 개념이 아니라 중고등학교에서 배운 경제학이 바로 신고전학파 경제학입니다. 우리는 사회수업 시간에 수요, 공급, 가격, 균형 등을 배웠습니다. 균형가격은 시장의 공급곡선과 수요곡선이 만나는 점에서 결정된다는 것이 신고전학파 경제학의 핵심 내용입니다. 아마도 다른 건 몰라도 이 내용은 또렷이 기억하실 거예요. 그런데 여기에는 엄청난 가정이 전제돼 있습니다. 그것은 바로 인간은 항상 합리적인 선택(의사결정)을 한다는 가정이죠. 이러한 주류경제학의 가정에 반대하는 또 하나의 경제학이 있는데, 그게 바로 행동경제학(또는 행태경제학)입니다.

행동경제학의 정의

행동경제학을 아주 간단히 정의하면 심리학과 경제학이 결합된 학문(Mullainathan and Thaler 2000; Thaler 2016)이라고 할 수 있습니다. 즉 행동경제학이란 심리학의 관점에서 인간의 경제적 선택을 연구하는 학문입니다. 인간의 경제적 선택에는 다양한 심리적 요인이 작용하는데, 행동경제학은 이러한 심리적 요인이 어떠한 과정을 거쳐 인간의 경제적 의사결정에 어떤 영향을 미치는지를 주로 관찰이나 실험 등의 방법을 통해 연구합니다. 행동경제학에 의하면 인간이 경제적 의사결정을 내릴 때 자기도 모르게 심리적 요인이 작용하기 때문에 합리적 선택이 아니라 비합리적 선택을 하게 된다고 합니다. 바로 이 점이 행동경제학과 주류경제학의 결정적인 차이입니다.

좀 더 전문가 느낌이 나게 설명을 해보겠습니다. 주류경제학에서는 인간이 무제한적인 정보처리 능력을 가졌다고 전제합니다. 즉 인간은 합리성을 갖고 있기 때문에 모든 정보를 알고 있고, 모든 정보를 분석할 수 있습니다. 그리고 인간은 이러한 정보 분석 결과를 기반으로 최적의 경제적 선택을 합니다. 따라서 주류경제학에서의 인간은 항상 합리적인 선택을 하는 매우 합리적인 존재이며, 의사결정 과정에 비합리적인 심리요인은 개입할 여지가 없다고 봅니다.

행동경제학은 이러한 주류경제학의 아이디어를 비판합니다. 행동경제학에 따르면 인간은 문제해결을 위해 합리성 rationality이 아니라 제한된 합리성 bounded rationality을 사용합니다. 인간은 의사결정과 관련된 모든 정보를 알 수 없고, 그 모든 정보를 비교하거나 처리할 수도 없다는 것입니다. 이러한 인간의 제한된 합리성으로 인해 인간의 의사결정 과정에는 심리적 요인이 작용합니다. 따라서 인간의 의사결정이 완전히 합리적일 수는 없습니다. 즉 인간은 제한된 합리성을 갖기 때문에 문제해결 능력에 한계가 있으며, 이로 인해 의사결정 시 비합리적인 선택을 하게 된다고 주장합니다[Simon 1955; Thaler and Mullainathan 2013].

행동경제학의 역사

그럼 행동경제학은 도대체 언제 생긴 걸까요? 행동경제학의 기원은 1978년에 노벨경제학상을 수상한 허버트 사이먼[Herbert Simon]으로 거슬러 올라갑니다. 사이먼은 사실 진정한 팔방미인 천재라고 할 수 있습니다. 경제학을 비롯해 심리학, 컴퓨터과학, 수학, 통계학, 정치학, 경영학, 행정학, 조직학 등의 다양한 학문 분야에 조예가 깊었고, 현대의 인지과학과 인공지능[AI, Artificial Intelligence] 연구에도 큰 영향을 미쳤습니다. 따라서 흔히 제임스 밀[James Mill]의 장남인 존 스튜어트 밀[John Stuart Mill]을 '다방면에 정통한 인류의 마지막 천재'라고 부르지만, 저는 오히려 사이먼이 그러한 마지막 천재라고 생각합니다.

물론 사이먼이 활발하게 연구활동을 하던 당시에도 주류경제학은 신고전학파 경제학이었습니다. 주류경제학에서 경제적 인간은 의사결정에 필요한 모든 정보를 알고 있고, 안정적인 선호체계를 갖고 있으며, 각각의 대안이 주는 효용을 정확하게 계산할 수 있고, 그중에서 자신의 효용을 극대화하는 대안을 선택할 수 있는 합리성을 가진 존재입니다. 하지만 사이먼은 인간이 이처럼 합리성을 갖고 있다는 주류경제학의 주장에 반대했습니다[Simon 1955]. 사이먼은 주류경제학의 주장에 전혀 현실성이 없다고 비판했습니다.

즉 주류경제학은 현실에서 인간이 실제로 어떻게 의사결정을 하고, 어떻게 문제를 해결하는지에 대해 전혀 설명하지 못한다고 비판했던 것입니다. 우리가 언뜻 생각해도 합리적인 인간을 가정하는 주류경제학만으로는 때때로 비합리적인 선택을 하는 인간의 행동을 명쾌하게 설명하기에는 부족하다는 생각이 듭니다.

그래서 사이먼은 인간의 의사결정 과정과 문제해결 능력을 현실에 근거해 설명하기 위해 '제한된 합리성'이라는 용어를 제안했습니다[Eatwell et al. 1987; Simon 1955; Thaler and Mullainathan 2013]. 사이먼에 의하면 제한된 합리성이란 인간의 인지적 한계, 즉 지식과 계산 능력의 한계를 의미합니다. 인간은 이러한 제한된 합리성을 갖고 있기 때문에 의사결정과 문제해결 능력에 한계가 있다고 주장합니다[Eatwell et al. 1987].

이후 행동경제학은 2002년 노벨경제학상 수상자인 대니얼 카너먼[Daniel Kahneman]과 그의 동료인 아모스 트버스키[Amos Tversky]가 전망 이론을 주장하면서[Kahneman and Tversky 1979], 주류경제학을 위협하게 됐습니다. 그리고 많은 행동경제학자는 연구와 실험을 통해 사람들의 경제적 의사결정은 예상보다 훨씬 더 비합리적이며, 사람들의 의사결정과 선택의 이면에 존재하는 심리, 선호, 태도 등은 나름의 체계를 갖고 사람들의 행동에 영향을 미쳐 비합리적인 의사결정이 체계적으로 반복된다는 사실을 밝혀냈습니다. 마침내 행동경제학자인 로버트 쉴러와 리차드 탈러가 각각 2013년과 2017년에 노벨 경제학상을 수상하면서 행동경제학은 이제 주류경제학에 버금

가는 학문으로서의 위치를 확고히 하게 됐습니다.

주류경제학에 대한 비판

행동경제학은 시장이나 현실에서 실제로 일어나는 인간행동, 특히 인간의 선택과 관련된 행동을 실험과 관찰을 통해 경험적으로 연구합니다. 경제학은 전통적으로 호모 이코노미쿠스homo economicus라고 일컫는 계산적이고 비감정적이며 이익극대화를 추구하는 합리적인 인간으로 구성된 세계를 개념화하는 학문입니다. 여기서 경제학이라 함은 주류경제학인 신고전학파 경제학을 말합니다. 신고전학파 경제학은 경제학을 반행동적인anti-behavioral 학문으로 정의하고 있습니다. 따라서 인지심리학과 사회심리학에서 연구해온 모든 인간행동은 주류경제학의 프레임 내에서는 무시되거나 배제돼 왔습니다. 대부분의 사람들은 주류경제학 모델이 규범화하기에 더욱더 용이하며, 실용적인 측면에서도 더 적합하다고 주장합니다. 행동경제학은 주류경제학에 대한 이러한 관점이 틀렸다는 점을 사람들이 자각하게 되면서 비로소 빛을 보게 됐습니다. 행동경제학자들의 오랜 노력에 힘입어 주류경제학에서 주장하는 절대적 합리성unbounded rationality에 근거한, 냉혹한 예측에 반대하는 경험적이고 실험적인 증거가 견고하게 축적돼 왔습니다. 행동경제학자들은 지속적인 연구를 통해 심리학적인 아이디어를 규범화하고, 그런 아이디어를 검증 가능한 예측으로 변환할 수 있다는 것을 명확하게 보여줬습니다[Mullainathan and Thaler 2000].

주류경제학은 현실 경제에서의 인간행동이 아니라 추상적인 경제에서의 인간행동을 연구하기 때문에[Thaler 2016], 주류경제학 모델은 인간행동과 관련해 최소한 다음 세 가지의 비현실적인 특성을 전제로 합니다. 첫째는 절대적 합리성이고, 둘째는 무한 의지력 unbounded willpower이며, 셋째는 무한 이기심 unbounded selfishness입니다 [Mullainathan and Thaler 2000].

행동경제학은 인간행동에 관한 주류경제학의 이 같은 세 가지 전제를 다음과 같이 비판합니다. 첫째, 사이먼이 지적했듯이 인간은 절대적 합리성이 아니라 제한된 합리성을 갖고 있습니다. 제한적 합리성은 인간의 문제해결을 어렵게 만드는 제한된 인지능력을 의미합니다. 인간은 신이 아니기 때문에 당연히 모든 사항을 알 수가 없고, 극히 제한적으로만 세상에 대해 알 수 있습니다. 따라서 인간이 모든 정보와 모든 경우의 수를 다 알고 최선의 의사결정을 한다는 것은 불가능한 일입니다.

둘째, 인간은 항상 자신에게 장기적으로 이익이 되는 선택만을 하는 것은 아닙니다. 즉 인간은 무한 의지력이 아니라, 제한된 의지력 bounded willpower을 갖고 있습니다. 인간의 제한된 의지력 때문에 인간은 때때로 자신의 장기적 이익에 위배되는 근시안적인 선택을 하기도 합니다. 장기적으로는 절대로 이익이 되지 않을 것이 뻔한데, 순간적으로 의지력을 잃고 잘못된 선택을 하게 됩니다. 우리가 인스턴트 식품이 장기적으로는 건강에 절대적으로 해롭다는 사실을 알면서도 단기적인 유혹을 이기지 못하고 인스턴트 식품을 사 먹게 되는 의사결정 과정을 생각해보면 됩니다. 또한 다이어트를 하면서도 다이어트가 가져다 줄 장기적 혜택을 잠시 망각한 채 늦은 밤 라면이나 치맥에 굴복하는 우리의 실망스러운 모습도 제한된 의지력 때문입니다.

셋째, 인간이 모든 경우에 이기적으로 행동한다는 전제는 옳지 않습니다. 인간은 제한된 이기심^{bounded selfishness} 때문에 다른 사람들을 돕기 위해 기꺼이 자신의 이익을 희생하기도 하기 때문입니다 (Mullainathan and Thaler 2000). 인도 캘커타에서 가난한 사람들을 돕기 위해 평생을 바친 테레사 수녀를 생각해봅시다. 그리고 코로나19 대유행 때 기꺼이 개인적인 삶을 희생한 의료진들과 소방대원들도 좋은 예입니다. 또한 평생 동안 힘들게 모은 돈을 대학에 기부한 어느 할머니의 따뜻한 이야기도 있고요. 이 밖에도 자신의 이익에 배치되는 사실을 알면서도 다른 사람들과 사회공동체를 위해 이타주의^{altruism}를 실천하는 사람이 많이 있습니다.

'생각'에 대한 생각

사람들은 각자 생각에 따라 행동합니다. 이때 생각이라는 것은 신속하고 무의식적인(본능적인) 것일 수도 있고, 느리고 의식적인 것일 수도 있습니다. 행동경제학자들은 인간의 행동을 연구하면서 인간의 생각에 주목합니다. 인간의 생각과 행동 간에 관계가 있다고 보는 거죠. 그리고 다음과 같은 질문을 던집니다. 인간은 과연 어떻게 '생각^{thinking}'이라는 것을 할까요? 이 질문에 답하기 위해서는 두 가지 차원의 문제에 대해 고민해봐야 할 것 같습니다. 첫째는 인간은 어떤 '프로세스process'를 거쳐 생각하는가? 둘째는 그러한 프로세스의 바탕에 있는 '시스템system'은 무엇인가?

첫 번째 문제(인간은 어떤 '프로세스'를 거쳐 생각하는가?)부터 얘기해 보겠습니다. 인간이 생각을 할 때는 프로세스라는 것을 거칩니다. 프로세스란 일의 처리 또는 일을 실행하는 과정을 뜻합니다. 즉 프로세스란 일을 처리하는 과정이라고 정의할 수 있습니다. 그리고 프로세스를 인간의 생각과 연관 지어서 표현한다면 프로세스란 인간이 생각을 처리하는 과정 또는 생각하는 과정이라고 할 수 있습니다. 따라서 프로세스는 다소 동적인 의미를 내포하고 있습니다. 그럼 이제 인간의 생각은 어떤 프로세스를 거쳐 이뤄지는지 알아보겠습니다. 이 문제에 대해서는 고대부터 현재까지 많은 학자의 연구가 있었습니다. 그리고 이러한 연구는 이중 프로세스 이론dual-process theory이라는 이론으로 정립됐습니다[Stanovich and West 2000].

이중 프로세스 이론이란 사람들이 생각할 때 두 개의 서로 다른 프로세스를 거친다는 것입니다. 그리고 두 개의 상이한 프로세스를 거친 생각이 인간 행동에 영향을 미친다는 것이지요. 그중 하나는 '타입1 프로세스Type 1 Process'이고, 다른 하나는 '타입2 프로세스Type 2 Process'입니다. 타입1 프로세스는 본능적이고 직관적으로 신속하게 생각하는 과정인 반면, 타입2 프로세스는 의식적으로 심사숙고해서 느리게 생각하는 과정입니다[Evans and Stanovich 2013]. 그럼 두 개의 프로세스를 좀 더 상세히 알아보겠습니다.

우선 타입1 프로세스는 인간이 생각하는 과정에서 메모리(저장장치)가 필요 없는 프로세스입니다. 컴퓨터로 치면 CPU(중앙처리장치)만 있어도 되는 것으로, 자동으로 즉시 생각한다는 개념입니다. 의학적으로는 본능적인 자율신경계에 따라 생각하는 것이죠. 타입1 프로세스는 빠르고 처리 용량의 제한이 거의 없고, 여러 가지를 동시에 병렬적으로 처리할 수 있고 무의식적이며, 편향이 개입돼 있고 자동화돼 있으며, 연상적이고 경험에 기반해 있고, 인지능력의 영향을 받지 않는다는 특성이 있습니다[Evans and Stanovich 2013]. 따라서 행동경제학에서 다루는 인간의 비합리적인 행동, 선택, 의사결정 등은 타입1 프로세스의 과정을 거친 생각의 산물이라고 할 수 있습니다.

반면 타입2 프로세스는 메모리가 필요합니다. 저장된 메모리에서 생각에 필요한 것을 가져와야 비로소 생각할 수 있다는 것이죠. 어떤 경우에 어떻게 행동할지를 머릿속에서 미리 시뮬레이션해 보는 멘탈 시뮬레이션이 타입2 프로세스의 특징이라고 할 수 있습니다. 또한 타입2 프로세스는 느리고 처리 용량이 제한돼 있고, 의식적이고 규범적이며 통제돼 있고, 규칙을 잘 따르고 일관적이고, 인지능력의 영향을 받는다는 특성이 있습니다[Evans and Stanovich 2013]. 따라서 주류경제학에서 가정하는 합리적인 인간은 타입2 프로세스의 생각하는 과정을 거쳐 행동하며 선택하고, 의사결정을 한다고 할 수 있습니다.

다음으로 두 번째 문제(프로세스의 바탕에 있는 '시스템'은 무엇인가?)에 대해 얘기해 보겠습니다. 먼저 시스템의 정의부터 알아볼게요. 시스템이란 각 구성요소가 상호작용하거나 상호의존해 복잡하게 얽힌 하나의 통일된 집합체라고 정의할 수 있습니다. 행동경제학 이론 중에는 인간이 생각이라는 것을 하기 위해 두 개의 서로 다른 시스템을 이용한다고 주장하는 이중 시스템 이론dual-system theory 이라는 것이 있습니다. 즉 인간의 인지체계는 두 개의 상이한 시스템으로 구성돼 있다고 주장하며, 이때 두 개의 시스템이란 시스템1system 1과 시스템2system 2를 말합니다(Frankish 2010; Stanovich and West 2000). 이중 시스템 이론은 앞에서 설명한 두 개의 프로세스를 각각 두 개의 시스템에 매칭시킵니다. 즉 타입1 프로세스는 시스템1에, 타입2 프로세스는 시스템2에 연결시킵니다. 그리고 이중 시스템 이론을 '두 개의 마인드 가설(시스템1은 old mind, 시스템2는 new mind)' 이라고 부르기도 합니다(Evans 2003; Frankish 2010).

인간은 긴 진화 과정을 거치면서 형성된 자율신경계에 기반한 매우 오래된 시스템인 시스템1을 갖고 있는 동시에, 가장 최근에 들어서야 비로소 개발해서 갖게 된 강력한 추론 시스템인 시스템2도 함께 갖고 있습니다(Evans 2003). 시스템1은 인간뿐만 아니라 동물도 갖고 있는 인지시스템이며, 구체적이고 현실적이라는 특성을 가진 시스템입니다(Evans 2003; Frankish 2010). 또한 시스템1은 휴리스틱, 암묵지, 특정영역, 비언어적인 특성도 있습니다(Evans and Stanovich 2013; Frankish 2010; Stanovich and West 2000). 그래서 시스템1을 휴리스틱 시스템heuristic system이라고 부르기도 합니다(Evans and Stanovich 2013). 따라서 행동경제학에서 다루는 인간의 비합리적인 행동, 선택, 의사결정 등은 시스템1에 기반하고 있다고 할 수 있습니다.

반면 시스템2는 인간만이 가지며, 추상적인 추론과 가설적 사고를 가능하게 하는 시스템입니다[Evans 2003; Frankish 2010]. 또한 시스템2는 분석적, 형식지, 일반영역, 언어로 표현이 가능하다는 특성도 있습니다[Evans and Stanovich 2013; Frankish 2010; Stanovich and West 2000]. 따라서 주류경제학에서 가정하는 합리적인 인간의 행동, 선택, 의사결정 등은 시스템2에 기반하고 있다고 할 수 있습니다.

앞에서 살펴본 내용을 다음과 같이 기계적으로 두 개의 묶음으로 나눠 정리해볼 수 있습니다. 하나는 타입1 프로세스, 시스템1, 오랜 진화의 산물로서 동물도 갖고 있음, 직감적이고 신속하고 본능적임, 비합리적인 인간, 비합리성, 행동경제학으로 묶을 수 있습니다. 다른 하나는 타입2 프로세스, 시스템2, 인간이 최근에 획득한 것으로 인간만이 갖고 있음, 분석적이고 느리고 의식적임, 합리적인 인간, 합리성, 주류경제학으로 묶을 수 있습니다.

하지만 인간이 실제로 '생각'을 할 때는 양자(타입1 프로세스와 시스템1, 타입2 프로세스와 시스템2)를 적절하게 혼합해서 사용합니다. 예를 들면 사람들이 자동차 운전이나 운동 경기를 할 때, 때로는 무의식적으로 직감에 따라 대응할 때도 있지만 때로는 의식적인 분석에 따라 주어진 상황에 맞게 대응하기도 합니다. 따라서 양자는 개념적인 구분만 가능하고 실제로는 명확한 구분이 어려운 상호보완적 관계라고 할 수 있습니다.

행동재무학

행동경제학과 비슷한 학문으로 행동재무학Behavioral Finance이 있습니다. 혹자는 행태재무학이라고도 부릅니다. 아마 행동재무학에 대해 한 번쯤은 들어봤을 수도 있을 것입니다. 행동경제학을 심리학과 경제학이 결합된 학문으로 정의할 수 있듯이, 행동재무학은 심리학과 재무학(파이낸스, 재무이론 또는 투자론)을 결합한 학문이라고 정의할 수 있습니다. 또는 행동경제학 이론을 재무학에 적용한 학문이라고도 할 수 있지요. 행동경제학이 경제주체의 경제적 의사결정에 초점을 맞춘다면 행동재무학은 투자자의 투자결정에 관심이 많습니다.

행동경제학과 행동재무학은 거의 유사하다고 보면 됩니다. 분석 대상이 경제적 의사결정이냐 또는 투자에 대한 의사결정이냐의 차이만 있는 것이죠. 그런데 투자에 대한 의사결정도 결국은 경제적 의사결정이기 때문에 행동경제학과 행동재무학은 근본적으로는 같다고 해도 크게 틀린 말이라고 할 수는 없습니다. 그래서 그런지 행동경제학 연구로 노벨경제학상을 수상한 예일대학교의 로버트 쉴러 교수도 행동경제학 수업 시간에 행동재무학에 대해서 많이 언급했습니다.

행동재무학은 주로 '사람들은 왜 그렇게 주식투자를 할까?' 등과 같이 투자결정 또는 투자행동과 관련된 주제를 연구합니다. 투자자가 투자를 결정할 때 어떤 심리적 요인이 투자자에게 영향을 미치는지를 연구하는 것입니다. 행동재무학에서 주장하는 핵심 내용은 투자자의 여러 심리적인 요인 때문에 투자결정이 비합리적일 때가 많다는 것입니다. 따라서 행동재무학은 투자자들의 비합리성으로 인해 주식시장이나 부동산시장에는 투기과열, 거품bubble 등이 존재한다고 주장합니다.

효율시장가설EMH, Efficient Market Hypothesis이라는 것이 있습니다. 간단히 말해 주류경제학 관점의 재무이론이라고 이해하면 됩니다. 효율시장가설은 시카고대학교 경영대학원의 유진 파마Eugene Fama 교수가 만든 이론입니다. 파마 교수는 2013년에 예일대학교 경영대학원 및 경제학과 교수인 로버트 쉴러와 함께 노벨경제학상을 공동으로 수상했습니다. 두 사람이 같은 해에 노벨경제학상을 공동으로 수상했는데(사실은 시카고대학교의 라스 피터 핸슨 교수Lars Peter Hansen를 포함해 세 명이 공동 수상), 한 사람(유진 파마)은 주류경제학계의 대가이고, 다른 한 사람(로버트 쉴러)은 행동경제학계의 대부라는 사실이 흥미롭습니다. 서로 다름이 아름답게 양립하는 모습입니다. 2013년 노벨경제학상은 주류경제학계뿐만 아니라 행동경제학계에서 볼 때도 꽤 의미가 있었기 때문에 바로 이어서 좀 더 알아보도록 하겠습니다.

이야기가 잠시 다른 데로 빠졌는데 다시 효율시장가설로 돌아가 보겠습니다. 효율시장가설은 정보의 효율성에 관한 이론입니다. 특히 주식시장의 정보가 얼마나 효율적으로 주가에 반영되는가에 관한 가설입니다. 효율시장가설의 주장에 의하면 시장의 모든 정보는 실시간으로 즉각 주가에 반영된다는 것입니다. 이 이야기를 주류경제학 용어로 설명하면 주가라는 것은 시장의 모든 정보가 반영된 균형가격입니다. 시장의 모든 투자자는 시장의 모든 정보를 알 수 있고, 주가는 시장의 모든 정보가 반영된 가격이며, 따라서 투자자들은 추가 위험을 감수하지 않고서는 시장수익률 이상의 투자수익률은 달성할 수 없다는 것입니다. 운이 매우 좋거나 불법적인 정보를 취득한 투자자들만이 시장수익률 이상의 투자수익을 거둘 수 있다는 의미겠죠.

이러한 효율시장가설에 따르면 주식시장에서는 이론가격과 실제가격 간의 차이는 없습니다. 모든 정보가 즉시 완벽하게 주가에 반영되니까요. 하지만 현실은 그렇지 않습니다. 무엇보다도 주식시장의 모든 정보가 주가에 반영되지는 않습니다. 모든 정보라는 표현도 애매하고, 정보의 비대칭성(동일한 정보를 누구는 알고 누구는 모르는 상황)도 존재하며, 정보가 주가에 즉시 반영되지도 않습니다. 따라서 이론가격과 실제가격 간의 괴리가 항상 발생하고, 무위험차익거래arbitrage가 가능한 것이죠. 그리고 주식시장에서 버블도 발생합니다. 이 얘기는 시장이 완전하지 않다는 것으로, 주식시장이 효율시장가설의 주장처럼 효율적으로 작동하지 않는다는 의미입니다. 행동재무학자들은 투자자들의 심리적 요인으로 인해 투자자들이 비합리적으로 투자행동(투자결정)을 하며, 결과적으로 주식시장이 효율시장가설의 주장처럼 작동하지 않는다고 봅니다. 그래서 행동재무학의 입장에서는 주식시장의 과열, 부동산시장의 버블 등과 같이 시장의 균형을 벗어나는 현상은 계속해서 발생한다고 생각합니다.

일반적인 개인투자자들이 실제로 어떻게 주식투자를 하는지 한 번 생각해봅시다. 이론적으로는 자신이 투자하는 기업의 재무상태, 업계상황, 거시경제 전망 등을 확인하면서 주식투자를 해야 하지만, 전문 투자자가 아닌 일반 개인투자자들은 지인의 추천이나 자신만의 주관적 판단만으로 매수, 매도, 손절, 보유, 추가매수, 추격매수 등의 결정을 하는 경향이 강합니다. 따라서 실제 주가는 효율시장가설의 주장과 괴리가 발생하게 되는 것이죠.

제 주변에는 자칭 또는 타칭 경영·경제 전문가라고 할 수 있는 MBA, 박사, 금융인들이 좀 있는데, 실제로 주식투자를 할 때 지인의 추천에 따라 또는 자신의 감을 믿고 투자하는 분들이 꽤 있습니다. 때로는 무슨 사업을 하는 회사인지도 모른 채 "지인이 곧 오를 종목이라고 추천했다."는 이유 하나만으로 특정 주식을 매수하기도 합니다. 솔직히 말해서 우리도 이런 식으로 주식투자를 할 때가 있잖아요. 사실 저조차도 이럴 때가 종종 있습니다. 따라서 행동재무학자들은 실제 시장에서는 효율시장가설이 작동하지 않는다고 주장합니다.

투자자들의 판단에 영향을 미쳐 투자자들이 비합리적인 투자행동을 하게 만들고, 효율시장가설에서 주장하는 메커니즘이 제대로 작동하지 않도록 해, 결과적으로 시장침체와 시장과열을 반복하게 만드는 심리요인은 여러 개가 있습니다. 이러한 심리요인은 행동경제학에서 다루는 개념과 거의 일치합니다. 따라서 이 책에서는 행동경제학과 행동재무학을 거의 같은 학문으로 간주하고, 행동경제학의 주요 개념을 설명할 때 행동재무학에서 예로 드는 사례도 자주 활용하려고 합니다. 결국 이 책 한 권으로 행동경제학과 행동재무학을 동시에 공부한다고 생각하시면 됩니다(물론 행동재무학을 전공하거나 심층적으로 공부하려는 분들에게는 행동경제학과 행동재무학을 분리해서 공부하는 것을 추천합니다).

다음으로 넘어가기 전에 기대효용가설Expected Utility Hypothesis과 행동재무학의 관계에 대해서도 잠시 살펴보겠습니다. 기대효용가설은 주류경제학에서 주장하는 가설인데 기대효용이론Expected Utility Theory이라고도 부릅니다. 일반적으로 미래에 대한 불확실성uncertainty이라 하면 어떤 결과가 나타날지 정확히 알 수 없는 상태에서 발생 가능한 여러 확률 분포를 추정해 이를 바탕으로 의사결정을 하는 상황을 말하는데, 이러한 불확실성하에서 기대효용을 극대화하는 이론을 기대효용이론이라고 합니다.

말이 좀 어렵지만 간략히 설명해보겠습니다. 기대효용은 어떤 선택을 할 때 얻게 되는 효용의 기대값(평균값)을 말합니다. 예를 들면 동전을 던져서 앞면이 나오면 100원을 받고 뒷면이 나오면 1,000원을 받는 게임이 있다고 할 때, 이 게임의 기대값 또는 기대효용은 (앞면이 나올 확률×100원) + (뒷면이 나올 확률×1,000원) = (1/2×100원) + (1/2×1,000원) = 550원이 됩니다.

주류경제학에 기반한 전통적인 재무학(재무이론)에서는 합리적 투자자는 기대효용 극대화maximizing expected utility를 투자결정을 위한 선택의 기준으로 한다고 주장합니다. 즉 투자자들이 매우 합리적으로 투자행동이나 투자결정을 한다는 겁니다. 하지만 현실의 투자자들이 주식이나 부동산을 매매하는 여러 투자결정의 상황에서 과연 기대효용이론이 주장하듯이 기대효용 극대화를 투자결정의 기준으로 삼는지는 의문입니다. 투자자는 투자결정을 할 때 투자 대상이 되는 자산(주식 또는 부동산)의 미래수익을 추정해야 하는데, 이러한 추정은 매우 어려운 일이기 때문입니다. 주류경제학에서는 미래수익을 정확히 추정하기 위해서 미래수익의 확률분포를 파악해 활용해야 하는데, 이것이 거의 불가능하다는 얘기입니다.

노벨경제학상

지금까지 행동경제학을 연구한 공로로 노벨경제학상을 받은 학자는 제한된 합리성에 의한 의사결정 과정을 연구한 허버트 사이먼(1978년 수상), 정보경제학과 행동경제학의 초석을 다진 조지 애컬로프(2001년), 전망이론을 만든 대니얼 카너먼(2002년), 투자자들의 비합리적 의사결정이 시장의 버블을 형성한다는 사실을 증명한 로버트 쉴러(2013년), 행동경제학을 체계화해 학문적으로 정립한 리차드 탈러(2017년) 등입니다.

그런데 로버트 쉴러가 수상자에 포함된 2013년 노벨경제학상은 특이하게도 주류경제학과 행동경제학 모두에게 커다란 의미가 있었습니다. 바로 앞에서 효율시장가설을 설명할 때 2013년 노벨경제학상 수상자에 대해 잠깐 언급했는데, 2013년 노벨경제학상의 의미를 좀 더 설명해보겠습니다.

2013년 노벨경제학상은 앞서 언급한 시카고대학교의 유진 파마 교수, 예일대학교의 로버트 쉴러 교수 외에 시카고대학교의 라스 피터 핸슨 교수 등 세 명의 석학이 공동으로 수상했습니다. 「파이낸셜타임즈 Financial Times」는 이 세 명이 노벨경제학상을 공동수상한 사실에 대해 천동설을 주장한 프톨레마이오스 Ptolemaeos와 지동설을 주장한 코페르니쿠스 Copernicus가 동시에 수상한 격이라며, 경제학이 왜 단 하나의 답만 존재하지 않는 사회과학인지를 보여준 것이라고 평가했습니다[고석빈, 신임철 2018].

유진 파마 교수는 이탈리아계 출신으로, 1939년에 미국 매사추세츠주의 보스턴에서 태어나 터프츠대학교 Tufts University를 졸업한 후 시카고대학교 경영대학원에서 1964년 노벨경제학상 수상자인 머턴 밀러 Merton Miller 교수의 지도를 받아 경제학·금융학 박사학위를 취득했습니다. 파마 교수는 그의 박사학위 논문에서 효율시장가설을 최초로 주장했기 때문에 '현대 재무이론의 아버지'라고 불리고 있습니다. 파마 교수의 효율시장가설에 의하면 주식시장을 둘러싼 모든 정보는 곧바로 모든 투자자에게 노출되며, 투자자들은 이러한 사실을 전부 다 고려해 움직이기 때문에 결국 주식시장의 모든 정보는 주가에 즉시 반영된다고 합니다. 그리고 효율적인 시장에서는 단기적으로 주가를 예측하는 것은 불가능하며, 어떤 경우에도 시장 평균 이상의 수익률을 달성하는 것은 불가능하다고 합니다. 자산운용에 필요한 지수를 개발하고, 종목별 비중에 따라 여러 곳에 분산투자를 함으로써 시장의 평균 수익률을 실현하는 것을 목표로 하는 인덱스 펀드도 파마 교수의 효율시장가설에 기초하고 있습니다[고석빈, 신임철 2018].

반면 로버트 쉴러 교수는 리투아니아계 출신으로, 1946년에 미국 미시건주의 디트로이트에서 태어나 미시건대학교University of Michigan를 졸업한 후 매사추세츠공과대학교MIT에서 1972년 노벨경제학상 수상자인 프랑코 모딜리아니Franco Modigliani 교수의 지도로 경제학 박사학위를 취득했습니다. 쉴러 교수는 2002년 노벨경제학상 수상자인 대니얼 카너먼, 2017년 노벨경제학상 수상자인 리차드 탈러와 함께 행동경제학의 대가로 꼽힙니다. 쉴러 교수는 사람들이 시장의 모든 정보를 활용하고 수요와 공급을 감안해 합리적으로 행동하기 때문에 결국 시장은 균형을 찾아가게 된다는 효율시장가설에 강한 의문을 제기하며, 주식이나 부동산 등의 자산가격은 정치, 사회, 심리 등 다양한 비이성적 요인의 영향을 받으며 인간의 비합리적인 의사결정과 행동이 시장의 왜곡을 초래한다고 주장했습니다. 2000년 3월에는 『비이성적 과열Irrational Exuberance』[알에이치코리아, 2014]을 출간해 주식시장의 버블을 지적했고, 2009년에는 인간의 비이성적 심리가 경제에 미치는 영향을 다룬 『야성적 충동』[알에이치코리아, 2009]을 출간했습니다[고석빈, 신임철 2018].

한편 라스 피터 핸슨 교수는 1952년에 미국 일리노이주의 샴페인에서 태어나 유타주립대학교Utah State University를 졸업한 후 미네소타대학교University of Minnesota에서 경제학 박사학위를 취득했습니다. 핸슨 교수는 자산가격의 거시적·장기적 추정치를 추론할 수 있는 일반 적률추정법 GMM, Generalized Method of Moments 모형을 개발했습니다. 핸슨 교수는 시장의 불확실성 uncertainty 과 리스크 risk 를 구분하고, 시장의 효율성으로 인해 단기 예측은 불가능하지만 거시적·장기적 차원에서는 주식가격이 펀더멘털 fundamental 가치를 상회하거나 하회하리라는 예측이 가능하다는 쉴러 교수의 주장을 통계학적으로 증명해 냈습니다. 쉴러와 핸슨 교수의 주장은 2008년 글로벌 금융위기 이후 더 큰 설득력을 갖게 됐습니다. 왜냐하면 파마 교수의 효율시장가설로는 설명할 수 없는 부동산 시장과 주식 시장에서의 엄청난 버블이 생성되고 붕괴됐기 때문입니다[고석빈, 신임철 2018].

글로벌 경제에 과연 버블이 존재하는지 여부에 대해서도 세 명의 노벨경제학상 수상자들은 각각 서로 상반된 주장을 했습니다. 쉴러 교수는 비이성적인 과열 등 투자자들의 비합리적인 행동이 버블을 초래한다고 주장하지만, 파마 교수는 쉴러 교수의 주장은 근거가 없다고 비판하며 시장에 버블은 존재하지 않는다고 주장합니다. 파마 교수는 자신이 정의하는 버블은 가격 상승 후 하락을 예측할 수 있는 상황을 말하지만, 하락을 예측할 수 있는 증거는 통계학적으로 존재하지 않는다고 설명합니다. 그리고 시장을 요동치게 하는 것은 펀더멘털이라고 강조하며, 주식의 펀더멘털은 예상 배당률 실적, 투자동향, 위험에 대한 투자자들의 태도라고 말합니다[고석빈, 신임철 2018].

반면 핸슨 교수는 파마 교수와 쉴러 교수 간의 시장 효율성에 대한 상반된 주장이 '낮은 수준의 논쟁'이라며 평가절하합니다. 핸슨 교수는 완전히 합리적인 투자자를 가정한 것(파마)은 실수이고, 그것이 실수라고 지적하는 것(쉴러)은 무의미하다며, 중요한 것은 시장이 완전히 효율적으로 작동하는 데 무엇이 얼마나 가로막는가를 논의하는 것이라고 주장합니다[고석빈, 신임철 2018].

앞으로도 효율시장가설과 주류경제학에 대해 의문을 제기하며 인간의 심리요인과 비합리적 행동이 시장과 경제에 어떤 영향을 미치는지를 검증하려는 행동경제학 관점에서의 다양한 연구가 활발하게 진행되리라 예상해 봅니다. 그리고 언젠가는 우리나라에서도 행동경제학으로 노벨경제학상을 수상하는 학자가 꼭 나왔으면 좋겠습니다.

행동경제학을 공부해야 하는 이유

그럼 우리는 왜 행동경제학을 공부해야 할까요? 중고등학교 사회 수업 시간에 경제학에 대해 배웠고, 대학에서도 경제학개론이나 경제학원론 수업을 들었는데(심지어는 미시경제학과 거시경제학 수업까지 들었는데) 군이 행동경제학이라는 또 다른 경제학을 공부할 필요가 있을까요? 그리고 경제학을 몰라도 살아가는 데 큰 문제가 없어 보이는데, 행동경제학이 실질적으로 우리 삶에 얼마나 큰 도움이 될까요? 하지만 저는 다음 네 가지 이유 때문에 행동경제학을 공부해야 한다고 생각합니다.

첫째, 균형된 시각에서 경제를 바라볼 수 있습니다. 새는 한쪽

날개만으로는 날 수가 없습니다. 새는 좌우 날개로 균형을 잡으며 날갯짓을 해야만 하늘 높이 날아오를 수 있고, 오랫동안 비행할 수 있습니다. 세상을 보는 우리의 눈도 균형감각을 가져야 합니다. 그래야만 세상을 제대로 보고 이해할 수 있습니다. 경제현상, 경제주체의 의사결정, 시장의 움직임 등도 균형적인 시각에서 바라봐야 객관적인 사실관계를 정확히 파악하고, 문제를 발견하고 정의하며, 효과적인 문제해결 방안을 제시할 수 있습니다. 신고전학파 경제학, 즉 주류경제학은 인간행동에 관한 비현실적인 전제를 기반으로 하기 때문에 우리가 주류경제학의 시각으로만 경제를 바라본다면, 우리의 인식이 왜곡되고 우리의 판단에 현실성이 결여될 수도 있습니다. 경제는 경제주체의 합리적인 의사결정이 집적돼 작동하는 시스템이기도 하지만, 경제주체의 심리요인과 비합리성으로 인해 주류경제학의 예상과는 전혀 다른 방향으로 작동하는 시스템이기도 합니다. 따라서 우리는 균형감각을 갖고 현실경제를 바라보기 위해 행동경제학을 공부해야 합니다.

둘째, 리차드 탈러의 저서인 『넛지』를 통해서도 알 수 있듯이, 행동경제학은 우리 사회를 좀 더 살기 좋은 공동체로 만들기 위해 우리가 어떤 제도를 어떻게 설계해야 하는지에 대한 훌륭한 인사이트를 제공해줄 수 있습니다. 로버트 쉴러 교수 역시 행동경제학 수업 시간에 행동경제학이 우리가 당면한 현실의 문제를 해결하는 데 매우 유용한 학문이 될 수 있다고 말했습니다. 행동경제학이 실용적practical이며 실천praxis 지향적인 학문이라는 것이죠. 따라서 우리는 우리 사회를 개선하고 변혁하기 위해 행동경제학의 아이디어가 필요합니다.

셋째, 행동경제학은 투자자들의 수익률을 제고하는 데 도움을 줄 수도 있습니다. 행동경제학은 우리의 투자가 왜 항상 실패하는지에 대한 해답을 제시해 줍니다. 행동경제학은 주식이나 부동산에 투자하는 사람들의 어떠한 심리 때문에 그들의 투자수익률이 낮거나 마이너스일 수밖에 없는지를 체계적으로 설명해줍니다. 따라서 우리가 행동경제학을 공부한다면 우리의 투자수익률이 지금보다는 좀 더 높아지지 않을까 생각합니다.

넷째, 행동경제학은 우리가 마주하는 수많은 선택의 순간에 우리에게 길을 보여줄 수도 있습니다. 인생은 선택의 연속이고 어떤 선택이 옳은지는 선택의 순간에는 도저히 알 수 없고, 정답이 있는 선택이란 존재하지 않을지도 모릅니다. 이 세상에서 틀린 선택이란 없으며, 다만 선택하지 않은 선택지만 있을 뿐일 수도 있고요. 만약 우리가 비록 최선의 선택은 아닐지라도 좀 더 나은 선택, 좀 더 후회 없는 선택, 좀 더 멋진 선택을 하길 원한다면 행동경제학이 우리에게 작지 않은 도움을 줄 수 있을 것이라고 생각합니다. 행동경제학은 인간의 선택 뒤에 숨겨진 인간 심리에 관한 학문이니까요.

이제 2장부터는 행동경제학의 주요 개념에 대해 공부해 보겠습니다.

2장

사람들은 대충 직감으로 신속하게 판단한다:
휴리스틱과 편향

사람들은 오늘 먹을 점심 메뉴를 결정할 때 어떤 의사결정 과정을 거칠까요? 사무실을 중심으로 도보 10분 이내에 있는 모든 식당의 메뉴, 맛, 가격, 친절도, 위생상태, 고객만족도 등을 종합적으로 비교 분석한 후 그중에서 자신의 효용을 극대화할 수 있는 식당의 메뉴를 선택할까요? 아마도 그렇지는 않을 거예요. 머릿속에 딱 떠오르는 메뉴, 지난주 금요일에 갔던 식당의 메뉴, 최근 개업한 식당의 메인 메뉴, 그날 날씨에 따라 입맛이 당기는 메뉴, 사람들이 많이 가는 맛집 메뉴, 상사가 원하는 메뉴 중 하나를 점심 메뉴로 결정할 확률이 높습니다.

사람들은 어떤 결정이나 선택을 할 때 객관적인 정보가 아닌 자신만의 주관적인 기준을 활용하는 경우가 많은데, 이러한 자신만의 주관적인 결정 기준이나 규칙을 휴리스틱heuristic이라고 합니다. 즉 사람들은 의사결정을 할 때 객관적인 자료에 근거해 합리적이고 이성적으로 판단하는 것이 아니라, 대충 직감으로 신속하게 판단한다는 것입니다. 휴리스틱은 사람들이 각자 갖고 있는 주관적인 경험칙經驗則 같은 것입니다. 점심에 먹을 메뉴를 결정할 때도, 주식이나 부동산 투자를 할 때도 대부분의 사람들은 자신의 휴리스틱에 의존해 의사결정을 합니다.

한편 휴리스틱과 거의 비슷한 의미를 가진 편향偏向, bias이라는 개념이 있습니다. 편향이란 의사결정을 할 때 심리적으로 어느 한쪽으로 치우치는 경향을 의미합니다. 대부분의 사람들은 자신만의 주관적인 판단 기준에 따라 어느 한쪽으로 치우치는 의사결정을 하는데, 행동경제학에서는 이것을 편향이라고 부릅니다. 결국 휴리스틱과 편향 모두 자신이 가진 주관적이고 심리적인 판단 기준을 의미합니다. 따라서 휴리스틱과 편향은 서로 동일한 개념이라고 생각하면 되며, 이 책에서도 휴리스틱과 편향을 굳이 구분하지는 않습니다. 어쨌든 일반적으로 사람들은 각자의 단순하고 주관적인 판단 기준인 휴리스틱 또는 편향을 기반으로 신속하게 의사결정을 한다는 것입니다.

이용가능성 편향

브랜드 마케팅에서는 'share of mind'라는 말이 있습니다. 브랜드 인지도를 표현하는 용어로 '브랜드 회상률'이라고 번역하는데, 소비자의 마음 속에 어떤 특정 브랜드가 차지하는 비율을 의미합니다. 아주 쉬운 예를 하나 들면 소비자가 '콜라'라는 말을 들었을 때, 머릿속에 '코카콜라'라는 브랜드를 떠올릴 확률이 얼마나 되느냐 같은 상황을 가리킵니다.

행동경제학에서도 브랜드 회상률과 매우 유사한 용어가 있습니다. 바로 이용가능성 편향^{availability bias} 또는 이용가능성 휴리스틱^{availability heuristics}이라는 용어입니다. 여기서 availability는 이용가능성, 가용성, 회상가능성, 어림짐작 등으로 번역할 수 있는데, 이들 모두는 "머릿속에 딱 떠오르는 사례를 이용해 신속한 의사결정을 한다."는 공통적인 의미를 담고 있습니다. 이 책에서는 이용가능성이라고 부르겠습니다. 이용가능성 편향은 일반적인 이론, 객관적인 데이터, 통계자료보다 최근에 발생한 주변의 구체적인 사건이나 의사결정자의 주관적인 경험을 떠올려 결정하려는 심리를 말합니다. 주변에서 쉽게 찾을 수 있는 사례이거나 최근에 발생해서 쉽게 떠올릴 수 있는 사건, 또는 언론에 계속 보도돼 머릿속에 강하게 각인된 경우라면 사람들은 그것의 실제 발생확률이 매우 낮더라도 심리적으로는 매우 높게 평가하는 경향을 갖는 것이죠.

우리가 어떤 사건의 발생 빈도나 확률을 판단할 때, 그 사건과 관련된 사례(최근에 접한 사례, 기억에 남는 사례, 눈에 띄는 사례, 충격적인 사례 등)를 먼저 생각해내고, 그러한 사례를 기초로 해당 사건의 빈도나 확률을 판단하게 됩니다. 우리는 결국 어떤 일을 우리가 얼마나 쉽게 떠올릴 수 있는지로 그 일이 얼마나 자주 일어나는지를 판단하는 것이죠. 즉 이용가능성 편향에 의한 의사결정은 우리 머릿속으로부터 의사결정에 바로 사용할 수 있는 사례나 경험을 생각해내고, 그것에 근거해 결정이나 판단을 하는 것입니다.

그런데 사람들은 실패한 사례보다는 성공한 사례를 주로 접하기 때문에 이용가능성 편향으로 인해 성공한 인물만을 떠올리기가 쉽습니다. 실패한 사례는 사람들의 머릿속에서 곧 잊혀버리기 때문에 사람들은 실패 사례는 드물고 성공 사례가 많다고 착각하는 것입니다[Grant 2016]. 또한 사람들은 정보를 처리하는 과정에서 과거의 경험보다는 최근의 경험에 지나치게 높은 가중치를 부여합니다. 당연한 얘기지만 과거의 경험보다는 최근 경험이 머릿속에 더 잘 떠오르기 때문입니다.

이용가능성 편향은 실제로 주식 투자자들의 의사결정에도 큰 영향을 미칩니다. 주식 투자자들은 투자에 대한 의사결정을 할 때 객관적인 정보가 아니라 최근 자신이 겪은 투자경험에 의존하기 때문입니다. 이용가능성 편향은 투자자들이 주식에 대한 많은 정보와 다양한 선택지에 노출돼 있을 때 주의를 끄는 회사, 가장 먼저 머릿속에 떠오르는 사례, 활용하기 쉬운 정보 등을 이용하는 경향을 말하기 때문에 제한된 주의^{limited attention}라고 부르기도 합니다[김준석 2021]. 주식 투자자들의 정보처리 능력에 한계가 있고, 정보처리 시 인지 비용이 발생하기 때문에 이용가능성 편향은 주식 투자자들에게 자주 발생합니다. 주식 투자자들은 정보의 중요성에도 불구하고 자신이 잘 모르거나 이해하기 어려운 정보는 간과하기 쉬우며, 미디어에 자주 노출되거나 지인들이 추천하는 주식을 매수하게 되는 것이죠.

한편 이용가능성 편향은 착각상관^{illusory correlation}을 일으킵니다. 착각상관은 어떤 두 개의 사건이 실제로는 아무 관련도 없지만 사람들이 이 두 개의 사건이 서로 연관돼 있다고 생각하려는 성향을 말합니다. 그래서 착각상관 오류^{fallacy of illusory correlation}라고 부르기도 합니다. 예를 들면 미국의 어느 대학교 아이스하키 동아리에 한국인 학생은 한 명뿐이고 나머지는 모두 미국에서 태어난 백인 학생들일 때, 그 한 명의 한국인 학생이 가진 특성과 전체 한국인 간의 상관관계가 있다고 판단해 "일반적으로 한국인들은 어떻다."라고 결론을 내리는 것입니다(뒤에서 설명할 대표성 편향에도 해당되는 사례). 이처럼 이용가능성 편향은 사람들이 자신의 지극히 주관적인 경험이나 확률을 객관적이고 일반적인 것으로 믿게 하는 역할을 합니다[Tversky & Kahneman 1973].

하지만 사람들의 의사결정에 있어서 이용가능성 편향이 항상 부정적인 역할만 하는 것은 아닙니다. 이용가능성 편향이 사람들의 리스크에 대한 인지 가능성(사람들이 리스크를 인지하는 능력)을 향상시켜준다는 연구결과가 있습니다. 어떤 현상이나 사건이 리스크인지 아닌지 혹은 얼마나 큰 리스크인지를 인지하는 능력은 개인적인 경험의 영향을 많이 받는데, 개인적인 경험은 이용가능성 휴리스틱을 형성하는 데 중요한 역할을 하기 때문입니다. 따라서 개인적인 경험이 쌓여 이용가능성 휴리스틱을 형성하면, 사람들의 리스크 인지 능력이 커진다는 것입니다. 또한 개인적인 경험 이외에 사진, 영상, 언론 기사 등도 이용가능성 휴리스틱을 형성해 사람들의 리스크에 대한 인지 가능성을 높여준다고 합니다[Keller et al. 2006]. 쉽게 말하면 우리가 어느 순간 리스크를 직감할 때가 있는데, 그것이 바로 이용가능성 편향 때문이라는 것입니다.

언론과 이용가능성 편향

미국에서 발생하는 총기 사망 사건 중에서 자살과 살인 중에 어느 쪽의 비중이 더 클까요? 미국인들에게 물어보면 대부분은 살인이라고 답합니다. 하지만 사실은 자살이 살인보다 훨씬 더 큰 비중을 차지하는데, 총기 사망 사건 중 자살이 약 60%이고, 살인은 약

40% 정도 된다고 합니다.

그렇다면 왜 미국인들은 총기 사망 사건 중 살인의 비중이 자살의 비중보다 더 크다고 생각할까요? 그 이유는 바로 언론입니다. 언론에서 총기로 자살한 사건보다 총기 살인사건을 훨씬 더 많이, 더 크게 다루기 때문입니다. 사람들에게는 총기 자살보다 총기 살인이 훨씬 더 자극적인 사건이니까요. 언론은 자극적인 사건을 기사화해야 더 많은 사람의 관심을 끌 수 있습니다. 언론 기사가 사람들의 관심을 끌수록 해당 기사의 클릭수가 올라가고, 언론사는 더 큰 광고수익을 챙길 수 있을 테니까요.

언론이 사람들의 이용가능성 편향에 미치는 영향에 대해 좀 더 살펴보겠습니다. 국립기상과학원 초대 원장을 지낸 조천호 박사가 쓴 『파란하늘 빨간지구』[동아시아, 2019]라는 책에는 다음과 같은 내용이 나옵니다.

2018년에 한국보건사회연구원이 각종 위험에 관해 시민이 느끼는 불안 수준을 분석했다. 가장 불안도가 높게 나타난 항목이 '미세먼지 등과 같은 대기오염'이었다. 우리나라에서 미세먼지를 위험으로 인식하기 시작한 시기는 대기오염이 지금보다 심했던 2000년대 이전이 아니라 최근이다.

서울의 미세먼지 농도는 2000년대 초반이 지금보다 50% 이상 높았다. 이후 점차 떨어지다가 2013년 이후로는 제자리걸음을 하고 있다. 시민들의 통념과는 달리 미세먼지의 위험은 꾸준히 낮아졌거나 최소한 나빠지지는 않았다. 객관적인 사실의 영역에서는 변화가 없었는데도 시민들은 2013년 이전에는 인식하지 못했던 미세먼지의 위험을 알게 되었다.

이화여대 김영욱 교수는 2015년에 발표한 「언론은 미세먼지 위험을 어떻게 구성하는가?」라는 논문에서 최근 미세먼지를 위험으로 인식하게 된 이유를 분석했다. 2013년 세계보건기구^{WHO}에서 대기미세먼지를 1급 발암물질로 규정했다. 이어 환경부에서 2014년에 미세먼지 예보를 시작했다. 이때 언론은 이에 관한 보도를 쏟아냈다. 논문에서 김영욱 교수는 "우리 주변에 상존하지만 인지되지 않고 있던 위험이 과학적 사실과 무관하게 언론에 의해 위험 문제로 재구성되어 확산될 수 있음을 언론 기사의 변화량이 보여준다."라고 썼다.

담배는 스스로 끊는 노력이라도 해볼 수 있지만, 미세먼지는 개인이 통제할 수도 없다. 이처럼 사람은 자발적인 통제가 어렵거나 불확실한 위험에 그리고 한 번 일어났을 때 피해가 크거나 익숙하지 않은 위험에 더 예민하게 반응하는 경향이 있다.

서울의 미세먼지 농도는 2000년대 초반에 매우 높은 수준을 기록한 후 지속적으로 하락하다가 2013년 이후로는 최소한 악화되지는 않았다는 것이 객관적인 사실입니다. 그럼에도 언론이 미세먼지를 위험 문제로 재구성해 확산함에 따라 시민들은 최근에 미세먼지를 가장 불안도가 높은 항목으로 인식하게 된 것입니다. 즉 객관적인 사실과는 무관하게 언론이 최근에 미세먼지 문제를 자주 다뤘기 때문에 시민들은 미세먼지 관련 기사를 접하는 빈도가 높아졌고, 따라서 어떤 위험을 가장 불안하게 생각하느냐는 질문에 시민들은 언론에 의해 형성된 이용가능성 편향에 따라 머릿속에 가장 먼저 떠오른 위험인 미세먼지를 가장 불안한 위험이라고 답했던 것입니다.

대표성 편향

이용가능성 휴리스틱과 유사한 개념으로 대표성 휴리스틱representative heuristic이 있습니다. 대표성 휴리스틱은 어떤 집합에 속하는 하나의 구성요소가 그 집합 전체의 특성을 그대로 대표한다고 간주하는 것을 말합니다. 대표성 휴리스틱은 대표성 편향representativeness bias이라고도 하는데, 사물의 한 가지 특성에 과도하게 집착해 이것을 사물 자체와 동일시하거나 부분이 전체를 완전히 대표한다고 예상하는 것입니다. 트버스키와 카너먼에 의하면 대표성 휴리스틱은 사람들이 자신이 기억하는 대표적인 사건이나 경험을 떠올려 그것이 일반적인 경우라고 판단해 의사결정을 내리게 한다고 합니다[Tversky & Kahneman 1973]. 우리나라 속담에 '하나를 보면 열을 안다'는 표현이 있는데, 대표성 편향을 가장 단적으로 보여주는 사례라고 생각합니다.

통계학에서는 표본sample이 모집단population의 특징을 통계적으로 유의미하게 대표할 때, 표본이 전체 모집단의 대표성representativeness

을 띤다고 말합니다. 하지만 우리는 때때로 대표성을 지니지 못한 일부 사례나 현상을 보고, 그것이 전체의 특성을 대표한다고 판단하곤 합니다. 대표성이 없는 어떤 한 표본이 모집단 전체의 특징을 그대로 반복 또는 대표하리라고 예상하는 것이죠. 표본 하나만 보고 전체 모집단의 특징을 단정해 버리는 것입니다. 극히 일부분만을 보거나 듣고 난 후에 성급한 일반화의 오류에 빠지는 것이지요.

이러한 대표성 편향 때문에 개인투자자들은 제한된 정보만으로 성급하게 자산가격의 미래추세(상승추세 또는 하락추세)를 예측해 투자에 나서게 됩니다. 예를 들면 최근 주가변동을 근거로 이후에도 주식시장에서 당분간 유사한 추세가 이어질 것이라고 전망하거나(주가가 추세적으로 계속해서 오르거나 내리는 모멘텀momentum 현상의 이면에는 투자자들이 최근 주가의 등락 추세만을 보고 투자여부를 판단하는 대표성 편향이 자리잡고 있음), 어떤 기업의 한 해 재무성과를 보고 향후에도 그러한 기조가 계속되리라 판단하는 것이죠. 또한 기업의 실질적인 사업과 무관하게 사명에 '닷컴'이 포함되면 IT 섹터 기업으로, '바이오'가 포함되면 의료섹터 기업으로 인식하는 경우도 대표성 편향에 해당됩니다. 대부분의 주식 투자자들이 사안에 영향을 주는 다양한 요인을 전체적으로 고려하지 않은 채 소수의 사례나 관측치, 표면적인 특성 등에 의존해서 의사결정을 하는 것입니다[김준석 2021].

감정 휴리스틱

우리는 촉, 감, 느낌 등의 감정에 따라 어떤 결정을 할 때가 많습니다. "촉이 좋지 않아. 그 주식이 폭락할 거 같아. 빨리 팔아 치우는 게 좋겠어." 이런 식으로 우리는 보유한 주식을 매도할 때가 있습니다. 반면 "이번에는 느낌이 좋아. 저 주식을 사면 무조건 더블 간다. 영끌을 해서라도 사야 해." 이런 식으로 새로운 주식을 매수하거나 기존 주식을 추가매수하기도 합니다. 합리성이 아닌 비합리적인 감정에 기초해 의사결정을 하는 것이죠. 행동경제학에서는 사람들의 이러한 심리적 경향을 감정 휴리스틱affect heuristic 또는 감정 편향affect bias이라고 합니다. 영어로 'gut feeling직감'이라는 것이 있는데, 이것이 감정 휴리스틱과 매우 유사한 표현이라고 생각합니다.

실제로 많은 투자자가 감정 휴리스틱에 따라 투자를 합니다. 특히 주식보다는 부동산에 투자할 때 더욱더 그런 것 같습니다. 아무래도 부동산은 데이터가 제한적이고 시장가격이라는 것이 애매하기 때문에 더 그렇지 않을까 생각합니다. 또한 투자를 시작한 지 얼마 안 된 투자자보다는 투자 경험이 많은 투자자가 감정 편향을 보이는 경우가 더 많습니다. 오랜 기간 투자를 해왔기 때문에 자신만의 어떤 촉이나 감이 있다고 생각하기 때문입니다. 하지만 객관적인 데이터와 정보에 기반하지 않고 감정에만 의존한 투자는 결국 손실을 보게 됩니다. 자신이 믿는 촉, 감, 느낌은 잠시 묻어두고, 시장이 제공하는 객관적인 데이터를 보며 하는 투자가 현명하다고 생각합니다.

후회회피 편향

후회를 좋아하는 사람은 없을 거예요. 누구나 후회를 안하고 싶어합니다. 후회회피^{regret aversion}란 결과가 좋지 않은 결정으로 인해 후회하게 되는 불편한 심리를 피하고 싶어하는 욕구입니다[Guthrie 1999]. 사람들은 자신의 결정이 나중에 틀린 것으로 판명될 수도 있음을 두려워할 때 후회회피 편향^{regret aversion bias}을 보입니다[Seiler et al 2008]. 사람들은 후회하게 될 결정을 피하고 싶어한다는 말이죠. 하지만 우리가 아무리 후회를 피하고 싶어도 우리는 결국 어떤 결정을 하게되고, 자신의 결정에 후회할 때가 많습니다. 대부분의 경우 우리가 원하는 결과가 나오지 않기 때문입니다. 따라서 후회를 피하기란 거의 불가능합니다. 누구나 후회를 하며, 후회를 해보지 않은 사람은 없을 거예요. 저도 물론 그렇습니다. 그러니까 과거의 결정 때문에 지금 후회하고 있더라도 너무 걱정하지 마세요. 정말 중요한 것은 후회로부터 배우는 것이라고 생각합니다. 후회할 일을 다시는 하지 않는 것이죠.

저는 가수 신해철의 노래를 참 좋아합니다. 안타깝게도 지금은 고인이 되셨죠. 신해철의 노래 중에 '길 위에서'라는 곡이 있습니다. 가사가 참 좋은데, 여기에 가사 일부를 옮겨보겠습니다.

난 후회하지 않아

아쉬움은 남겠지만

아주 먼 훗날까지도 난 변하지 않아

나의 길을 가려 하던 처음 그 순간처럼

자랑할 것은 없지만 부끄럽고 싶지 않은 나의 길

언제나 내 곁에 있는 그대여

날 지켜봐 주오

신해철은 자신이 선택한 길을 정말 후회하지 않았을지도 모릅니다. 신해철은 그럴 정도로 신념이 강한 사람으로 기억합니다. 하지만 한편으로는 후회할지도 모른다는 두려움 때문에 노래를 통해 스스로에게 계속 후회하지 않는다고 되뇌었을지도 모릅니다. 이야기가 옆으로 샜는데, 다시 돌아와서 후회회피에 대해 좀 더 설명해보겠습니다.

우리가 후회를 근본적으로 피하는 것은 거의 불가능하다고 말씀드렸습니다. 만약에 개인적인 수양을 엄청 많이 하거나 도를 매우 열심히 닦아서 높은 경지에 이른다면 후회하는 마음을 다스릴 수 있을지도 모릅니다. 하지만 우리처럼 평범한 사람들에게는 그게 불가능하겠죠. 그럼 후회회피에 대해 다르게 한 번 접근해 보겠습니다. 후회에도 크기가 있습니다. 어떤 경우에는 후회가 더 크고, 또 어떤 경우에는 후회가 좀 작습니다. 그렇다면 우리의 목표는 모든 후회를 회피하는 것이 아니라 큰 후회를 회피하는 것이 될 수도 있습니다.

어떤 결정을 내릴 때 후회가 클까요? 아마도 일반적인 결정보다는 일반적이지 않은 결정을 했는데 결과가 좋지 않을 때, 더 큰 후회를 할 것 같습니다. 행동재무학에서 자주 등장하는 사례를 예로 들어 보겠습니다. 사람들이 주식투자를 할 때 동일한 금액을 투자해서 동일한 손실을 보더라도, 이름이 잘 알려진 대기업에 투자해서 손실을 봤을 때보다는 이름이 생소한 중소기업에 투자해 손실을 봤을 때 더 큰 후회를 한다고 합니다. 따라서 사람들은 이름이 생소한 중소기업에 투자할 때는 매우 조심하거나 소극적이게 되죠. 그럼에도 불구하고 만약 어떤 투자자가 이름이 생소한 중소기업에 투자를 결정한다면, 그 투자자가 기대하는 투자수익률은 상대적으로 높을 것입니다. 왜냐하면 후회할 위험이 큰 투자이므로 당연히 그에 상응하는 높은 투자수익률을 기대할 테니까요. 바로 'high risk, high return'입니다. 따라서 후회회피는 위험회피 risk aversion에 해당합니다.

주식시장에서 투자자들 사이에 후회회피가 일반적인 현상이라면, 후회회피가 주식가격에도 영향을 미칠 수 있습니다. 예를 들어 투자자들은 후회회피 편향 때문에 대기업 주식을 더 선호하게 되고, 따라서 대기업 주식에 대한 수요가 증가하면 대기업의 주식 가격이 중소기업의 주식 가격보다 더 많이 상승할 것입니다. 대기업의 주식 가격이 과대평가될 수 있다는 뜻입니다. 반대로 후회회피가 중소기업 주가에 미치는 영향은 어떨까요? 앞서 설명했듯이 중소기업 주식에 투자할 경우 후회할 위험이 더 크기 때문에 중소기업 주식에는 리스크 프리미엄이 붙을 거예요. 즉 투자자들은 후회회피 편향 때문에 중소기업 주식을 평가절하하거나, 중소기업 주식에 대해서는 더 높은 투자수익률을 요구할 것입니다.

후회회피 편향에 대한 설명을 마무리하면서 주제넘지만 이런 말씀을 드리고 싶습니다. 누구나 숨기고 싶을 만큼 비겁했던 적이 있고, 이불킥을 할 만큼 부끄러웠던 적이 있고, 좀 더 잘 할 걸 하며 아쉬워했던 적이 있고, 인생에도 파워포인트의 되돌리기 기능이 있으면 좋겠다며 후회했던 적이 있습니다. 그러니 오늘 혹시 조금 비겁했더라도, 부끄러웠더라도, 아쉬웠더라도, 후회스럽더라도 너무 자책하지는 않기를 바랍니다.

확증편향

우리는 자신의 생각이 틀렸다는 사실을 인정하기 싫어합니다. 그래서 우리의 생각과 다른 말은 잘 들으려고 하지 않습니다. 지위가 높을수록 나이가 많을수록 경험이 많을수록 이러한 편향은 심해집니다. 확증편향confirmation bias은 자신이 가진 신념, 관념, 이념, 철학, 가치관, 사상 등을 지속적으로 정당화하려는 편향을 의미합니다. 확증편향에 빠진 사람들은 일단 자신의 의사나 태도를 결정하고 나면 그것을 뒷받침할 수 있는 정보만을 찾아 축적하고, 그것과 반대되는 정보는 무시해 버립니다[Grant 2016]. 확증편향은 아마도 우리가 언론기사를 통해 가장 많이 들어본 편향 중에 하나가 아닐까 생각합니다. 제 개인적인 생각으로는 휴리스틱이나 편향 중에서 확증편향이 가장 중요하다고 생각합니다. 왜냐하면 확증편향은 개인 차원의 비합리성을 넘어 공동체 전체의 비합리성을 조장함으로써 공동체 전체를 위험에 빠뜨릴 수도 있기 때문입니다.

확증편향에 빠지면 보고 싶은 것만 보고, 듣고 싶은 것만 들으려고 합니다. 스스로 눈과 귀를 막아 버리는 거죠. 그 외의 것은 다 사실이 아닌 거짓이라고 단정해 버립니다. 고려할 생각조차도 하지 않는 것이죠. 혹시 '보고 있어도 보고 싶은 그대'라는 노래를 들어보셨나요? 원곡자는 권윤경이라는 가수인데, 1996년에 방영된 KBS 드라마 「첫사랑」에서 주정남 역을 맡은 탤런트 손현주 씨가 드라마 OST로 이 노래를 불러서 유명해졌습니다. '보고 있어도 보고 싶은 그대'의 가사를 다음에 옮겨 보겠습니다.

보고 있어도 보고 싶은 보고 있어도 보고 싶은
보고 있어도 보고 싶은 그대여
처음 본 그때부터 내 마음은 그대의 포로가 되었어요
그대의 눈빛에 나는 그만 눈 감았죠

확증편향에 빠진다는 것은 노래 가사의 내용처럼 사랑에 빠진 것과 거의 같은 심리 상태입니다. 정말 보고 있어도 보고 싶은 거죠. 그 이외에는 아무 것도 보고 싶지 않은 거예요. 소위 말해서 '꽂혔다'고 하는 거죠. 우리가 어떤 사람을 사랑하게 되면 그 사람에 관한 긍정적인 점만 보고 싶어합니다. 부정적인 내용은 보려고 도 하지 않기 때문에 우리 눈에 부정적인 사실은 절대 보이지 않 게 됩니다. 우리가 가진 신념, 관념, 이념, 철학, 가치관, 사상 등에 대해서도 마찬가지입니다. 따라서 확증편향은 우리가 좋아하는 것, 사랑하는 것, 옳다고 믿는 것에 대한 중독을 유발합니다. 예를 들면 우리의 생각을 지지하는 유튜브 영상만 시간 가는 줄도 모르 고 연속해서 보는 거죠.

한편 투자자들도 확증편향에 빠집니다. 자신이 매수한 주식에 대한 대박의 꿈을 버리지 못한 채, 그 주식과 관련된 긍정적인 정 보(폭등이나 급등 가능성에 관한 증권사 정보지, 일명 찌라시나 유튜브 영 상)만 찾아서 접하고, 그 정보만 진실이라고 믿는 겁니다. 그리고 자신의 기대에 반하는 시장 정보는 무시해 버립니다.

확증편향은 과연 사람들이 자발적으로 형성하는 걸까요? 아니 면 누군가가 조작할 수도 있는 걸까요? 저는 후자의 가능성이 점 점 커지고 있다고 생각합니다. 예를 하나 들어볼게요. 인공지능을 활용하면 우리의 생각과 행동을 분석해 우리가 좋아하는 콘텐츠 (동영상, 언론 기사 등)만 계속해서 우리한테 보여지도록 하는 추천 알고리즘을 만들 수 있습니다. 인공지능 알고리즘이 우리의 확증 편향을 형성하고 심화하는 역할을 하는 것이죠. 확증편향이 심화 되면 우리의 생각은 쉽게 바뀌지 않고 계속 공고해집니다. 우리의 생각과 다른 생각에 대한 수용성이 떨어지는 것이죠. 이렇게 우리 의 확증편향은 점점 더 심화되고, 우리와 생각이 다른 사람들과의 갈등과 충돌이 발생합니다. 공동체 의식과 사회연대 의식이 약화되고 국가와 사회는 분열됩니다. 그리고 그 분열은 가속화됩니다. 결국 작은 물결에서 시작된 확증편향이 큰 파도가 돼 공동체 발전의 질곡으로 작용하게 되는 것입니다.

다음에서는 다양한 사례를 통해 확증편향에 대해 좀 더 구체적으로 알아보도록 하겠습니다.

필터버블

필터버블filter bubble이라는 용어는 원래 미국의 정치참여 시민단체 '무브온MoveOn.org'의 이사회 의장인 일라이 패리저Eli Pariser의 저서인 『생각 조종자들The Filter Bubble』(알키, 2011)에서 처음 등장했습니다. 필터버블이란 구글, 아마존, 페이스북 등의 인터넷 기업이 온라인상에서 활동하는 인터넷 사용자의 개인정보를 분석해 사용자가 어떤 정보를 보고 싶어하는지를 예측하고, 사용자가 보고 싶어하는 콘텐츠만 필터링해 추천함으로써filtering, 사용자가 자신의 관점에 동의하지 않는 정보로부터 자신을 분리시키고, 결국에는 자신을 자신만의 문화적·이념적 버블bubble 안에 가두게 되는 현상을 말합니다.

패리저는 필터버블이 인터넷 기업의 사용자 개별화 전략 때문에 발생했다고 주장합니다. 개별화 전략이란 인터넷 사용자들의 성향, 취향, 선호 등을 파악해 이들에게 개별적인 맞춤정보만 추천하는 것입니다. 인터넷 기업은 개별 사용자에 맞춰 필터링한 정보를 사용자에게 추천하기 때문에 사용자는 필터링된 정보만을 접하게 됩니다. 따라서 사용자들이 동일한 단어를 검색하더라도 사용자별로 서로 상이한 정보가 컴퓨터 화면이나 모바일 화면에 나타나게 되는 것이죠. 인터넷 기업은 인터넷 사용자의 개인적 성향, 관심사, 선호, 사용 패턴, 검색 기록, 구매행위, 위치, 이동 등의 데이터를 수집해 각 기업이 개발한 알고리즘을 통해 사용자 데이터를 분석하고, 데이터 분석 결과에 기반해 개별 사용자에게 우선적으로 노출시킬 정보를 선별해 제공하는 것입니다.

　인터넷 기업은 콘텐츠 제공업체로서 각자의 콘텐츠를 유통하는 플랫폼platform을 운영합니다. 이들 기업은 플랫폼 사용자(고객)를 위해 사용자가 좋아하는 정보, 사용자가 자주 보는 기사, 사용자가 자주 구매하는 제품 위주로 정보를 제공합니다. 사용자가 주로 어떤 콘텐츠를 소비했는지, 어떤 콘텐츠에 반응했는지, 좋아하는 콘텐츠 테마는 무엇인지 등과 관련된 데이터를 모아서data gathering 분석analysis한 후 사용자가 좋아할 것으로 예측prediction되는 콘텐츠를 추천recommendation하는 식이죠. 따라서 인터넷 기업 입장에서는 사용자 데이터를 정교하게 분석해 사용자들이 좋아할 만한 콘텐츠를 정확하게 추천함으로써 사용자를 더 만족시킬 수 있는 알고리즘을 개발하는 것이 중요합니다. 즉 인공지능 기반의 데이터 분석, 예측, 추천 알고리즘을 개발하는 것이 중요하다는 뜻입니다.

　패리저는 필터버블의 위험성을 경계해야 한다고 주장합니다. 패리저는 정보를 필터링하는 알고리즘에 정치적 혹은 상업적 논리가 개입되면 인터넷 사용자는 필터링을 거친 정보만을 접하게 되기 때문에 자신도 모르는 사이에 정보 편식을 하게 되고, 그로 인해 자신의 의지와 상관없이 자신의 가치관에 왜곡이 일어날 수도 있다고 주장합니다. 또한 그는 필터버블을 만드는 주체인 알고리즘은 사람이 아니기 때문에 알고리즘 스스로 윤리적인 측면을 고려하거나 가치판단을 할 수 없음을 지적합니다. 게다가 필터버블 알고리즘은 사용자들에게 필터링된 제한적인 정보만을 제공함으로써 반대 성향을 가진 사람들의 글이나 새로운 정보, 평소에 보지 않던 분야의 뉴스 등에 대해 사용자들이 접할 기회를 아예 박탈해 버립니다. 따라서 필터버블은 인터넷 사용자들의 지식과 가치관 확대를 방해할 수도 있습니다.

패리저가 필터버블과 관련해 가장 위험성이 크다고 생각하는 것은 뉴스의 개별화입니다. 패리저는 인터넷 기업이 창조한 필터버블의 세상에서 인터넷 사용자는 자신이 듣기 좋은 뉴스 또는 듣고 싶은 뉴스만을 편식한다고 우려합니다. 현재 야후 뉴스나 뉴욕타임스 인터넷판 같은 웹사이트는 사용자 개인의 특별한 관심이나 니즈에 맞춰 개인별로 각각 다른 톱뉴스를 보여줍니다. 이에 대해 패리저는 '개별화'로 특화된 세계는 '우리가 좋아하는 사람들과 생각이 모여 있는 편안한 곳'일지 모르지만, 필터버블은 필연적으로 사실에 대한 왜곡 효과를 낳을 수밖에 없기 때문에 사용자들은 확증편향 속에 갇혀 살 운명에 처했다고 경고합니다. 확증편향을 강화하는 도구로서 필터버블이 가진 위험성을 경고하고 있습니다.

슬픈 현실이지만 뉴미디어라고 불리는 SNS^{Social Network Service}상에서도 사용자 스스로 필터버블을 강화하고 있습니다. SNS가 제공하는 가장 큰 가치는 생각이 다른 사람들과의 소통이 아니라 생각이 같은 사람들끼리만 뭉치고 소통하는 것이기 때문에, SNS상에서는 특정 정보와 뉴스만을 편식하는 경향이 강하게 발생할 수밖에 없습니다. 따라서 SNS 사용자들에게서 발견되는 강력한 필터버블은 SNS의 자체의 속성일지도 모릅니다.

필터버블은 특히 가짜 뉴스의 확산에 결정적인 역할을 할 수도 있습니다. 필터버블은 정치, 경제, 사회, 문화, 환경 등의 문제에 대해 사람들의 고정관념과 편견을 강화해 사람들의 확증편향을 심화합니다. 사람들의 확증편향이 심화되면 인터넷 기업의 필터버블 알고리즘은 사람들의 생각과 선호에 더 잘 부합하는 콘텐츠를 더 쉽고 더 정확하게 추천합니다. 심지어는 사람들의 생각과 선호에 맞는 가짜 뉴스까지 추천하고, 사람들은 아무런 비판 없이 가짜 뉴스를 소비하게 됩니다. 사람들은 콘텐츠의 사실여부보다 콘텐츠가 자신의 생각과 선호에 얼마나 잘 부합하는지를 더 중요하게 여기기 때문입니다.

사람들이 필터버블로 인해 자신의 편견을 강화하는 가짜 뉴스까지 편식하게 되면, 사실이 아닌 정보가 사람들 사이에 빠르게 확산됩니다. 이렇게 가짜 뉴스가 범람하는 시대의 이면에는 '탈진실^{post truth}'이라는 새로운 사회적 풍조가 존재합니다. 탈진실이란 객관적인 지식이나 사실을 경시하고, 주관적인 의견이나 주장을 중시하는 사회적 흐름을 의미합니다. 탈진실이 지배하는 상황에서는 설사 객관적인 사실이 아니더라도(즉 진실이 아니더라도) 개개인의 감정에 대한 호소력이 큰 거짓 정보나 주장, 즉 가짜 뉴스가 여론 형성에 지대한 영향을 미치게 됩니다. 탈진실의 풍조가 가짜 뉴스를 양산하는 사회적 토대가 되고, 가짜 뉴스는 필터버블 알고리즘을 통해 많은 사람에게 전파돼 사람들의 확증편향은 심각한 수준에 이르게 됩니다

필터버블이 초래하는 확증편향은 우리 사회에 커다란 해악이 될 것입니다. 필터버블로 인해 우리가 정보를 편식함으로써 보고 싶은 정보만 보게 되는 확증편향의 수렁에 빠지게 되면 우리의 지식과 가치관이 편협해지고, 다른 사람들의 다양성을 인정하지 못하게 되며, 사회적 갈등이 커지고 사회적 합의가 어려워지기 때문입니다. 결국에는 우리의 소중한 공동체와 우리가 힘들게 구축한 민주주의의 존립마저 위협받게 될지도 모릅니다.

인공지능

한때 인공지능을 개발하는 AI 에듀테크^{Education Technology} 스타트업인 뤼이드^{Riiid}에서 부사장으로 일한 적이 있습니다. 손정의 회장이 경영하는 소프트뱅크의 비전펀드로부터 무려 2천억 원이나 투자를 받아서 유니콘이 된 스타트업이죠. 그런데 제가 뤼이드에 다닐 때 인공지능에 대해 열심히 공부도 하고, 여기저기 초청받아서 인공지능에 관한 강연도 여러 번 하면서 곰곰이 생각해보니 인공지능

이 인간을 대체할 거란 사실도 두려웠지만, 인공지능이 결국 우리의 생각과 행동에 대해 너무나도 많이 파악하게 될 거란 사실이 더 두려웠습니다. 인공지능이 우리를 필터버블에 더 빨리 더 효율적으로 갇히게 만들어 버릴 수도 있다는 두려움 같은 것이죠.

스튜어트 러셀Stuart Jonathan Russell이라는 인공지능 연구의 대가가 있습니다. 그는 영국의 컴퓨터 과학자로 현재는 UC 버클리대학교UC Berkely의 컴퓨터과학과 교수이자 UC 샌프란시스코대학교UC San Francisco의 신경외과 겸임교수를 맡고 있습니다. 2021년 10월 29일자 「가디언The Guardian」 인터넷판에 "Yeah, we're spooked': AI starting to have big real-world impact, says expert"라는 헤드라인으로 러셀 교수의 인터뷰 기사가 실렸습니다. 이 인터뷰에서 러셀 교수는 다음과 같이 매우 흥미로운 이야기를 했습니다.

한 가지 걱정스러운 점은 인공지능이 인간보다 지적으로 뛰어나지 않은 단계에서도 인공지능은 인간에게 충분히 위협적인 존재일 수 있다는 사실입니다. 이러한 인공지능의 위협은 이미 시작됐습니다. 사람들이 소셜미디어에 접속하면 인공지능 알고리즘은 사람들이 보고 읽는 콘텐츠를 자동으로 선택해 추천함으로써 사람들의 인지과정을 심각할 정도로 통제하고 있습니다.

결국에는 인공지능 알고리즘이 소셜미디어 이용자들의 행동이 예측 가능하도록 세뇌시켜 이용자들을 조정함으로써 더 많이 클릭하도록 유도해 더 많은 매출을 창출해 냅니다.

러셀 교수의 인터뷰 내용은 인공지능 알고리즘이 필터버블로 인간의 확증편향을 강화해 인간의 선호와 행동까지 통제할 수 있는 위협적인 존재가 될 수도 있다는 사실을 보여주는 아주 좋은 사례라고 생각합니다.

드레퓌스 사건

혹시 '드레퓌스 사건'에 대해 들어보셨나요? 드레퓌스 사건은 프랑스군 대위였던 유태계 출신의 알프레드 드레퓌스[Alfred Dreyfus, 1859-1935]가 1894년에 반역죄(간첩혐의)로 몰려 종신형을 선고받은 후 1906년 최종 무죄선고를 받기까지 약 12년 동안 일어난 일련의 역사적 사건을 말합니다.

1894년 9월 프랑스 육군 참모본부 정보부는 프랑스 주재 독일 대사관 우편함에서 프랑스 육군의 군사기밀이 적힌 편지 한 통을 발견합니다. 정보부는 범인이 기밀문서를 다루는 참모본부 소속이라고 단정하고, 참모본부의 드레퓌스 대위가 프랑스군의 기밀을 독일에 넘겼다고 의심합니다. 정보부가 드레퓌스를 의심하게 된 가장 큰 이유는 그가 유태인이기 때문이었습니다.

정보부가 드레퓌스를 일단 의심하게 되자, 이제 그에 대한 의심을 뒷받침할 만한 자료만 정보부의 눈에 들어오기 시작합니다. 그중에 결정적인 사실이 하나 있었습니다. 드레퓌스가 바로 보불전쟁[1] 직후 독일(프로이센) 영토로 병합된 알자스 지방 출신이었던 것입니다. 게다가 드레퓌스의 아버지와 형제가 아직도 알자스에 산다는 사실도 알아냅니다. 또한 그의 행동이 마치 간첩처럼 수상쩍었다는 육군사관학교 동기들의 증언도 확보합니다. 드레퓌스가 일단 간첩으로 의심받게 되자 정보부에 의해 그는 간첩이 될 수밖에 없는 모든 조건을 일시에 갖추게 된 것이죠. 그리고 정보부는 군사기밀이 적힌 편지의 필적이 드레퓌스의 것과 전혀 다름에도 불구하고 비슷하다고 판단해 버립니다.

자유, 평등, 박애를 내세운 프랑스 대혁명의 나라 프랑스에서 어떻게 이런 일이 가능했을까요? 프랑스 대혁명 직후 프랑스는 유럽에서 제일 먼저 유태인 차별을 폐지하고, 유태인에게 시민권을 부여했습니다. 그러나 보불전쟁 직후 프랑스는 극우세력의 입김이 거세지면서 급격히 보수화되고 사회 곳곳에서는 반유태주의자들이 득세하게 됩니다. 특히 군부 같은 보수집단에 반유태주의자들이 많았던 것입니다.

결국 드레퓌스는 반역죄로 체포돼 재판에 회부됩니다. 그러자 반유태주의를 내세운 극우 신문은 드레퓌스에 대한 근거 없는 혐의와 추측, 드레퓌스의 간첩 활동에 대한 소문 등 시민들이 드레퓌

---

1 프로이센(독일)의 '철의 재상' 비스마르크가 강력한 독일제국 건설을 위한 기회로 삼고자 프랑스 황제 나폴레옹 3세(우리 모두가 일반적으로 알고 있는 '나폴레옹'의 조카)를 자극해 일으킨 프로이센과 프랑스 간 전쟁을 말합니다. 1870년 7월 프랑스의 선전포고로 시작됐으나, 1871년 1월 프랑스는 독일에 항복하고 맙니다. 그 해 3월에 파리에서는 시민, 노동자, 국민방위군, 급진파 등이 '파리 코뮌'이라고 불리는 자치정부를 수립합니다. 2개월 만에 파리 코뮌은 프랑스 정부군과 독일군의 협공으로 붕괴됩니다. 이후 프랑크푸르트 조약에 따라 독일은 알자스와 로렌 지방을 합병하고, 1871년 1월 프로이센의 왕 빌헬름 1세는 프랑스의 베르사유 궁전에서 통일된 독일제국의 황제로 선포됩니다.

스를 간첩으로 생각할 수밖에 없도록 만드는 자극적인 기사를 연일 대서특필합니다. 참모본부는 군사법정에 날조된 증거 자료를 제출하고, 마침내 1894년 12월 프랑스 군사법원은 비밀재판에서 드레퓌스에게 종신형을 선고합니다. 하지만 반유태주의 극우 신문은 종신형 선고에 만족하지 않고, 거짓 기사로 프랑스 국민들을 선동하면서 드레퓌스의 사형을 촉구합니다.

드레퓌스는 아프리카 기아나의 외딴 섬에 유배되고, 그의 이름은 잊혀집니다. 그러나 1896년 3월에 신임 정보부장으로 부임한 피카르 중령은 업무 인수인계 자료를 보다가 드레퓌스 사건이 날조됐다는 사실을 알게 됩니다. 그리고 범인이 페르디낭 에스테라지 Ferdinand Walsin Esterhazy 소령이라는 사실을 밝혀내죠.

피카르 중령, 피카르 중령의 변호사 친구, 변호사 친구의 숙부인 상원 부의장 등은 진실을 밝히고자 노력했고, 마침내 드레퓌스의 친형은 이들의 지지와 협조를 얻어 에스테라지를 고발합니다. 그리고 「르마탱 Le Matin」지가 프랑스 주재 독일대사관 편지함에서 발견된 문제의 편지 사진을 입수해 1면에 실었고, 「르피가로 Le Figaro」지는 편지 사본과 에스테라지의 필적을 나란히 실으면서 에스테라지를 범인으로 지목합니다. 하지만 여전히 대다수 신문은 에스테라지의 무죄와 드레퓌스의 유죄를 주장하는 기사를 실었고, 분노한 반유태주의자들은 오히려 드레퓌스의 사형을 요구합니다. 결국 1898년 1월 군사재판에서 에스테라지는 무죄를 선고받게 됩니다.

이대로 진실이 묻힐 것처럼 보였던 그때, 프랑스의 대문호 에밀 졸라[Emile Zola][2]와 지식인들은 에스테라지의 무죄판결에 의문을 품게 됩니다. 그리고 에밀 졸라는 「로로르 L'Aurore」지에 "나는 고발한다 J'accuse!"라는 제목의 명문을 발표합니다. 하지만 프랑스 국방장관은 에밀 졸라를 고소하고, 에밀 졸라는 유죄판결을 받은 후 영국으로 망명합니다. 프랑스 사회는 드레퓌스를 지지하는 세력과 반대하는 세력으로 양분돼 버리죠.

프랑스의 정권이 바뀌고 새 정권의 국방부에서 드레퓌스 사건을 다시 조사하게 되자, 불리한 상황에 몰린 에스테라지는 영국으로 도피합니다. 그리고 영국 신문 「옵저버 The Observer」지에 자신이 범인임을 밝히자 프랑스 사회는 발칵 뒤집어집니다. 하지만 프랑스에서는 여전히 반유태주의자들과 극우 언론의 목소리가 컸기 때문에 드레퓌스는 재심에서 또 다시 유죄를 선고받습니다. 미국, 영국 등 세계 곳곳에서 프랑스 법원의 재심 판결에 항의하는 시위대가 프랑스 국기를 불태우고 프랑스 대사관과 영사관 앞에서 시위를 합니다.

1899년 9월 프랑스 에밀 루베[Émile François Loubet] 대통령은 드레퓌스에 대한 특별사면을 실시하고, 이후 드레퓌스의 항소를 받아들인 최고재판소는 마침내 1906년 7월에 드레퓌스에게 무죄를 선고합니다. 드레퓌스는 다시 군복을 입고 복권됐으며, 진짜 간첩 에스테

---

2 자연주의 문학의 대가로 「목로주점(L'Assommoir)」, 「나나(Nana)」, 「대지(La Terr)」, 「인간 짐승(La Bê -te humaine)」 등의 작품이 있습니다.

라지는 런던의 빈민굴에서 비참한 말년을 보내다가 죽습니다. 그리고 드레퓌스 사건의 진실을 밝히기 위해 노력한 피카르 중령은 나중에 국방장관이 됩니다. 한편 드레퓌스는 1914년에 일어난 제1차 세계대전에 참전해 훈장을 받고, 1935년 7월에 파리에서 생을 마감합니다.

드레퓌스 사건은 진실이 어떻게 거짓으로 날조될 수 있는지와 진실과 정의는 반드시 승리한다는 사실을 동시에 보여준 사건이라고 생각합니다. 드레퓌스 사건에서 진실을 거짓으로 날조하려는 세력이 시민들을 호도하기 위해 주로 사용했던 기법은 확증편향이었습니다. 이 사건에서 확증편향은 두 가지 형태로 나타납니다.

첫째, 프랑스 육군 참모본부 정보부는 드레퓌스가 간첩이라는 자신들의 주장을 지지하는 증거만 수집합니다. 그리고 자신들의 주장에 반하는 증거는 무시하죠. 예를 들면 드레퓌스가 유태인이고 알자스 지방 출신이며, 아버지와 형제가 여전히 알자스 지방에 살고 있고, 드레퓌스가 평소 간첩처럼 행동했다는 육사 동기들의 진술 등은 중요하게 다룹니다. 반면 드레퓌스의 필적과 편지 필적을 감정한 결과가 모두 일치하지는 않았다는 사실, 드레퓌스 자택을 수색했으나 간첩 행위의 증거를 발견하지 못했다는 사실, 드레퓌스가 간첩 행위를 해야 할 동기를 밝혀내지도 못했다는 사실, 프랑스군에 대한 드레퓌스의 충성심이 강했다는 동료들의 진술이 있었다는 사실 등은 아예 무시해 버린 것이죠.

둘째, 프랑스 극우 언론은 "드레퓌스는 진짜 프랑스인이 아니다(유태인이다)" 등과 같은 자극적인 기사를 대대적으로 신문에 싣고, 드레퓌스가 간첩이라는 국방부의 주장을 연일 대서특필함으로써 드레퓌스에 대한 시민들의 적개심을 자극했습니다. 사실이 아닌 것도 언론이 마치 사실처럼 보도하면 사실이 되는 것이고, 사실인 것도 보도하지 않으면 진실은 묻혀버리고 마는 것이지요. 당시 프랑스 극우 언론은 자신들이 믿고 싶고, 보고 싶고, 전달하고 싶은 내용만 기사화하고, 그에 반대되는 사실은 알리려고도 하지 않았던 것입니다. '드레퓌스 사건'은 확증편향을 경계해야 할 언론이 오히려 확증편향을 증폭함으로써 사건의 진실을 감추려고 했던 프랑스 언론의 부끄러운 역사입니다.

보수주의 편향

사람들은 자신의 생각을 고수하며 웬만하면 바꾸려고 하지 않습니다. 심지어 자신의 생각을 완전히 뒤집는 정보를 접한다고 하더라도 자신의 생각을 흔쾌히 변경하려고 하지 않습니다. 행동경제학에서는 이 같이 사람들이 새로운 정보는 거부하고, 기존의 시각이나 예측을 고수하려는 편향을 보수주의 편향conservatism bias이라고 부릅니다[Pompian 2011]. 즉 보수주의 편향이란 자신이 기존에 갖고 있던 주관, 신념, 관점, 예측, 주장 등을 고수하고, 새로운 정보에 대해서는 충분히 고려하지 않거나 심지어는 무시하는 편향을 말합니다. 최신 정보나 트렌드에 신속히 반응하기보다는 느리게 대처하려는 편향인 것이죠[Pompian 2011; Ritter 2003].

보수주의 편향이 강한 사람들은 자신의 생각을 수정하거나 틀렸다고 인정하는 데 오랜 시간이 걸립니다. 보수주의 편향이 아주 강한 사람들을 우리는 흔히 '꼰대'라고 부릅니다. 다른 사람들이 아무리 뭐라고 해도 생각을 바꾸기는커녕 들으려고도 하지 않기 때문입니다. 그래서 꼰대와의 소통은 너무나도 힘듭니다.

보수주의 편향을 가진 투자자들은 어떤 투자행동을 보일까요? 예상하겠지만 보수주의 편향이 강한 투자자들은 시장에서 새로운 뉴스를 접하더라도 초기에는 매우 소극적으로 반응하거나 또는 절대 반응하지 않습니다. 지금까지의 투자방식을 바꾸려고 하지 않는 것이죠. 만약 주식시장에 보수주의 편향이 강한 투자자들이 대부분이라면 시장에 아무리 새로운 정보가 유입되더라도 그 정보가 주가에 반영될 때까지 오랜 시간이 걸릴 거예요. 즉 시장의 정보가 주가에 즉시 효율적으로 반영되지 않고 시차가 발생합니다. 따라서 이미 눈치챘겠지만 보수주의 편향은 1장에서 설명한 효율시장가설의 주장과 정확히 배치되는 개념입니다. 효율시장가설의 반대개념이라고 간주해도 됩니다.

보수주의 편향이 주식 투자자들에게 미치는 영향을 예를 들어 설명해보겠습니다. 길동이는 대형 외국계 사모펀드가 ㈜대박바이오를 인수^{M&A}할 거라는 얘기를 듣고 ㈜대박바이오 주식에 투자했습니다. 그런데 길동이는 얼마 후 인수협상이 결렬됐다는 뉴스를 접했습니다. 그래도 길동이는 ㈜대박바이오 주식을 계속 보유합니다. 길동이는 왜 그럴까요? 아마도 길동이는 보수주의 편향 때문에 ㈜대박바이오 주식을 계속 보유할 가능성이 높습니다. 즉 길동이는 자신의 보수주의 편향으로 인해 다른 사모펀드가 ㈜대박바이오를 인수하게 될지도 모른다는 기대감을 갖게 될 것이고, 애초에 자신이 생각한 기업가치를 고수함으로써 ㈜대박바이오의 주식을 더 오랫동안 보유하게 되는 것입니다. 참고로 길동이의 상황이 지금 제 상황과 똑같습니다.

한편 주식시장에 보수주의 편향을 가진 투자자들이 많으면 주가에 거품이 생길 수도 있습니다. 보수주의 편향이 강한 투자자들은 어떤 회사의 영업이익이 수년 동안 계속해서 증가하는 추세를 보이면, 이러한 추세가 향후에도 계속되리라고 생각합니다. 또한 주가지수가 수개월 동안 상승 추세를 보이면 향후에도 상승 추세가 이어질 것으로 예측하죠. 이 같은 투자자들의 과도한 낙관주의는 주식가격을 터무니없는 수준으로 높여 시장에 버블을 형성하게 만들 수 있습니다[Pompian 2011].

그런데 보수주의 편향이 반드시 비합리적이라고 말할 수는 없을 것 같습니다. 왜냐하면 보수주의 편향을 가진 투자자들은 단기에 적극적으로 높은 수익률을 추구하는 능동적 투자행동[active investing behavior]보다는 장기적 관점에서 소극적으로 투자하는 수동적 투자행동[passive investing behavior]을 보이기 때문에 장기투자를 하게 될 가능성이 높고, 그 결과 능동적 투자의 수익률보다 더 높은 수익률을 달성할 수도 있기 때문입니다. 실제로도 수동적 투자가 능동적 투자보다 수익률이 더 높다고 합니다. 능동적 투자와 수동적 투자에 대해서는 6장에서 자세히 설명하도록 하겠습니다.

관성

행동경제학에서 관성^{inertia}이란 부작위^{inaction} 또는 현상유지와 관련된 안정적인 상태의 지속을 의미합니다[Madrian and Shea 2001]. 그래서 관성을 현상유지 편향^{status quo bias}이라고 부르기도 합니다. 일반적으로 넛지는 디폴트값^{default} 설정을 통해 사람들의 관성을 심화시킬 수도 있고, 또는 경고^{warning} 같은 방법을 통해 관성을 완화시킬 수도 있습니다[Jung, 2019]. 한편 사회심리학에서는 관성을 '태도와 관계에서의 지속성'이라고 정의하기도 합니다.

관성은 사실 보수주의 편향과 매우 비슷한 개념입니다. 물론 차이가 있습니다. 보수주의 편향이 변화에 비교적 적극적으로 대항하는 것이라면, 관성은 소극적인 방법(심지어는 아무것도 하지 않는 방법)으로 변화에 저항하는 것입니다. 따라서 관성은 디폴트값 효과^{default effect}와 관련이 있습니다. 4장에서 자세히 설명하겠지만 디폴트값 효과는 처음에 설정한 값을 그대로 유지하는 것입니다. 그리고 바로 앞에서 언급했듯이 디폴트값 효과를 심화시키는 심리 요인이 바로 관성입니다. 관성이 강한 투자자들은 시장의 상황이 바뀌더라도 초기에 구성한 자산 포트폴리오를 그대로 유지하고 싶어할 것입니다. 따라서 관성이 강한 투자자들은 수동적 투자와 장기투자를 할 가능성이 높습니다.

관성은 개인뿐만 아니라 조직 단위에서도 나타납니다. 경영학,

사회학, 행정학 등에서 조직행동^{Organizational Behavior}을 연구한 결과에 따르면 조직도 개인처럼 관성을 갖고 현상유지를 선호하며, 의사결정에 있어 보수성을 견지하는 경우가 많다고 합니다. 기업은 환경에 적응하기 위해 전략을 수립하고 비즈니스 모델을 개발합니다. 그래서 특정 시기에는 기업 사이에 특정 환경에 적합한 특정 전략과 특정 비즈니스 모델이 유행합니다. 그리고 환경이 바뀌기 전까지 관성에 의해 그러한 특정 전략과 특정 비즈니스 모델을 가진 기업은 계속해서 시장에 등장합니다. 그런데 환경이 바뀌었는데도 여전히 특정 전략과 특정 비즈니스 모델을 고집하는 기업이 존재합니다. 관성이 아주 강한 기업입니다. 이렇게 변화를 거부하고 현상유지에 집착하는 기업에 대해 보수적인 기업문화를 가졌다고 평가합니다. 이러한 보수적인 기업은 환경이 바뀌면 결국 망해서 사라지게 됩니다. 지나친 관성이 기업의 종말을 초래하는 것이죠[Hannan and Freeman 1984].

잭 웰치^{Jack Welch}는 1981년부터 2001년까지 GE의 CEO를 역임했습니다. 그가 표방한 전략의 핵심은 주주가치 극대화^{maximizing shareholder value}였습니다. 그에게 주주가치 극대화는 결과가 아니라 전략이었던 것이죠. 주주가치 극대화를 구성하는 세부전략은 사업구조조정^{business restructuring}과 정리해고^{layoffs}였습니다. 기업의 장기적인 가치보다는 단기적인 이익을 극대화하는 전략입니다. 잭 웰치는 주주가치 극대화의 전도사였습니다. 그가 GE의 CEO로 취임하던 때부터 거의 30년 동안 기업에게 주주가치 극대화는 기업의 생존과 성장을 위해 반드시 추진해야만 하는 전략이었습니다.

하지만 2009년 잭 웰치는 주주가치 극대화 전략을 포기합니다. 주주가치 극대화는 세상에서 가장 멍청한 생각이고, 주주가치는 전략이 아니라 결과라고 선언합니다. 그는 기업의 중요한 기반은 주주가 아니라 노동자, 고객, 제품이기 때문에 경영진과 투자자들은 기업의 최우선 목표를 주가 상승에 둬서는 안 된다고 말했습니다. 그리고 기업의 단기적 이익은 기업의 장기적 가치 증대와 반드시 맞물려 있어야 한다고 주장했죠. GE의 CEO에서 물러난 지 10년 만에 자신의 생각과 철학을 완전히 바꾼 것입니다.

20세기 말부터 21세기 초반까지 주주가치 극대화 전략은 기업이 시장 환경에 적응하기 위해 고집했던 전략이자 비즈니스 모델이었습니다. 하지만 잭 웰치의 '변절과 회개'에서 봤듯이 이제 환경이 바뀌었습니다. 환경이 바뀌었는데도 주주가치 극대화 전략을 고수하는 기업은 경쟁력을 잃고 시장에서 사라질 것입니다. 언제부터인가 주주가치 극대화를 주장하는 기업은 이제 찾아보기도 힘들어졌고, 현재 많은 기업은 ESG^{Environment, Social, Governance} 경영을 내세우고 있습니다. 기업이 생존하고 지속 가능한 발전을 위해서는 친환경, 기업의 사회적 책임, 투명한 지배구조 등을 지향해야 한다는 것이죠. 환경이 바뀌면서 기업의 생존전략 패러다임도 완전히 바뀐 것입니다. 만약 아직도 ESG보다 주주가치 극대화에 애착을 보이는 기업이 있다면 향후 생존 가능성을 의심해 봐야 할지도 모릅니다. 만약 그런 회사의 주식을 보유하고 있다면 매도를 심각하게 고민해 봐야 할지도 모르죠. 관성의 끝은 소멸입니다.

그럼 조직이 관성을 유지하는 이유는 무엇일까요? 물론 생존을 위해서입니다. 생존을 위해 주어진 환경에 적응할 수 있는 가장 적합한 전략과 비즈니스 모델을 구축한 후 고수하려고 하기 때문입니다. 그런데 조직생태학^{Organizational Ecology Theory}에서는 각인^{imprinting}이라는 흥미로운 개념을 사용해 조직이 생성 초기부터 관성적이게 되는 이유를 설명합니다. 각인은 동물, 특히 오리 같은 조류 동물이 태어나자마자 처음 본 존재나 물체를 어미로 인식하거나 또는 그것에 애착을 보이는 행동을 의미합니다. 조직이 처음에 생겨날 때는 주어진 당시 환경이 있는데요. 조직은 탄생 당시 환경의 특성을 조직 내에 내재화하게 됩니다. 즉 생존을 위해 당시 환경에 적합한 비즈니스 모델을 구축하거나 사업전략을 수립하는 것이죠. 그런데 문제는 많은 기업이 탄생 초기의 비즈니스 모델과 사업전략에 지나치게 집착한다는 것입니다. 일종의 각인 효과 때문에 기업의 관성이 심화된다는 것이죠. 그리고 너무나 당연하게도 강한 각인 효과를 가진 기업은 환경이 변하면 경쟁력을 잃고 시장에서 사라지게 됩니다[Marquis 2013].

관성은 개인과 조직 단위에만 영향을 미치는 것은 아닙니다. 관성을 유지하려는 편향은 인류가 직면한 문제를 해결하는 방식에도 악영향을 미칩니다. 인간의 탐욕과 개발 활동은 지구를 병들게 하고, 인류의 환경을 악화시키고 있습니다. 하지만 인류의 대응방식은 여전히 관성에 의존하고 있습니다. 마치 회귀방정식 그래프처럼 인류가 경험한 과거와 현재 인류가 처한 현실에 기반해 미래를 투사하거나 지금까지 해오던 방식대로 대처하면 인류가 직면한 위기를 극복할 수 있다고 생각합니다. 하지만 이렇게 관성에 기초한 대응방식은 우리가 의존하는 지구 환경이 안정적이던 시기에만 효과적입니다. 즉 지금 우리가 살아가는 지구 환경이 우리의 아이들이 살아갈 지구 환경과 같을 경우에만 유효한 방식이라는 것입니다.

그러나 상황이 바뀌었습니다. 인간 활동이 지구의 자정능력을 넘어섬으로써 지구가 온전하게 작동하는 방식을 위협하고 있습니다. 인류가 만들어낸 기후변화나 환경오염 같은 자연재해는 공간적 경계를 넘어 지구 전체에 영향을 주며, 온실가스와 방사능을 비롯한 각종 폐기물은 세대를 넘어 영향을 미치고 있습니다. 수십 억년의 세월 동안 태양에너지를 축적한 석유와 석탄, 즉 화석 연료를 태우면 에너지가 다시 나옵니다. 화석연료는 그 이전 사회의 경제발전을 저해했던 수많은 제약을 없앴습니다. 하지만 화석연료는 또한 엄청난 양의 이산화탄소를 배출함으로써 지구 환경에 악영향을 미쳤습니다.

특히 제2차 세계대전 이후부터 인류가 지구 환경에 미치는 영향력이 폭발적으로 커지는, 이른바 '거대한 가속Great Acceleration'이 일어났습니다[조천호 2021]. '거대한 가속'의 시대에는 미래 변화를 예측할 수 없습니다. 과거와 현재에 발생한 현상을 토대로 미래를 예측하고, 미래의 변화에 대응할 수 없다는 것입니다. 즉 관성에 기초한 문제해결 방식은 인류 생존에 도움이 되지 않는다는 것이지요. 화석연료 사용 중지, 이산화탄소 배출량 제로, 탄소 중립, 대체 에너지 개발 등 급진적이고 새로운 패러다임이 다음 세대뿐만 아니라 우리 세대의 생존을 위해 필요한 시대가 돼버렸습니다.

앵거 효과

앵커 효과 anchoring effect 라는 개념이 있습니다. 정박 효과, 닻 내리기 효과, 기준점 효과, 고정관념 효과, 앵커링 효과라고도 합니다. 앵커 anchor 는 배의 닻을 뜻하고, 앵커링 anchoring 은 배가 닻을 내린다는 의미입니다. 앵커 효과란 배가 일단 닻을 내리면 anchoring 그 자리에서 벗어나지 못하듯이 사람들도 판단이나 결정을 할 때 최초에 접한 사건, 사실, 의견, 숫자, 제안 등으로부터 벗어나지 못하고 지속적으로 영향을 받는 것을 말합니다. 사람들은 어떤 선택을 할 때 최초 앵커점에 얽매여서 거기서 크게 벗어나지 못한다는 것이죠.

앵커 효과 때문에 사람들은 예측을 할 때 앵커점을 계속해서 소폭 변경(조정)하면서 예측합니다. 이런 과정을 앵커점 조정 anchoring and adjustment 또는 조정 휴리스틱 adjustment heuristic 이라고 합니다. 즉 앵커점 조정이란 불확실한 결과를 예측할 때 최초의 앵커점을 설정하고, 이를 여러 차례 수정하는 과정을 통해 최종 수치를 확정하는 과정을 말합니다. 앵커점 조정은 최초 앵커점에 대한 의존성이 크기 때문에 조정의 과정을 거쳐도 최초 앵커점에서 크게 벗어나기가 어렵습니다. 최초 설정한 앵커점에 따라 조정의 범위와 최종 예측치가 결정되기 때문에 결국 최초 앵커점이 의사결정의 모든 과정을 지배하게 됩니다.

앵커 효과의 관점에서 사람들이 불확실성하에서 어떤 과정을 거쳐 예측을 하는지 살펴보겠습니다. 첫 번째 단계에서는 앵커점을 설정합니다. 사람들이 앵커점을 스스로 설정할 수도 있고, 다른 사람들이 앵커점을 설정하거나 제안해 줄 수도 있습니다. 두 번째 단계에서는 첫 번째 단계에서 설정된 앵커점을 지속적으로 조금씩 조정하는 과정adjustments을 통해 최종 예측치를 결정합니다. 두 번째 단계에서 사람들은 첫 번째 단계에서 설정한 앵커점의 영향을 받아 충분한 조정을 하지 못하게 됩니다. 사람들이 조정할 때마다 최초 앵커점이 자꾸만 생각나기 때문이죠. 결국 사람들의 최종 예측치는 앵커점을 크게 벗어나지 못하고, 그 근방에 머무르게 돼 마침내 예측은 틀려버리고 마는 것입니다.

앵커 효과는 앞에서 설명한 확증편향 때문에 더욱더 심화됩니다. 사람들은 일단 앵커점을 설정하고 난 뒤에는 최초 앵커점을 확증해 줄 수 있는 정보만을 찾아서 머리에 각인시키고, 그렇지 않은 정보는 무시해 버리려고 합니다. 사람들은 일단 앵커점에 꽂히게 되면 자신의 앵커점에 대한 착오를 인정하는 정보와 앵커점에 의문을 제기할 수 있는 정보는 모두 다 의식적으로 배제하게 되는 것이죠.

제가 46세쯤에 학생들에게 행동경제학에 대해 강의할 때, 앵커 효과를 설명하면서 다음과 같이 제 나이를 묻는 질문을 해봤습니다.

1) 케네디^{John F. Kennedy} 대통령은 36세에 처음으로 상원의원이 됐습니다.

2) 저는 올해 몇 살일까요?

　케네디 대통령이 36세에 처음 상원의원이 됐다는 사실과 제 나이는 사실 아무런 관련이 없습니다. 하지만 학생들의 대답은 대부분 36세를 크게 벗어나지 못했습니다. 그러한 이유는 영광스럽게도 제가 당시에 10년은 더 젊어 보였기 때문이라고 말할 수도 있지만, 사실은 앵커 효과 때문이었던 것이죠. 무심코 던진 전혀 관련이 없는 정보일지라도 앵커 효과로 인해 사람들은 거기서 헤어 나오지 못할 수 있습니다. 심지어 그 정보가 가짜 뉴스라고 할지라도 말입니다.

（3장）

확실한 이득은 취하되 확실한 손실은 피한다:
전망이론

사람들은 불확실성 혹은 위험이 존재하는 상황에서는 어떤 의사 결정 과정을 거쳐 어떤 결정을 내릴까요? 그리고 사람들이 그런 상황에서 어떤 결정을 내렸다면 그 이유는 무엇일까요? 이러한 문제에 대해 주류경제학은 기대효용이론을 통해 해답을 제시하고자 했습니다. 기대효용이론은 다른 주류경제학 이론과 마찬가지로 최적화된 의사결정모델을 구축하고자 했습니다. 하지만 주류경제학의 모델은 사람들이 현실 세계에서 실제로 어떻게 의사결정을 내리는지는 설명하지 못합니다. 기대효용이론도 예외는 아니었죠. 그래서 행동경제학자들은 불확실한 상황하에 사람들이 실생활에서 의사결정을 하는 방법을 설명하기 위해 전망이론^{Prospect Theory}이라는 개념을 세상에 선보였습니다.

전망이론은 'Prospect Theory'를 직역한 표현으로, Prospect를 '전망'이라고 번역한 것이죠. 그런데 사실 Prospect Theory를 우리나라 말로 어떻게 번역할지에 대한 여러 가지 의견이 있습니다. 하지만 국내에서는 대부분 '전망이론'이라고 번역하고 있기 때문에 이 책에서도 그냥 '전망이론'이라고 부르기로 하겠습니다. Prospect는 번역을 어떻게 하느냐보다 Prospect가 어떤 의미인지를 정확하게 이해하는 게 더 중요하다고 생각합니다. 카너먼과 트버스키에 의하면 Prospect는 '어떤 확률로 어떤 값을 받게 되는 계약'을 의미합니다. 이러한 관점에서 본다면 도박이나 복권도 Prospect의 일종입니다. 즉 Prospect를 확률게임이라고 이해해도 무방하겠죠. 한편 Prospect를 갖고 문장이나 대화에서 실제로 어떻게 표현하는지 궁금할 수도 있습니다. 예를 하나 들어볼게요. "Prospect A는 100%의 확률로 90만 원을 받는 계약이고, Prospect B는 10%의 확률로 1,000만 원을 받는 계약이다."라고 표현하면 됩니다[Kahneman and Tversky 1979].

전망이론과 기대효용이론

전망이론은 행동경제학의 핵심이라고 할 수 있는데, 카너먼과 트버스키가 처음으로 제시한 이론입니다[kahneman and Tversky 1979]. 카너먼과 트버스키 이전에 불확실성하에서의 선택을 설명하는 이론은 주류경제학 이론인 기대효용이론이었습니다. 기대효용이론에 따르면 사람들은 선택할 때 기대값 또는 기대효용이 가장 큰 대안을 선택한다고 합니다. 즉 사람들은 기대효용 극대화를 추구한다는 것이죠. 예를 들면 90만 원을 받을 확률이 100%인 대안(기대값 = 90만 원×100% = 90만 원)보다는 1,000만 원을 받을 확률이 10%인 대안(기대값 = 1,000만 원×10% = 100만 원)을 더 선호한다는 이론으로, 후자의 기대값이 더 크기 때문이지요.

카너먼과 트버스키는 기대효용이론이 불확실성하에서의 선택을 설명하는 데 한계가 있다고 비판하면서 그에 대한 대안이론으로 전망이론을 제시했습니다[Kahneman and Tversky 1979]. 카너먼과 트버스키는 사람들이 실제로 어떤 선택을 할 때 기대효용이론의 주장과는 달리, 특정 대안의 기대값보다는 해당 대안이 얼마나 확실한가를 더 중요하게 생각한다고 설명합니다. 따라서 사람들은 10%의 확률로 1,000만 원을 받는 대안보다는 확실하게 90만 원을 받는 대안(90만 원을 받을 확률이 100%)을 더 선호한다는 것이죠. 즉 사람들은 불확실하게 확률로 주어진 이득보다는 확실한 이득을 더 높게 평가한다는 것입니다. 우리는 이러한 성향을 확실성 효과certainty effect라고 부릅니다[Kahneman and Tversky 1979]. 사람들이 선택을 할 때 기댓값보다는 확실성에 더 가중치를 둔다는 뜻이죠. 그리고 '불확실하게 확률로 주어진 이득을 포기하면서 선택한 확실한 이득' 또는 '불확실한 기대이익과 동일한 효용을 갖는 확실한 최소이익'을 확실성 등가certainty equivalent라고 부릅니다. 주류경제학에서 주장하는 기대효용이론과는 정면으로 배치되는 내용입니다.

확실성 효과와 손실회피

앞에서 언급한 확실성 효과를 좀 더 살펴보겠습니다. 확실성 효과는 '확률적으로 얻게 되는 결과'보다는 '확실하게 얻게 되는 결과'에 더 큰 비중을 두는 성향이라고 정의할 수 있습니다[Kahneman and Tversky 1979]. 즉 확실성 효과란 불확실한 이득보다는 확실한 이득을 더 선호하는 성향을 말합니다.

확실성 효과로 인해 사람들은 확실한 이득이 포함된 선택 상황에서는 위험회피적risk-averse 태도를 보이며, 확실한 손실이 포함된 선택 상황에서는 위험선호적risk-seeking, risk-loving, risk-taking 태도를 보입니다[Kahneman and Tversky 1984]. 즉 특정한 확률로 이득을 보는 것보다는 100% 확실한 이득을 더 선호하며, 100% 확실한 손실보다는 특정

한 확률로 손실을 보는 것을 더 선호한다는 것입니다. 어떤 상황
이냐(이득 상황이냐 또는 손실 상황이냐)가 중요하다는 것입니다. 따
라서 "사람들은 일반적으로 위험회피적이다."라고 말하는 건 옳지
않습니다. 이처럼 이득 상황이냐 손실 상황이냐에 따라 사람들의
확실성에 대한 선호가 정반대로 바뀌게 되는 심리적 현상을 반사
효과 reflection effect라고 합니다 (Kahneman and Tversky 1979). 이득 상황에서는 확
실한 이득을 취하고, 손실 상황에서는 확실한 손실을 피하는 것이
지요.

반사 효과에 대해 앞에서 제시한 예시를 갖고 좀 더 설명해 볼
게요. 90만 원을 받을 확률이 100%인 선택지를 A(Prospect A)라고
하고, 1,000만 원을 받을 확률이 10%인 선택지를 B(Prospect B)라
고 하고, 두 개의 선택지(prospect)를 다음과 같이 표현하겠습니다
(다만 Prospect A, Prospect B 같이 Prospect를 붙이는 것은 이번까지만
하고, 다음번부터는 그냥 A, B로만 표시합니다. 그렇더라도 앞에 Prospect
가 붙어있다는 점을 꼭 기억하세요).

Prospect A: (90만 원)
Prospect B: (1,000만 원, 10%)

기대값은 Prospect B(1,000만 원×10% = 100만 원)가 Prospect
A(90만 원)보다 10만 원이 더 큽니다. 따라서 기대효용이론에 의하
면 사람들은 당연히 기대값이 더 큰 Prospect B를 선택해야 합니

다. 하지만 대부분의 사람들은 두 개의 prospect 중에서 Prospect A를 더 선호합니다. 확실한 이득을 취하고 싶은 마음 때문이죠. '기대값은 크지만 불확실한 이득'보다는 '기대값은 작더라도 확실한 이득'을 선택하는 것입니다. 그렇다면 사람들은 이득 상황이 아니라 손실 상황에서는 어떤 선택을 할까요? 손실 상황이기 때문에 다음과 같이 금액에 마이너스(-) 부호를 붙입니다.

A: (-90만 원)

B: (-1,000만 원, 10%)

A는 확실히 90만 원을 손해 보는 선택지이고, B는 10%의 확률로 1,000만 원을 손해 보는 선택지입니다. 이때 A의 기대값은 -90만 원, B의 기대값은 -100만 원입니다. 이런 상황에서는 기대효용 이론에 따른다면 당연히 A를 선택해야 합니다. 하지만 이득 상황에서 손실 상황으로 상황이 바뀌면 대부분의 사람들은 B를 선택합니다. 기대손실은 더 크지만 위험선호적으로 되는 거죠. 왜 그럴까요? 확실한 손실을 피하고 싶은 마음 때문입니다. 100% 확률로 90만 원을 확실히 손해 보는 경우보다는 무려 90%의 확률로 손실을 피할 수도 있겠다는 생각을 하게 되는 것이죠. 이렇게 확실한 손실을 피하고 싶어하는 성향을 손실회피 loss aversion 라고 부릅니다.

전망이론의 관점에서 위험회피와 손실회피를 간단히 비교해서 정리하고 넘어가는 게 좋을 것 같습니다. 비슷해 보여 헷갈리지만 엄연히 서로 다른 개념입니다. 위험회피는 주로 이득의 상황에서 나타나는 성향입니다. '크지만 불확실한 이득'보다는 '작지만 확실한 이득'을 더 선호하는 성향입니다.

반면 손실회피는 당연히 손실의 상황에서 나타납니다. 손실회피는 비록 작은 손실일지라도 '확실한 손실'은 싫어하는 성향입니다. 따라서 손실회피는 '확실한 손실에 대한 회피'라고 재정의할 수도 있습니다. '손실은 크지만 발생확률은 낮은 대안'보다는 '작지만 확실한 손실'을 더 싫어하는 것이죠. 즉 사람들은 손실 상황에서 위험선호적인 성향을 보이는 것입니다.

위험회피와 손실회피의 공통점은 사람들의 선호나 선택에 '확률로 계산한 기대값'보다 '확실성'이라는 변수가 더 큰 영향을 미친다는 점입니다. 즉 사람들은 전통적인 기대효용이론과는 달리 기대값이 아니라 얼마나 확실한가를 기준으로 의사결정(선택)을 한다는 것이죠.

손실회피

지금부터는 손실회피 loss aversion를 본격적으로 알아보겠습니다. 손실회피는 행동경제학에서 너무나도 중요한 개념이므로 꼭 기억해주세요. 행동경제학의 핵심은 전망이론이고, 전망이론의 핵심은 손실회피라고 알고 계셔도 됩니다(사실 전망이론의 첫 번째 핵심은 손실회피이고, 두 번째 핵심은 뒤에서 설명할 가치함수입니다). 카너먼과 트버스키는 전망이론을 통해 사람들의 선호체계가 비합리적인 것은 손실회피 때문이라고 설명합니다. 전통적인 주류경제학의 주장과 달리 전망이론은 투자자들이 투자활동을 통해 최종적으로 얻게 되는 자산의 가치보다는 투자과정에서 경험하게 되는 이익과 손실의 가치를 더 중요하게 생각하며, 특히 이익보다는 손실에 더 민감하게 반응한다고 주장합니다.

예를 하나 들어볼게요. 다음과 같은 두 가지 선택지가 있을 경우, 사람들은 어떤 것을 더 선호할까요? 즉 어떤 것이 더 가치가 크다고 생각할까요?

A: 500만 원을 받음

B: 1,000만 원을 받은 후 500만 원을 다시 돌려줌

A와 B에서 사람들이 최종적으로 얻게 되는 자산은 500만 원으로 동일합니다. 주류경제학에서는 A와 B는 최종 자산의 가치 측면에서 차이가 없습니다. 그러면 이제 이 두 가지 선택지(Prospect)에 대해 사람들이 느끼는 감정은 어떨지 알아볼게요. A의 경우에는 500만 원이 주는 가치를 느낄 거예요. 500만 원만 받고 끝나는 거니까요. 이때 가치를 500만 원이라고 할게요. 하지만 B의 경우는 좀 다릅니다. 중간에 어떤 과정을 거친 후에 최종적으로 500만 원을 얻게 됩니다. 우선 1,000만 원을 받습니다. 사람들이 느끼는 가치는 1,000만 원일 거예요. 이때 가치를 1,000만 원이라고 할게요. 하지만 500만 원을 도로 가져갑니다. 기분이 어떨까요? 좋지 않을

거예요. 남은 돈은 500만 원으로 A와 같습니다. 사람들이 느끼는 500만 원의 가치도 A와 B가 같을까요? 그렇지 않을 거예요. 중간 과정에서 500만 원을 돌려줬기 때문에 기분이 좋지 않으므로, 500만 원이 주는 가치에서 좋지 않은 기분을 빼야 합니다. 만약 좋지 않은 기분이 -50만 원이라고 한다면, B의 경우에 사람들이 느끼는 가치는 1,000만 원 - 500만 원 - 50만 원 = 450만 원이라고 할 수 있습니다. 결국 500만 원의 이득을 봤을 때 심리적으로 얻게 되는 가치의 절대값(500만 원)보다 500만 원의 손실을 봤을 때 심리적으로 잃게 되는 가치의 절대값(-500만 원-50만 원=-550만 원)이 훨씬 더 크다는 것입니다. 따라서 사람들은 B보다는 A를 더 선호하게 되며, 두 선택지 간에는 분명한 가치 차이가 있습니다. 주류경제학의 주장과는 정면으로 배치되는 내용입니다. 이 같이 사람들은 이득보다는 손실에 더 민감하게 반응하는데, 이러한 성향도 손실회피에 해당합니다.

그럼 손실회피 성향이 강한 투자자들은 어떤 행동을 할까요? 10개의 주식으로 포트폴리오를 짰는데 3개 주식은 10% 이상 오르고 5개 주식은 그저 그렇고 나머지 2개 주식은 10% 이상 떨어졌다고 가정해 볼게요.

아마도 주가가 오른 3개 주식은 팔고 싶을 거예요. 올랐다가 떨어지면 심리적으로 느끼는 가치 하락이 매우 크기 때문입니다. 이게 무슨 의미인지 예를 들어 설명하면, 최초 매수가 10만 원에서 3일 만에 11만 원으로 올랐다가 3일 후 다시 10만 원으로 떨어졌을 때 느끼는 가치는 최초 매수가 10만 원일 때 느끼는 심리적 가치보다 더 작을 거예요. 손실회피 성향으로 인해 이익보다는 손실에 더 민감하게 반응하기 때문입니다. 그래서 주식가격이 오르면 하락으로 인한 손실의 고통을 미리 피하기 위해 서둘러 매각하고 이익을 조기에 확정해 버리려고 하는 것입니다. 좀 더 먹을 수도 있는데 그만 먹고 마는 거죠. 그런데 이게 겁쟁이라서 그런 게 아니라 우리 대부분의 심리가 그렇다는 것입니다. 그러니 너무 자책하지 마세요.

그럼 반대로 주가가 10% 이상 하락한 2개의 주식에 대해서는 어떤 결정을 할까요? 계속 보유할까요? 아니면 손절할까요? 손실회피 성향이 강한 투자자들은 아마도 계속 보유하려고 할 거예요. 왜냐하면 가격이 하락한 주식을 처분해 버리면 손실이 확정돼 버리기 때문입니다. 손실회피 성향이 강한 사람들은 확실한 손실을 매우 싫어합니다. 그래서 상승 확률이 낮더라도 차라리 계속 보유하는 쪽을 선택하게 되죠. 결과는 어떻게 될까요? 손실회피 성향 때문에 평가손실은 점점 더 커지게 됩니다. 그리고 우리는 이러한 우유부단함을 장기투자라고 포장해서 말합니다. 저도 손실회피 성향 때문에 주식투자를 하다가 꽤 물렸습니다. 그래서 저도 지금 어쩔 수 없이 장기투자를 하고 있습니다.

손실회피 성향이 강한 투자자들은 주식가격이 오를 때 조기에 매각해 이익을 확정해 버린다고 했는데, 이는 다른 말로 주식가격이 오를 때 위험회피 성향이 증가한다는 것을 의미합니다. 즉 이득의 상황에서는 확실한 이득을 선호한다는 것입니다. 반대로 주식가격이 하락할 때는 위험회피 성향이 감소하고, 위험선호 성향이 커져서 계속 보유하거나 물타기(추가매수)를 합니다. 손실 상황에서는 확실한 손실을 회피하려고 하기 때문입니다. 이와 같이 투자자들이 가격이 오른 주식(자산)은 팔고, 가격이 하락한 주식(자산)은 보유하는 성향을 처분 효과disposition effect라고 부릅니다[Shefrin and Statman 1985]. 처분 효과에 대해서는 5장에서 좀 더 자세히 설명하도록 하겠습니다.

반복해서 얘기하듯이 사람들은 확실한 손실은 회피하려고 합니다. 그리고 사람들은 자신의 실수나 판단착오를 인정하려고 하지 않습니다. 이러한 이유 때문에 사람들의 손실회피 성향은 더욱더 강해집니다. 그래서 가격이 내린 주식을 계속 보유하려고 합니다. 게다가 미래에 가격이 오를 가능성도 배제할 수 없기 때문에(만약 투자자가 가격이 하락한 주식을 가치주라고 판단한다면 향후 가격이 상승할 확률이 더 높을 것이라는 기대를 갖게 될 것이고, 따라서 가격이 추가적으로 하락하더라도 더 오래 보유할 가능성이 높아짐), 사람들은 가격이 내린 주식에 대해 더욱더 위험선호적이 됩니다. 심지어는 지속적인 물타기(추가매수)를 하기도 하죠. 손실회피 성향이 위험선호적 태도를 초래하는 것입니다.

따라서 처분 효과는 투자자들의 수익률에 이중으로 악영향을 미칩니다. 첫째는 가격이 상승한 주식이 추가적으로 상승할 가능성이 있음에도 불구하고 조기에 매도해 버림으로써 추가수익의 기회를 날려버리는 것입니다. 둘째는 손실을 두려워하는 마음에 가격이 하락한 주식을 계속 보유함으로써 추가손실의 가능성이 커진다는 것입니다. 수익은 덜 얻고, 손실은 더 보는 최악의 상황에 빠져 버리는 것이죠. 따라서 처분 효과는 투자자들이 가질 수 있는 최악의 성향일지도 모릅니다.

한편 손실회피 성향 때문에 주식 투자자들은 본전(투자원금)을 회복하면 매도하려는 심리가 강해집니다. 예를 들어보겠습니다. 국내 최고의 투자고수인 인범이의 추천으로 코스닥 상장사 A의 주식을 주당 1만 원에 1천주를 매수했다고 가정해 봅시다. 총 1천만 원을 투자한 거예요. 그런데 매수한 다음날에 주가가 8천 원으로 급락했습니다. 무려 20%나 빠진 거죠. 눈 앞에서 200만 원이 날아가 버렸습니다. 순간 엄청 당황할 거예요. 그리고 잘못 매수했다고 크게 후회하겠죠. A주식을 추천한 인범이를 원망하고 싶을 거예요. 그래도 일단 기다려 봅니다. 지금 팔아버리면 200만 원이나 손실을 보게 될 테니까요. 확실한 손실은 피하고 싶어하는 손실회피 심리가 작동해서 계속해서 보유하게 되는 거죠. 그런데 일주일 동안 주가가 슬금슬금 오르더니 어느새 최초 매수가인 주당 1만 원이 됐습니다. 드디어 본전을 찾은 겁니다. 급락을 경험한 후 겨우 본전을 회복했기 때문에 바로 매도해 버립니다. 이 또한 손실회피 성향 때문입니다. 혹시 다시 주가가 떨어져서 손실을 보게 될지도 모른다는 불안감에 서둘러 팔아버리는 것이죠.

그런데 말입니다. 주당 1만 원에 팔아버려서 투자원금은 모두

회수했지만, 뜻밖에도 주가가 계속 오르는 거예요. 1만 1천 원을 넘어 1만 2천 원까지 오릅니다. 이럴 때 우리는 어떤 생각을 할까요? '조금만 더 참을 걸'하며 후회를 합니다. 그리고 나중에 인범이가 주식을 추천하면 무조건 사야겠다는 생각을 하겠죠. 대부분의 개인투자자들은 손실회피 성향 때문에 주가가 급락했다가 본전을 회복하면 바로 팔아버립니다.

행동경제학의 주요 개념인 손실회피 성향은 우리 같은 개미투자자들이 주식투자를 할 때 어떻게 행동해야 하는지에 대해 소중한 교훈을 줄 수 있다고 생각합니다. 손실회피 성향 때문에 대부분의 개미투자자들은 주가가 급락했다가 다시 본전까지 오른 주식은 한꺼번에 모두 매도해 버립니다. 본전을 회복했으니 혹시라도 발생할지 모르는 손실을 피하기 위해 완전히 팔아버리고 나오는 것이죠. 우리는 돈을 벌기 위해 주식투자를 합니다. 하지만 이렇게 겨우 본전을 회복했다고 모두 팔고 나오면 우리는 영원히 주식으로 돈을 벌지 못할 수도 있습니다. 차라리 주식에 투자할 돈을 안전하게 정기예금에 넣어두고 낮은 이자율에 만족하는 게 더 나을지도 모르죠. 그러면 우리는 어떻게 해야 할까요?

우리는 주식투자를 할 때 가능하면 주가가 최고점에 이르렀을 때 주식 전량을 매각해서 투자 수익을 극대화하고 싶어합니다. 우리의 바람대로 보유한 주식을 모두 매각하자마자 주가가 급락한다면 그 기분은 정말 짜릿하겠죠? 반대로 주가가 본전을 회복하자마자 손실회피를 위해 보유 주식을 모두 팔았는데 주가가 계속 올라버린다면 그땐 정말 기분이 매우 우울할 거예요. 사실 우리는 언제 주가가 최고점을 찍을지 급락할지, 단순히 오를지 내릴지 조차도 전혀 예측할 수 없습니다. 주식가격은 취보random walk를 하거든요. 따라서 우리 같은 개미투자자가 선택할 수 있는 매도 전략은 가능한 한 조금씩 쪼개서 매도함으로써 손실회피 심리를 조금씩 해소하는 것입니다. 손실회피 성향에 굴복해서 너무 일찍 한꺼번에 모든 주식을 전부 매도해서는 안되는 것이죠.

손실회피와 후회회피

우리는 2장에서 후회회피에 대해 알아보았습니다. 후회회피란 결과가 좋지 않은 결정으로 인해 후회하게 되는 불편한 심리를 피하고 싶어하는 욕구입니다(Guthrie 1999). 여기서는 손실회피의 관점에서 후회회피를 살펴보겠습니다. 손실회피의 관점에서 볼 때 후회회피란 '미래에 발생할 손실'로 인해 후회할 것을 두려워해 현재 비합리적으로 행동하는 성향이라고 정의할 수 있습니다. 즉 미래에 후회하게 될지도 모르는 손실은 아직 실현된 것이 아님에도 불구하고, 사람들이 미리 걱정해 피하고 싶어하기 때문에 현재의 의사결정에 오류가 생기게 되는 것입니다. 따라서 후회회피도 손실회피의 일종이라고 볼 수 있습니다.

후회회피 편향을 가진 투자자들은 더 높은 수익을 얻기 위해서가 아니라 단지 미래의 손실을 회피하기 위해 비합리적인 행동을 하게 됩니다. 예를 들면 미래에 손실이 나서 후회하게 될 것을 두려워해 가격이 내린 주식은 보유하고, 가격이 오른 주식은 매도해 버리는 것이죠. 따라서 투자자의 후회회피 편향이 강할수록 투자 수익률은 낮거나 마이너스가 될 확률이 높습니다. 또한 후회회피 편향이 강한 투자자들은 미래 손실은 피하고 현재 발생한 이익은 확정하려는 심리 때문에 이익실현을 매우 짧게 가져갈 가능성이 높습니다. 예를 들면 가격이 조금 상승한 주식 위주로 소위 단타매매를 할 확률이 높습니다.

한편 사람들은 보유하고 있는 주식의 가격이 급락하면 해당 주식을 매도해야 할지 아니면 그냥 계속 보유해야 할지를 놓고 심리적 갈등을 하기 마련입니다. 이럴 때 매도하지 않고 계속 보유하기로 결정하는 것은 후회회피 편향이 작용한 결과일 수 있습니다. 미래 어느 시점에 매도함으로써 발생할 손실에 대한 후회를 회피하려고 하기 때문입니다. 후회회피 편향이 강한 사람들은 적절한 시점에 손절해서 손실 폭을 줄일 수 있는 합리적인 투자 행동을 하기가 매우 어려운 것이죠. 급락장에서의 투자 행동에 대해서는 6장 '과신편향과 통제편향'에서 다시 한번 다루겠습니다.

지불의 고통

한편 행동경제학에서는 지불의 고통 pain of paying 이라는 개념이 있습니다. 쉽게 말하면 사람들은 소비(구매)한 것에 대한 대가를 지불할 때 고통을 느낀다는 것인데요. 지불의 고통은 오퍼 젤러메이어 Ofer Zellermayer 가 1996년에 자신의 박사학위 논문에서 만들어낸 개념입니다[Ofer Zellermayer 1996]. 젤러메이어는 미국 카네기 멜론 대학교에서 경제학 박사학위를 받았는데, 그의 지도교수가 바로 행동경제학의 대가들 중 한 명인 조지 로웬스타인George Lowenstein 교수입니다.

지불의 고통은 손실회피와 관련이 깊습니다. 사람들은 돈을 지불하는 것을 좋아하지 않습니다. 쇼핑 같은 소비행위 자체는 좋아할지 모르지만, 소비의 대가로 돈을 지불하는 행위는 싫어하죠. 이런 관점에서 본다면 지불은 내가 가진 돈을 지급한다는 점에서 일종의 손실loss이라고 해석할 수 있습니다. 그리고 앞에서 살펴봤듯이 사람들은 확실한 손실은 회피하고 싶어합니다. 따라서 사람들은 손실회피 성향이 강하기 때문에 지불의 고통을 경험한다는 것입니다[Zellermayer 1996].

미국에서는 소비자가 물건을 사고 수표[1]로 결제하는 경우, 지불의 고통은 소비자 스스로 지출을 억제하게 만드는 효과가 있다고 합니다[Prelec and Loewenstein 1998]. 당연한 얘기 같지만 수표로 결제하는 행위 자체도 결국엔 자신의 돈이 지출되는 지불의 고통을 유발하기 때문에, 소비자는 지불의 고통을 줄이기 위해 스스로 수표 사용을 억제하게 된다는 것입니다.

---

1 알고 계신 분들도 많겠지만 미국 사람들은 상점에서 물건을 고른 후에 결제할 때, 우리처럼 신용카드나 현금으로 결제를 하기도 하지만 많은 경우 수표로 결제를 합니다. 그런데 여기서 말하는 수표는 우리나라에서 흔히 사용되는 은행 수표가 아닙니다. 은행이 발행하는 수표가 아니라 개인이 발행하는 수표입니다. 개인이 은행을 방문해서 계좌를 개설하면 은행에서 수표책(책처럼 제본된 수십 장의 수표)을 몇 권 줍니다. 고객은 일단 은행 계좌에 현금을 충분히 입금해 놓고, 상점에서 물건을 사고 결제할 때마다 수표책을 꺼내 공수표 한 장을 떼어낸 후 수표 수령인과 결제할 금액을 적고 본인의 사인을 한 후, 상점 직원에게 수표를 건네면 모든 결제가 끝납니다. 상점 주인은 이렇게 고객으로부터 받은 수표를 은행에 제시하면, 은행은 고객의 계좌에서 수표에 기재된 금액만큼 인출해 상점 주인에게 지급합니다. 이때 고객 계좌에 충분한 현금이 없으면 수표는 부도가 나게 되고, 고객의 신용점수는 하락하게 됩니다.

그리고 현금보다는 신용카드로 결제할 때 지불의 고통이 더 작다고 하는데요. 그 이유는 신용카드가 플라스틱이라서 현금보다는 돈의 느낌이 덜 하고, 바로 눈 앞에서 현금이 줄어드는 것이 아니고, 지금 당장 돈을 지불하는 것이 아니라 나중에 은행계좌에서 신용카드 이용대금이 빠져나가기 때문입니다. 즉 신용카드로 결제할 때는 지불의 과정이 보이지 않기 때문에 사람들은 지불의 고통을 피하기 위해(손실회피를 위해) 현금보다 신용카드 결제를 더 선호하는 것입니다.

또한 소비자들의 성향에 따라 각자 경험하는 지불의 고통 정도가 다르고, 이는 각 소비자의 지출에 대한 의사결정에 영향을 미칩니다. 예를 들면 짠돌이들은 낭비벽이 있는 사람들보다 지불의 고통을 더 많이 경험합니다. 짠돌이들은 지불의 고통과 손실을 너무나 회피하고 싶어할 거예요. 그래서 짠돌이들은 지출을 덜 고통스럽게 하는 마케팅 환경에 매우 민감하게 반응한다고 합니다[Rick 2018]. 예를 들면 고객의 구매 데이터를 분석해 구두쇠 성향이 강한 것으로 추정되는 소비자들에 대해서는 다른 고객들보다 더 높은 포인트 적립률을 제공하고, 적립한 포인트로 상품 구매 시 추가 할인 혜택을 제공하는 프로모션을 전개한다면 짠돌이들에게 지출이 좀 덜 고통스러운 경험이 될 수 있다는 것이죠.

지불의 고통에 대한 또 다른 학자의 주장도 살펴보겠습니다. 미국 듀크대학교 경제학과에 댄 애리얼리 Dan Ariely 교수가 있습니다. 이 분도 대표적인 행동경제학자로, 특히 지불의 고통에 대한 연구를 많이 합니다[Ariely 2010]. 애리얼리 교수는 2021년 9월, EBS 프로그램인 「위대한 수업 Great Minds」에서 지불의 고통을 주제로 강의한 적이 있습니다. 애리얼리 교수는 우리가 돈과 이별할 때마다 심리적 고통을 느낀다고 말합니다. 이게 바로 지불의 고통인 것이죠.

앞에서 우리는 현금보다는 신용카드로 결제할 때 소비자들이 느끼는 지불의 고통이 더 작다는 사실을 알게 됐습니다. 그리고 그 이유를 제시했는데 소비자들의 심리적인 측면보다는 주로 결제 수단으로서의 현금과 신용카드의 차이점과 관련된 것이었습니다. 이번에는 소비자들의 심리적 측면에서 그 이유를 살펴보겠습니다. 먼저 질문을 좀 바꿔볼까요? 소비자들은 현금과 신용카드 중 어떤 수단으로 결제할 때 더 즐거워할까요? 애리얼리 교수는 당연히 현금보다는 신용카드로 결제할 때 소비자가 더 즐거움을 느낀다고 합니다.

왜 그럴까요? 문제의 핵심은 소비자가 어디에 관심을 두고 있는가에 있습니다. 고객의 구매 행위는 크게 두 단계로 구분해 볼 수 있습니다. 첫 번째는 소비하는 단계입니다. 음식을 먹거나 물건을 고르는 행위입니다. 돈이 개입되지 않은 단계입니다. 두 번째는 지불하는 단계로, 소비에 대한 대가를 지급하는 단계입니다. 돈이 개입돼 있습니다. 우리가 지불행위에 관심을 두면 소비행위는 즐거울 수가 없습니다. 소비행위가 즐겁기 위해서는 지불행위에 대해 최대한 신경을 쓰지 말아야 하는 것이죠. 지불의 고통 때문에 소비와 지불을 동시에 하면 즐거움은 감소하고 고통이 따른다는 것입니다.

　지불에 대한 관심을 아예 꺼버리거나 줄이는 방법은 여러 가지가 있습니다. 첫 번째 방법은 소비는 내가 하고 지불은 다른 사람이 하는 겁니다. 공짜로 맛있는 회와 초밥을 얻어먹었다고 생각해보세요. 돈 많은 친구가 나에게 아무런 대가 없이 선물을 주고 싶으니 백화점에서 갖고 싶은 걸 아무거나 골라보라고 했다고 상상해보세요. 팀 회식 때 법인카드로 소고기를 배가 터지게 먹는 장면을 상상해보세요. 세 가지 경우 모두 내가 돈을 지불하는 것이 아니기 때문에 당연히 소비가 즐거울 수밖에 없을 거예요. 두 번째 방법은 소비를 하기 전에 미리 선불로 지불을 완료해 버리는 것입니다. 애리얼리 교수의 연구에 따르면 식사비를 선불로 미리 지불해 버리면 식사의 즐거움이 증가한다고 합니다. 선불로 결제하면 오로지 식사에만 집중할 수 있기 때문이죠. 세 번째 방법은 결제수단을 변경하는 것입니다. 현금보다는 신용카드로 결제하는 거죠. 지금 당장 내 지갑에서 현금이 나가는 것이 아니기 때문에 지불에 관심을 덜 갖게 되며, 나중에 신용카드 대금이 나가는 것에 대해서도 신경을 덜 쓴다는 것입니다. 결국 소비행위를 할 때 우리가 지불의 고통을 줄일 수 있는 방법의 핵심은 지불에 대한 우리의 관심을 최소화할 수 있는 상황을 만드는 것입니다.

보유 효과

사람들은 자신이 소유한 물건에 구속되거나 집착하기 때문에 손실회피 성향을 보입니다. 내 것을 잃거나 빼앗기기를 싫어하는 것이죠. 그리고 손실회피 성향은 보유 효과^{endowment effect}를 초래합니다(소유 효과 또는 부존자원 효과라고 부르기도 함). 보유 효과는 사람들이 자신이 소유한 물건에 더 높은 가치를 부여하는 심리를 말합니다. 즉 자기 것이 남의 것보다 더 소중하다고 생각하는 것이죠. 보유 효과가 발생하면 사람들은 어떤 물건을 실제로 소유 또는 간직하고 있을 때, 그것을 지니고 있지 않을 때보다 가치를 더 높게 평가하게 됩니다. 보유 효과 때문에 자신이 소유한 물건에 대한 주관적인 평가가 객관적인 실제 가치보다 상대적으로 더 높아지게 되는 것이죠. 일반적으로 사람들은 자신이 소유한 물건을 잃는 것(손실)을 회피하려는 성향이 강하기 때문에 보유 효과가 발생합니다[Tversky and Kahneman 1991]. 그래서 보유 효과를 박탈회피^{divestiture aversion}라고 부르기도 합니다. 한편 탈러 교수는 보유 효과를 '기회비용의 과소평가'라고 표현합니다[Thaler 1980]. 왜냐하면 자신이 소유한 것의 가치를 과대평가한다는 것은 곧 그것을 소유함으로써 포기해야만 하는 기회비용의 크기를 과소평가하기 때문입니다.

한편 보유 효과의 대상에는 물건과 자산 등과 같이 유형적인 것뿐만 아니라 권리, 의견, 주장, 신념, 지위, 상태 등 무형적인 것도 포함됩니다. 따라서 보유 효과는 2장에서 살펴본 관성, 현상유지 편향, 보수주의 등과도 매우 유사한 개념이라고 할 수 있습니다. 보유 효과, 관성, 현상유지 편향, 보수주의는 모두 손실회피 성향 때문에 현재의 상태에 높은 가중치를 부여해 가급적 현재 상태를 유지하려는 것이죠. 따라서 사람들은 어떤 의사결정을 할 때 현재 상태가 꽤 나쁘지 않다면, 현재 상태가 바뀌는 상황을 가급적 원하지 않기 때문에 어떻게든 현재 상태를 고수하려는 경향을 보이는 것입니다.

경제학을 좀 공부해 본 독자라면 willingness to accept^{WTA, 수용할 의사가 있는 가격}와 willingness to pay^{WTP, 지불할 의사가 있는 가격}에 대해 들어 보셨을 거예요. WTA와 WTP로 보유 효과를 정의한다면 다음과 같이 간단한 식으로 표현할 수 있습니다.

$$WTA > WTP$$

WTA는 '자신이 소유한 물건을 포기하는 대가로 받아야만 하는 최소금액'이라고 할 수 있습니다. 반면 WTP는 '자신이 소유한 물건과 동일한 물건을 얻기 위해 기꺼이 지불할 수 있는 최대금액'이라고 할 수 있습니다. 사람들은 WTA가 항상 WTP보다 크다고 생각합니다. 이것이 바로 보유 효과인 것이죠.

행동경제학자들의 실험에 따르면 예상보다 WTA가 WTP보다 훨씬 더 크다고 합니다[Kahneman, Knetsch and Thaler 1990]. 카너먼 교수의 연구팀은 실험에 참가한 학생들에게 커피 머그컵을 나눠준 후 머그컵을 거래할 수 있는 시장을 만들어 주고, 실제로 어느 정도의 거래가 일어나는지 관찰했습니다. 주류경제학 이론의 예측에 의하면 판매자의 절반 정도는 값을 높게 쳐주는 구매자에게 머그컵을 팔아야 하지만, 실제 판매된 머그컵은 예측치의 절반에도 미치지 못했다고 합니다. 바로 보유 효과 때문이었습니다. 즉 머그컵을 소유한 학생이 생각하는 머그컵의 가치^{WTA}가 해당 머그컵을 사려는 학생이 생각하는 머그컵의 가치^{WTP}보다 훨씬 더 컸기 때문에 거래가 성사되기 어려웠던 것이죠. 하지만 머그컵이 아닌 '현금으로 교환 가능한 토큰'을 거래한 경우에는 구매자와 판매자의 부여가치(WTA와 WTP) 간에는 차이가 거의 없어서 주류경제학 이론의 예측대로 거래가 이뤄졌다고 합니다[Kahneman et al, 1990].

그럼 여기서 보유 효과가 주식투자에 미치는 영향을 알아보겠습니다. 혹시 므두셀라^{Methuselah}에 대해 들어보셨나요? 므두셀라는 구약 성경의 창세기 5장 21절에 등장하는 인물인데, 에녹의 아들이자 라멕의 아버지로 969세까지 살았다고 성경에 기록돼 있습니다. 므두셀라는 성경에 등장하는 인물 중에서 가장 오래 살았죠.

주식투자 방법 중에 므두셀라 기법이라는 게 있습니다. 세계적인 투자의 귀재인 워렌 버핏$^{Warren Edward Buffett}$ 버크셔 헤더웨이 회장의 투자기법이라고 하는데요. 므두셀라가 엄청 장수하신 분이니 당연히 므두셀라 기법의 핵심은 장기보유, 즉 장기투자(장투)입니다. 가치주를 사서 장기간 보유하면 높은 투자수익률을 달성할 수 있다는 것은 사실 우리 모두가 알고 있습니다. 하지만 말이 쉽지 막상 내가 어렵게 번 돈으로 장기투자를 하라고 하면 쉽지 않습니다. 투자에 관한 이론을 들었을 때 우리가 생각하는 투자금은 내 돈이 아니라 이론 속에 존재하는 가상의 돈이기 때문에, 막상 내가 번 돈으로 투자이론대로 투자하라고 하면 쉽지 않은 거예요.

투자이론대로 투자하기가 어려운 이유는 바로 보유 효과 때문입니다. 우리가 실제로 므두셀라 기법으로 투자한다면 다른 사람이 공짜로 주지 않는 이상 내 돈으로 주식투자를 해야 합니다. 내가 고생해서 번 돈이기 때문에 투자기간 중에 주가가 급락하면 마음이 엄청 아플 거예요. 그 돈은 내 돈이므로 남의 돈보다 더 소중하기 때문에 주가가 급락하면 내 마음이 훨씬 더 아픈 겁니다. 이제 왜 우리 같은 개미투자자들이 투자고수들의 투자기법을 따라 하는 것이 쉽지 않고, 투자이론을 열심히 공부하고도 이론대로 투자하기가 어려운 이유를 아시겠죠?

어린 왕자와 장미꽃

이제 좀 말랑말랑한 얘기를 해 보겠습니다. 보유 효과를 설명하기 위한 가장 좋은 예는 생텍쥐페리가 쓴 『어린 왕자』의 핵심 주제 중의 하나라고 할 수 있는 '길들여짐^{tame}'이라고 생각합니다. '길들여짐'은 여우가 어린 왕자에게 알려준 것인데요. 『어린 왕자』에 나오는 어린 왕자와 여우 간 대화의 일부를 옮겨 보겠습니다.

"넌 누구냐? 참 예쁘구나!" 어린 왕자가 말했다.

"나는 여우야."

"이리 와서 나하고 놀자. 난 아주 쓸쓸하단다."

"난 너하고 놀 수가 없단다. 길이 안 들었으니까." 하고 여우가 대답했다.

"아! 미안해."

그러나 조금 생각한 뒤에 어린 왕자는 덧붙여 말했다.

"그런데 길들인다는 건 무슨 뜻이니?" (중략)

"그건 너무나 잊혀져 있는 일인데. 그러니까 그건 서로 관계를 형성해 간다는 뜻이란다." 하고 여우가 말했다.

"서로 관계를 형성해 간다는 뜻이라고?"

"물론이지. 내게는 네가 아직 몇 천, 몇 만 명의 어린이들과 조금도 다름없는 사내아이에 지나지 않아. 그리고 나는 네가 필요 없고, 너는 내가 아쉽지도 않을 거야. 네게는 나라는 것이 몇 천, 몇 만 마리의 평범한 여우에 지나지 않을 테니까. 그렇지만 네가 나를 길들이면 우리는 서로 아쉬워질 거야. 내게는 네가 세상에서 하나밖에 없는 사내 아이가 될 것이고, 너에게는 내가 이 세상에 하나밖에 없는 여우가 될 거야." 하고 여우가 말했다.

"(내가 사는 별에는) 꽃이 하나 있는데, 그 꽃이 나를 길들였나 봐." 어린 왕자가 말했다. (중략)

"누구든지 자기가 길들인 것밖에는 모르는 거야. 사람들은 이제 무얼 알 시간조차 없어지고 말았어. 사람들은 다 만들어 놓은 물건을 가게에서 산단 말이야. 그렇지만 친구를 파는 가게는 없어. 사람들은 이제 친구가 필요 없게 되었단다. 친구가 갖고 싶거든 나를 길들여!" 하고 여우가 말했다.

"어떻게 해야 하니?" 어린 왕자가 물었다.

"아주 참을성이 많아야 해. 처음에는 내게서 좀 떨어져서 그렇게 풀 위에 앉아 있어. 내가 곁눈으로 너를 볼 테니 너는 아무 말도 하지 마. 말이란 오해가 생기는 근원이니까. 그러나 매일 조금씩 더 가까이 앉아도 돼." 하고 여우가 대답했다.

어린 왕자는 이튿날 다시 왔다. 여우가 이렇게 말했다.

"같은 시간에 왔으면 더 좋았을 텐데. 가령 네가 오후 네 시에 온다면 나는 세 시부터 벌써 행복하기 시작할 거야. 시간이 지날수록 점점 더 행복을 느낄 거야. 네 시가 되면 벌써 안절부절 못하고 걱정이 될 거야. 행복이 얼마나 값진 것인지 알 수 있을 거란 말이야. 그러나 네가 아무 때나 오면 나는 몇 시에 마음을 곱게 치장을 해야 할지 영 알 수가 없지 않아?" (중략)

여우는 이어서 말했다.

"장미꽃에게 다시 가 봐. 네 장미꽃 같은 것이 세상에 둘도 없다는 것을 알게 될 거야. 그리고 네가 나한테 작별 인사를 하러 오면 선물로 비밀 하나를 가르쳐 줄게."

어린 왕자는 장미꽃(5천 송이의 장미꽃)을 다시 만나러 갔다.

"너희들은 내 장미꽃하고 조금도 같지 않아. 너희들은 아직 아무것도 아냐. 아무도 너희를 길들이지 못했지. 내 여우도 너희와 마찬가지였어. 몇 천, 몇 만 마리의 다른 여우와 같은 여우에 지나지 않았었지. 그렇지만 그 여우를 내 친구로 삼았으니까 지금은 이 세상에 하나밖에 없는 여우가 되었어."

그러니까 장미꽃은 어쩔 줄을 몰라 했다. 어린 왕자는 또 이런 말도 했다.

"너희들은 곱긴 하지만 속이 비었어. 누가 너희들을 위해서 죽을 수는 없단 말이야. 보통 사람들은 내 장미꽃도 너희들과 비슷하다고 생각할 거야. 그렇지만 나에게는 그 장미꽃 하나만으로도 너희들을 모두 당하고도 남아. 그건 내가 물을 준 꽃이니까. 내가 고깔을 씌워주고 병풍으로 바람을 막아 준 꽃이니까. 내가 벌레를 잡아 준 것이 그 장미꽃이었으니까. 그리고 원망하는 소리나 자랑하는 말이나, 혹 어떤 때는 점잔을 빼는 것까지도 다 들어준 것이 그 장미꽃이었으니까. 그건 내 장미꽃이니까."

그리고 여우한테 다시 돌아와서 작별 인사를 했다.

"잘 있어라."

"잘 가라. 내 비밀을 일러 줄게. 아주 간단한 거야. 잘 보려면 마음으로 보아야 한다. 가장 중요한 것은 눈에는 보이지 않는다."

"가장 중요한 것은 눈에는 보이지 않는다." 어린 왕자가 기억하기 위해서 되뇌었다.

"네가 네 장미꽃을 위해서 허비한 시간 때문에 네 장미꽃이 그렇게까지 중요하게 된 거야."

"내 꽃을 위해서 허비한 시간 때문에……" 잊어버리지 않으려고 어린 왕자는 되받아 말했다.

"사람들은 이 진리를 잊고 산단다. 하지만 너는 잊어버리면 안 돼. 네가 길들인 것에 대해서는 영원히 네가 책임을 지게 되는 거야. 너는 네 장미꽃에 대해서 책임이 있어."

"나는 내 장미꽃에 대해서 책임이 있다." 머리에 새겨 두려고 어
린 왕자는 다시 한 번 말했다.

어린 왕자는 자기가 살던 별(소행성 B612)을 떠나 여섯 개의 별
을 방문한 후 일곱 번째 별인 지구에 옵니다. 그리고 지구에서 여
우를 만나죠. 여우는 어린 왕자에게 '길들여짐'에 대해 이야기해
줍니다. 어린 왕자는 자기가 살던 별에 두고 온 장미꽃이 왜 지구
에서 만난 5천 송이의 장미꽃보다 더 소중한지를 알게 됩니다. 어
린 왕자가 그 꽃을 길들였기 때문에 똑같이 생긴 다른 장미꽃보다
그 꽃의 가치를 더 높게 평가한 것입니다. 길들여질수록 보유 효과
는 더 커집니다.

고립 효과

사람들은 여러 가지 대안 중에서 하나를 선택할 때 모든 대안에
공통적으로 존재하는 요소는 무시하고, 각 대안에만 존재하는 독
특한 요소에 집중합니다[Kahneman and Tversky 1979; Tversky 1972]. 행동경제학
에서는 이러한 성향을 고립 효과[isolation effect]라고 부르는데, 고립 효
과 때문에 사람들은 동일한 선택의 문제일지라도 각각 다른 형태
로 제시되면 일관적이지 않은 선택을 하게 됩니다[Kahneman and Tversky
1979]. 이게 무슨 말인지 좀 더 자세히 설명해 보겠습니다.

우선 고립 효과라는 개념의 기원부터 알아볼게요. 일반적으로
고립 효과는 폰 레스토르프 효과[Von Restorff Effect]라고도 부르는데, 고

립 효과를 발견한 독일의 심리학자 헤드윅 폰 레스토르프^{Hedwig von Restorff}의 이름을 따서 붙인 개념입니다. 사람들은 여러 개의 '무언가'가 주어졌을 때 그중에서 다른 것과 차이가 나는 것을 더 잘 기억합니다. 여기서 '무언가'는 자극일 수도 있고, 물체일 수도 있고, 현상일 수도 있고, 문장일 수도 있습니다. 아주 간단히 말하면 사람들은 평범한 것보다는 독특한 것을 더 잘 기억한다는 개념입니다.

생각해보면 매우 당연한 얘기인데 고립 효과라는 멋진 이름을 붙여줬습니다. 그리고 고립 효과를 발견한 학자의 이름은 많은 사람에게 영원히 기억되게 됐습니다. 고립 효과를 발견했다는 것 자체가 다른 사람들과 큰 차이가 있는 것이기 때문에, 우리가 만약 폰 레스토르프의 이름을 기억한다면 그건 결국 고립 효과 덕분이라고 할 수도 있겠네요.

마케팅에서 고립 효과는 매우 유용하게 활용됩니다. 특히 브랜드 마케팅에서 중요한데, 브랜드 네이밍을 하거나 로고 디자인을 할 때 고립 효과를 활용합니다. 브랜드 마케팅의 일차적 목표는 브랜드의 인지도를 높이는 것입니다. 즉 소비자들이 특정 브랜드를 보고 기억하게 만드는 것입니다. 고립 효과를 활용해서 브랜드 인지도를 높이려면 어떻게 해야 할까요? 다른 브랜드보다 차별화해서 눈에 띄게 만들어야 합니다. 즉 브랜드 차별화^{brand differentiation}를 해야 합니다. 그래야 소비자들이 해당 브랜드를 더 잘 기억할 테니까요.

예를 하나 들어보겠습니다. 다음 편의점 브랜드 중에 일반 소비자들은 어떤 브랜드를 더 잘 기억할까요?

A: GS25

B: Family Mart

아마도 GS25일 거예요. 소비자들은 단순히 알파벳만으로 네이밍된 Family Mart보다는 알파벳과 숫자가 조합된 네이밍인 GS25를 더 독특하다고 느낄 것이기 때문입니다.

마케팅뿐만 아니라 우리 생활 속에서도 고립 효과의 예는 매우 많습니다. 예를 들면 학교 선생님들은 두 가지 유형의 제자들을 더 오래 기억한다고 합니다. 하나는 공부를 매우 잘 했던 제자이고, 다른 하나는 말썽을 가장 많이 피웠던 제자라고 합니다. 왜 그럴까요? 다른 일반적인 제자들과 비교해 그 두 유형의 제자들이 독특하기 때문이죠. 그래서 선생님들은 나중에 그 제자들이 어떻게 성장했는지 매우 궁금하다고 합니다. 만약 독자분들이 학교 다닐 때 이 두 타입의 학생 중에 하나였다면 지금 바로 담임 선생님께 연락을 드려보세요. 매우 좋아하실 거예요.

또 다른 예로 첫 단체미팅을 떠올려 봅시다. 여러분은 혹시 생애 첫 단체미팅 때 상대편에 누가 누가 나왔는지 기억하나요? 물론 상대편에 나온 모든 사람을 다 기억할 수는 없을 거예요. 하지만 한두 명 정도는 분명 기억이 날 거예요. 이름은 기억이 안나더라도 옷, 외모, 목소리, 태도, 말투 등에서 특이한 점이 있는 상대는 어렴

풋이 기억이 날 거예요. 저는 대학교 신입생 때 신촌에서 첫 단체 미팅을 했습니다. 저희과 친구들 5명과 상대편 여학생 5명이 어느 커피숍에서 단체미팅을 했습니다. 상대편 여학생 중에 아직도 기억에 남는 한 명이 있습니다. 얼굴이나 옷이 기억나는 건 아니고, 그 여학생의 이름이 굉장히 독특해서 기억이 납니다. 이제 여러분도 잠시 눈을 감고 첫 단체미팅에 누가 나왔는지 기억을 더듬어보시고, 만약 기억나는 사람이 있다면 왜 기억이 나는지 곰곰히 생각해보세요. 혹시라도 기억이 난다면 그건 아마도 고립 효과 때문일 것입니다.

앞의 사례 외에도 고립 효과가 우리의 기억, 판단, 선택 등에 영향을 미치는 사례는 수없이 많습니다. 이렇듯 행동경제학에서 연구하는 심리요인은 생활 곳곳에서 우리의 의사결정에 커다란 영향을 미치고 있습니다. 우리가 이러한 상황을 제대로 파악하고 있다면 좀 더 유익한 의사결정을 내릴 수 있을 거예요. 이것이 바로 우리가 슬기로운 사회생활을 위해 행동경제학을 공부하는 이유입니다.

고립 효과와 전망이론

그렇다면 고립 효과는 전망이론과 어떤 관련이 있을까요? 카너먼과 트버스키의 연구결과를 좀 더 살펴보겠습니다[Kahneman and Tversky 1979]. 다음에 제시하는 두 개의 문제에서 사람들은 어떤 선택을 할지 알아보겠습니다.

〈문제1〉

두 단계로 이뤄진 게임이 있습니다. 1단계에서는 75%의 확률로 아무것도 받지 못한 채 게임을 끝내고, 25%의 확률로 2단계로 이동하는 것입니다. 2단계에서는 다음 두 개의 선택지 중에서 하나를 선택해야 합니다. 그런데 한 가지 조건이 있습니다. 1단계 결과가 나오기 전에 2단계 선택을 해야 합니다.

A: 400만 원, 80%

B: 300만 원

〈문제1〉은 결국 '25%×80% = 20%의 확률로 400만 원을 받는 선택지'와 '25%×100% = 25%의 확률로 300만 원을 받는 선택지' 중에서 하나를 선택하는 문제와 동일합니다. 따라서 원래 두 단계 게임이었던 〈문제1〉은 다음과 같이 한 단계 게임인 〈문제2〉로 바꿔서 표현할 수 있습니다.

〈문제2〉

C: 400만 원, 20%

D: 300만 원, 25%

〈문제1〉과 〈문제2〉에서 사람들은 각각 어떤 선택을 할까요? 두 문제는 사실 동일한 문제입니다만, 흥미롭게도 사람들은 각각 다른 선택을 했습니다. 동일한 선택의 문제에 대해 일관적이지 않은 선택을 한 것입니다. 〈문제1〉에서는 78%의 사람들이 B를 선택했습니다. 반면 〈문제2〉에서는 65%의 사람들이 C를 선택했습니다. 이러한 결과가 의미하는 것은 무엇일까요? 사람들은 〈문제1〉에서 두 선택지(A와 B)에 대해 공통으로 적용되는 1단계는 거의 무시한 채 2단계에 대해서만 선택을 한 것입니다. 즉 〈문제1〉을 2단계만 있는 문제라고 생각한 것이죠. 공통점은 무시하고 독특한 점에만 초점을 맞춰 선택한 것입니다. 사람들의 선택에 고립 효과가 영향을 미친 것이죠. 고립 효과 때문에 동일한 선택의 문제일지라도 해당 문제가 어떤 형태로 제시되는가에 따라 사람들의 선택이 달라집니다[Kahneman and Tversky 1979].

카너먼과 트버스키의 또 다른 실험을 알아보겠습니다[Kahneman and Tversky 1979]. 앞서 살펴본 〈문제1〉과 〈문제2〉를 자세히 비교해 보면 금액은 그대로 두고 확률만 변경했습니다. 이번에는 반대로 확률은 그대로 두고 금액만 변경했을 경우 사람들의 선택이 어떻게 달라지는지 보겠습니다.

〈문제3〉

먼저 보너스로 100만 원을 받습니다. 그러고 나서 다음 두 개의
선택지 중에서 하나를 선택합니다.

A: 100만 원, 50%

B: 50만 원

〈문제4〉

먼저 보너스로 200만 원을 받습니다. 그러고 나서 다음 두 개의

선택지 중에서 하나를 선택합니다.

C: -100만 원, 50%

D: -50만 원

　이미 눈치를 채셨겠지만 사실 〈문제3〉과 〈문제4〉의 A, B, C, D
모두 기대값은 동일합니다. 〈문제3〉에서 A의 기대값은 100만 원 +
(100만 원×50%) = 150만 원이고, B의 기대값도 100만 원 + 50만
원 = 150만 원으로 둘 다 동일합니다. 하지만 〈문제3〉에서는 응답
자들의 84%가 B를 선택했습니다. 앞에서 설명한 확실성 효과 때
문입니다. 확실성에 가중치를 두고 확실한 금액을 선택한 것이죠.
〈문제4〉에서 C의 기대값은 200만 원 + (-100만 원×50%) = 150
만 원이고, D의 기대값은 200만 원 + (-50만 원) = 150만 원으로
역시 둘 다 동일합니다. 하지만 〈문제4〉에서는 69%가 C를 선택했
습니다. 확실한 손실을 피하고 싶어한 것이죠. 즉 손실회피 성향
때문입니다.[Kahneman and Tversky 1979]

　이득 상황이냐 손실 상황이냐에 따라 사람들의 확실성에 대한
선호가 정반대로 바뀌게 되는 것입니다. 사람들은 이득 상황에서
는 위험회피적 태도를 보이고, 손실 상황에서는 위험선호적 태도
를 보이죠. 우리는 앞에서 이러한 현상을 반사 효과라고 배웠습니
다. 그리고 이러한 결과가 나올 수 있었던 이유는 바로 고립 효과

때문입니다. 〈문제3〉과 〈문제4〉에서 응답자들이 선택할 때 각 선택지에 공통적인 요소(보너스 금액)는 무시한 채 오직 선택지 자체만 보고 선택을 했다는 것입니다[Kahneman and Tversky 1979]. 여기서 한 가지 흥미로운 사실이 있는데요. 〈문제4〉는 〈문제3〉으로부터 만들어졌다는 점입니다. 〈문제3〉의 보너스 금액에 100만 원을 더하고, A와 B의 기대값에서 각각 100만 원을 빼면 〈문제4〉가 됩니다

그런데 말입니다. 〈문제3〉과 〈문제4〉의 선택 결과는 주류경제학의 기대효용이론과 배치됩니다. 기대효용이론에서는 100만 원에서 150만 원으로 증가했든 200만 원에서 150만 원으로 줄어들었든 150만 원이라는 금액에 부여되는 효용은 동일합니다. 따라서 기대효용이론에 의하면 〈문제3〉과 〈문제4〉의 선택 결과는 동일해야 합니다. 하지만 100만 원에서 150만 원으로 증가하는 〈문제3〉에서는 확실한 B를 선택하고, 200만 원에서 150만 원으로 감소하는 〈문제4〉에서는 불확실한 C를 선택했습니다. 사람들은 선택할 때 최종적으로 받게 되는 금액을 중요하게 생각하는 것이 아니라, 보너스 금액(최초에 갖고 있던 금액)에서 더 증가하는지 또는 줄어드는지를 더 중요하게 생각한다는 것이죠[Kahneman and Tversky 1979].

가치함수

전망이론에서는 사람들이 선택할 때 중요하게 생각하는 것은 최종적으로 얻게 되는 금액이 얼마인가가 아니라 자신이 보유한 금액(준거점)을 기준으로 이득(+) 또는 손실(-)이 얼마나 발생하는가

라고 합니다. 따라서 전망이론을 설명하는 모델은 결과값의 절대적인 크기를 평가하기보다는 가치의 변화(이득 또는 손실)를 평가하는 것에 초점을 맞춰야 합니다. 우리가 밝기, 소음, 온도 등에 반응할 때는 준거점이 큰 영향을 미칩니다. 준거점이 무엇이냐에 따라 우리가 느끼는 밝다, 시끄럽다, 뜨겁다 등과 같은 반응의 정도가 달라집니다. 각자의 준거점이 다르기 때문에 같은 온도라고 할지라도 어떤 사람은 뜨겁다고 느끼고, 다른 사람은 차갑다고 느끼는 것입니다. 돈에 대해서도 마찬가지입니다[Kahneman and Tversky 1979]. 예를 들면 용환이와 지현이의 현재 재산이 똑같이 10억 원이라고 할지라도, 용환이의 재산이 15억 원에서 10억 원으로 줄어든 것이라면 용환이는 지금 가난하다고 느낄 것이고, 반면 지현이의 재산은 5억 원에서 10억 원으로 늘어난 것이라면 지현이는 지금 부자라고 느낄 거예요. 용환이와 지현이의 준거점이 다르기 때문입니다.

사람들이 느끼는 가치[value]는 두 개의 독립변수를 가진 함수라고 할 수 있습니다. 첫 번째 독립변수는 준거점이라고 할 수 있는 현재 상태이고, 두 번째 독립변수는 준거점로부터의 변화값(플러스 또는 마이너스)입니다. 일반적으로 물리적 변화에 대한 심리적 반응은 오목함수의 모양을 보입니다. 예를 들면 방의 온도 변화가 13도일 때와 16도일 때의 차이를 구별하는 것보다 3도일 때와 6도일 때의 차이를 구별하는 편이 더 쉽습니다. 이러한 예는 자산(돈)의 변화에도 그대로 적용될 수 있습니다. 따라서 10만 원을 받는 것과 20만 원을 받는 것 간의 가치 차이는 110만 원을 받는 것과

120만 원을 받는 것 간의 가치 차이보다 더 크게 느껴집니다. 비슷한 논리로 손실 10만 원과 손실 20만 원 간 차이는 손실 110만 원과 손실 120만 원 간 차이보다 더 크게 느껴집니다. 따라서 자산 변화의 가치함수는 준거점 이상의 금액대에서는 오목한 모양을 띄고, 준거점 이하의 금액대에서는 볼록한 모양을 띤다는 가설을 생각해 볼 수 있습니다[Kahneman and Tversky 1979; Galanter and Pliner 1974]. 이 얘기는 결국 이득 금액과 손실 금액의 한계가치는 금액의 절대값이 커짐에 따라 체감한다diminishing sensitivity는 것입니다. 마치 한계효용 체감의 법칙과 비슷한 원리인 것이죠.

그런데 재미있는 사실이 하나 있습니다. 이득 금액과 손실 금액의 절대값이 동일하더라도 사람들이 느끼는 감정(기쁨 또는 슬픔)의 절대값은 다르다는 것입니다. 즉 동일한 금액을 손실 봤을 때 느끼는 슬픔의 크기가 동일한 금액을 이득 봤을 때 느끼는 기쁨보다 더 크다는 사실입니다. 예를 들면 사람들은 '110만 원, 50%; -110만 원, 50%'보다는 '100만 원, 50%; -100만 원, 50%'를 더 선호합니다[Kahneman and Tversky 1979]. 그 이유는 두 개의 선택지 모두 기대값은 0원으로 동일하지만, 사람들이 손실에 더 민감하게 반응하기 때문입니다.

지금까지의 논의를 바탕으로 전망이론의 두 번째 핵심(전망이론의 첫 번째 핵심은 앞에서 설명한 손실회피)이라고 할 수 있는 가치함수value function의 세 가지 특징을 정리해 보겠습니다. 첫째, 가치함수에서는 준거점으로부터의 증가폭(플러스 변화량)과 감소폭(마이너스 변화량)이 중요합니다. 둘째, 가치함수의 모양은 이득을 봤을 때(준거점 이상의 금액대)는 오목하고, 손실을 봤을 때(준거점 이하의 금액대)는 볼록합니다. 셋째, 가치함수의 모양은 이득을 봤을 때보다는 손실을 봤을 때 더 경사가 급합니다. 이러한 세 가지 특징을 가진 가치함수를 좌표평면에 그려보면 다음과 같이 윗부분보다는 아랫부분이 좀 더 긴 S자 모양의 그래프가 됩니다. 그리고 가치함수 그래프는 준거점(아래 그래프에서는 0점)에서 경사가 가장 급합니다.

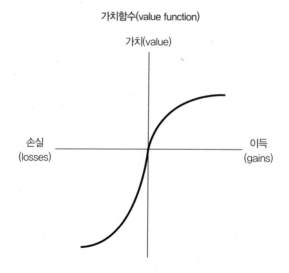

가치함수를 마무리하기 전에 준거점과 행복의 관계를 살펴보겠습니다. 우리가 인생에서 어떤 준거점을 갖느냐가 우리의 행복을 결정한다고 생각합니다. 행복은 우리가 가진 기대치라는 준거점에 의해 좌우된다고 할 수 있는데요. 어떤 일의 결과가 우리의 기대치(준거점)를 넘으면 행복하다고 느끼고, 우리의 기대치에 미치지 못하면 불행하다고 여깁니다. 그런데 우리는 일단 기대치를 넘겨 행복감을 느끼면 거기서 만족하는 것이 아니라 더 높은 기대치를 설정하게 됩니다. 점점 욕심이 생기는 거예요. 그래서 계속해서 기대치를 넘더라도 우리가 설정한 행복의 준거점도 같이 높아지기 때문에 우리는 인생에서 행복해지기가 쉽지 않습니다. 행복의 절대적인 준거점은 없습니다. 다만 사람들마다 각자 매우 상대적인 행복의 준거점이 존재할 따름이죠. 따라서 행복이란 우리가 준거점을 어느 정도 수준으로 설정하느냐에 달려있다고 할 수 있습니다.

준거점이 투자와 마게팅에 미치는 영향

전망이론에 대한 설명을 마치기 전에 준거점이 투자자와 소비자의 의사결정에 미치는 영향에 관해 재미있는 사례를 중심으로 이야기해 보겠습니다.

첫 번째 사례

준거점은 주식 투자자의 매수 결정을 매우 어렵게 만듭니다. 경훈이는 6개월 전에 코스닥 상장사인 ㈜블루칩 주식 100주를 10만 원에 사서 1개월 뒤에 13만 원에 전부 매도해 버렸습니다. 1개월 만에 3백만 원이나 벌었기 때문에 경훈이는 기분이 매우 좋았습니다. 그런데 경훈이가 ㈜블루칩 주식을 모두 매도한 다음날, 재야의 전설적인 투자 고수인 승현이가 경훈이에게 ㈜블루칩 주식의 매수를 추천합니다. 승현이는 ㈜블루칩이 조만간 단 3분 만에 완충 가능한 전기차 배터리 개발에 성공할 거라는 소문이 돌기 때문에 이번에 꼭 매수해야 한다고 말합니다. 또한 승현이의 주장에 의하면 3분 만에 완충 가능한 전기차 배터리 개발은 세계 최초이기 때문에 ㈜블루칩의 주가는 곧 2배가 될 거라고 합니다. 경훈이는 잠시 망설입니다. 경훈이가 망설이는 사이에 ㈜블루칩의 주가는 13만 원에서 2만 원이 올라 15만 원이 됐습니다. 경훈이는 ㈜블루칩 주식을 매수할 수 있을까요?

아마도 경훈이는 ㈜블루칩 주식을 매수하지 못할 것입니다. 이유는 준거점 효과 때문입니다. 경훈이는 이미 ㈜블루칩 주식을 10만 원에 사서 13만 원에 팔아 1개월 만에 30%의 수익을 올렸습니다. ㈜블루칩의 주가가 오른다고 하더라도 경훈이는 현재 주가인 15만 원은 좀 비싸다고 생각할 거예요. 경훈이가 ㈜블루칩 주식의 매수를 고려할 때 준거점이 되는 주가는 경훈이의 최근 매도가인 13만 원이기 때문입니다. 13만 원에 판 주식을 15만 원에 산다는 점에 마음이 매우 불편할 겁니다. 따라서 경훈이는 결국 ㈜블루칩 주식을 사지 못하게 될 가능성이 큽니다.

두 번째 사례

준거점은 주식 투자자의 매도 결정에도 영향을 미칩니다. 정현이는 십만제약 주식을 주당 10만 원에 100주를 샀는데, 일주일 만에 주가가 12만 원으로 올랐습니다. 정현이는 일주일 만에 200만 원이나 벌었다고 생각하니 기분이 정말 좋았습니다. 그래서 정현이는 "이제 벌 만큼 올랐으니 이익 실현을 위해 매도할 타이밍이야." 라고 생각했습니다. 그런데 잠시 망설이는 사이에 주가가 9만 원으로 하락하고 말았습니다. 정현이는 아쉬워하며 "10만 원에 산 주식을 지금 9만 원에 팔기는 좀 그렇지(손실회피 성향). 주가가 다시 10만 원으로 오를 때까지 기다렸다가 10만 원이 되면 바로 팔아야지."라고 다짐합니다. 얼마 후 주가는 다시 10만 원으로 오릅니다. 주가가 다시 10만 원이 됐으니 정현이는 다짐한 대로 주식을 매도할까요? 아닙니다.

이성적으로는 주식을 매도하겠다고 판단하지만, 이제 겨우 본전이고 과거에 주가가 12만 원까지 오른 적이 있기 때문에 정현이는 주가가 더 오르기를 기대해 봅니다. 그래서 주식을 매도해야 할 타이밍임에도 팔지 않고 계속 보유하게 됩니다. 하지만 불행하게도 주가는 8만 원으로 하락합니다. 이때 정현이는 손절할 수 있을까요? 이 또한 쉽지 않아 보입니다(손실회피 성향).

아마도 정현이는 "9만 원이 되면 팔아야지"라고 생각할 가능성이 높습니다. 하지만 주가가 막상 9만 원이 되면 팔 수 있을까요? 글쎄요. 정현이는 망설일 거예요(손실회피 성향). 최초 매수가격 10만 원이 준거점 역할을 하기 때문입니다. 10만 원에 샀으니 9만 원에서는 매도가 쉽지 않은 것이죠. 그렇다고 본전이라고 할 수 있는 10만 원이 된다고 해도 12만 원까지 오른 기억이 있기 때문에 추가 상승을 기대하며 매도를 좀 더 미루게 될 거예요. 12만 원이라는 주가가 또 다른 준거점 역할을 하는 셈이죠. 이처럼 준거점은 투자자들의 매도 결정을 매우 어렵고 복잡하게 만듭니다.

세 번째 사례

사람들이 주식만큼 관심이 많은 투자대상은 부동산입니다. 우리나라 사람들은 특히 아파트에 관심이 많죠. 아파트를 매수할 때도 준거점 효과 때문에 망설이다가 결국 아파트를 못 사게 되는 경우가 종종 발생합니다. 그러고는 "내가 그때 사자고 했는데 당신이 반대해서 못 샀잖아."하면서 배우자와 엄청 싸웁니다. 아마도 평생 혼나면서 원망을 듣게 될지도 모릅니다.

서울에서 전세를 살고 있고 철수는 아파트를 한 채 매수하려고 합니다. 가급적 사무실까지 한 시간 이내로 출퇴근이 가능한 지역에 위치한 아파트를 찾고 있습니다. 몇 개의 부동산 앱에서 위치, 가격, 면적 등 조건에 맞는 아파트 단지를 검색해봤습니다. 그중에서 3개 정도의 아파트 단지를 정하고, 각 단지 근처에 있는 부동산중개업소에도 문의해보고 몇 차례 직접 임장을 한 후, 드디어 모든 조건이 마음에 드는 매물을 하나 찾았습니다. 가격은 10억 원이었습니다. 지금 전세 살고 있는 아파트 보증금과 맞벌이해서 모은 돈을 합치고, 주택담보대출을 조금 받으면 충분히 매입이 가능한 가격이었습니다.

그런데 문제가 생겼습니다. 아내인 영희가 다른 아파트 단지도 좀 더 알아보고, 부동산중개업소도 여러 군데 더 다녀본 후에 결정하자는 것입니다. 철수는 왠지 좀 불안했습니다. 아파트를 알아보면서 느낀 건데 현장에서는 가격이 조금씩 오르고 있었거든요. 그래서 철수는 영희에게 아파트 가격이 오를 것 같으니 지금 당장 사는 것이 좋겠다고 말했습니다. 하지만 영희는 한두 푼도 아니고 10억 원이나 되는 아파트를 사는 건데, 좀 더 알아보고 신중하게 결정해야 한다고 말했습니다. 결국 철수와 영희는 의견 차이를 좁히지 못한 채 일단 아파트 매수를 미루기로 했습니다.

그로부터 2주 후 철수가 사고 싶었던 아파트 가격은 10억 5천만 원이 됐습니다. 주택담보대출금액을 좀 더 늘리면 충분히 매수 가능한 가격입니다. 그리고 시장의 분위기를 보니 당분간 그 가격 이하로는 떨어지지 않을 것 같고 오히려 계속 오를 것 같습니다. 10억 원일 때 사지 못한 것이 본인의 책임이라고 생각한 영희는 미안한 마음에 철수에게 전권을 위임합니다. 하지만 이번에는 철수가 망설입니다. 2주 전에만 샀어도 10억 원에 살 수 있던 아파트를 지금 5천만 원이나 더 주고 산다는 사실에 마음이 내키지 않았던 것이죠. 왜 그럴까요? 준거점 효과 때문입니다. 철수에게 준거점은 10억 원이었던 거예요. 그래서 철수에게 10억 5천만 원은 심리적으로 수용하기 어려운 가격인 것입니다. 의사결정을 할 때 준거점을 무시하기가 쉽지 않은 것이죠. 아마도 철수와 영희는 이번 건으로 계속 부부싸움을 할 것 같은 불길한 예감이 듭니다.

네 번째 사례

영철이와 영자는 결혼할 때 주택담보대출, 신용대출, 카드론 등 가능한 모든 대출과 동원할 수 있는 모든 현금까지 영끌해서 5억 원짜리 아파트를 한 채 샀습니다. 그리고 5년 후 그 아파트의 가격은 7억 원이 됐습니다. 물론 그동안 둘은 악착같이 맞벌이를 해서 다행히도 대출금을 다 갚았습니다. 영철이는 "아파트는 더 이상 투자가치가 없고 2억 원이나 벌었으니 이제 팔아버리자."고 말했습니다. 영자는 신혼 때 산 아파트라 애착이 있어 팔고 싶지 않았으나(보유 효과), 영철이와 언쟁을 하고 싶지 않아서 영철이의 의견에 마지못해 동의했습니다.

그런데 그로부터 1년 후 그 아파트(엄밀히 말하면 해당 아파트 단지 내에 있는 동일한 조건의 아파트)는 8억 원이 됐습니다. 그리고 아파트 가격이 더 오를 것 같은 분위기였습니다. 영철이와 영자는 고민합니다. "그 아파트를 8억 원을 주고 다시 사야 할까?" 영철이와 영자에게는 쉽지 않은 결정입니다. 7억 원에 팔아버린 아파트를 8억 원에 다시 산다는 것은 심리적으로 수용하기 어려우니까요. 7억 원이라는 가격이 영철이와 영자의 준거점이 된 셈이죠. 결국 영철이와 영자는 그 아파트를 다시 사지는 못하고 다른 아파트(다른 지역에 있는 아파트)를 알아보게 됩니다. 아마도 영철이와 영자 부부도 철수와 영희 부부처럼 이번 일 때문에 계속 부부싸움을 할 것 같네요.

다섯 번째 사례

한편 준거점 효과가 마케팅에서는 어떻게 활용되는지도 알아보겠습니다. 애플의 아이폰 가격전략 사례인데요. 애플은 2007년 6월에 아이폰을 처음 시장에 선보일 때 출시 가격을 599달러로 책정했습니다. 그런데 애플은 몇 달 뒤에 아이폰 가격을 399달러로 인하했고, 그때부터 아이폰 판매량이 폭발적으로 증가했습니다. 이 또한 준거점 효과 때문입니다.

399달러로 할인된 가격이 아이폰 가격의 준거점을 599달러로 삼게 된 소비자들에게 심리적 자극을 가해 "무려 200달러나 할인되다니 이건 정말 엄청 싼 거야."라는 느낌을 갖도록 만든 결과죠. 이러한 애플의 아이폰 가격 전략은 소비자들이 본격적인 의사결정을 하기 전에 소비자들에게 주어진 가격변화가 소비자들의 구매결정에 매우 큰 영향을 미친 사례입니다. 599달러라는 준거점(초기 가격)이 소비자들의 구매 심리에 커다란 영향력을 행사한 것입니다.

4장

어떤 관점에서 바라보느냐에 따라 풍경이 바뀐다: 프레이밍 효과

언제부터인가 우리나라에서 프레임^{frame}이라는 단어가 유행처럼 사용되고 있습니다. 프레임은 사람들의 일상적인 대화 중에도 종종 나오고, 특히 정치권에서는 프레임이라는 단어 없이는 정치분석이나 정치 기사가 불가능할 정도로 자주 등장합니다. 아마도 행동경제학에서 다루는 개념 중에서 일반인에게 가장 친숙한 개념 중에 하나가 바로 프레임이 아닐까 생각합니다. 그럼 프레임의 개념부터 알아보겠습니다.

프레임과 프레이밍 효과

프레임을 우리말로 표현하면 '틀'입니다. 그리고 '틀'이라는 단어를 듣는 순간 대부분의 사람들은 아마도 네모난 창틀을 떠올리기 쉽습니다. 우리는 창틀을 통해서 바깥 풍경을 바라봅니다. 그런데 만약 창틀의 모양, 위치, 각도 등이 바뀌었다고 생각해보세요. 당연히 우리가 바라보는 풍경도 바뀔 거예요. 따라서 프레임은 일단 '바깥 풍경을 바라보는 창틀' 정도로 정의해볼 수 있습니다.

그럼 이제 프레임의 의미를 좀 더 일반화해 보겠습니다. 우리는 물리적인 창틀을 통해 바깥 풍경을 바라봅니다. 그런데 창틀이 물리적인 창틀이 아니라 우리 머릿속에 있는 생각의 틀이라고 생각해보세요. 그리고 바깥 풍경도 산, 바다, 강, 들판 등이 아니라 현상, 문제, 이슈 등이라고 생각해보세요. 그러면 우리는 생각의 틀을 통해 세상의 현상, 문제, 이슈 등을 바라보게 되는 것이죠. 이때 생각의 틀은 '관점^{perspective}'과 거의 같은 의미로 쓰입니다. 따라서 프레임이란 '세상의 현상, 문제, 이슈 등을 바라보는 관점'이라고 정의할 수 있습니다.

그런데 관점이라는 것은 물론 사람들마다 같을 수도 있겠지만 대부분은 서로 다릅니다. 완전히 다를 수도 있고, 조금 다를 수도 있죠. 그래서 사람들은 똑같은 문제나 이슈에 대해서도 각자 다른 관점에서 바라봅니다. 그리고 사람들은 각자 바라보는 관점에 따라 남들과는 다른 분석과 해석을 내놓고, 결과적으로는 남들과 다른 판단이나 선택을 합니다. 이처럼 사람들의 프레임이 서로 다르기 때문에 사람들의 판단이나 선택도 달라지는 것을 프레이밍 효과 framing effect라고 부릅니다. 또한 자신의 프레임이 변하면 보이는 것도 바뀌고 생각도 바뀝니다. 따라서 프레이밍 효과는 자신의 프레임이 변함에 따라 자신의 판단이나 선택도 변하는 것을 뜻합니다. 프레임이 만들어내는 프레이밍 효과 때문에 사람들은 동일한 현상, 문제, 이슈 등을 각자 다르게 받아들이며, 다른 판단, 선택 또는 의사결정을 하는 것입니다. 그리고 이러한 과정에서 상반된 프레임을 가진 사람들은 서로 첨예하게 대립하고 갈등하게 되는 것이죠.

그렇다면 프레임은 사람들이 각자 능동적으로 형성하는 걸까요? 아니면 수동적으로 누군가에 의해 만들어져 주어지는 걸까요? 사람들은 각자가 가진 신념, 관념, 이념, 철학, 가치관, 세계관, 사상, 경험, 지식 등에 기반해 스스로 프레임을 형성합니다. 이렇게 형성된 프레임은 좀처럼 쉽게 바뀌지 않습니다. 또한 프레임은 다른 사람들이 만들어서 우리에게 주입시키기도 합니다. 그들은 어떤 현상, 문제, 이슈 등이 제시되는 방식을 그들이 원하는 대로 바꿔서 우리에게 제시함으로써, 우리가 그들이 만든 프레임을 통해 현상, 문제, 이슈 등을 바라보게 만드는 것이죠. 일반적으로 언론이나 SNS가 그런 역할을 합니다. 타인의 의해 만들어진 프레임이 우리에게 계속해서 주입되면, 우리가 스스로 형성해서 갖고 있던 프레임도 결국에는 바뀌게 됩니다.

프레임이 사람들 사이에서 자주 회자되고 현실에서 활발하게 사용되는 이유는 프레임이 내 주장의 설득력을 높이고, 남의 주장을 공격하기에 매우 유용한 수단이기 때문입니다. 프레임을 사용하는 전략, 즉 프레임 전략은 사건의 본질을 자연스럽게 감출 수 있고, 우리 편을 신속하게 결집시킬 수 있고, 여론을 효율적으로 내 편으로 만들 수 있고, 상대방의 논점을 쉽게 흐릴 수 있고, 상대방을 무척이나 억울하게 만들 수도 있습니다.

예를 들면 담배회사는 흡연이 암을 발생시킨다는 여론의 비판에 다음과 같은 프레임 전략으로 대응합니다. 담배회사는 우선 흡연자들에게 발생하는 암의 원인이 흡연 하나뿐이라고 단정하기는 매우 어렵다고 주장합니다. 그러면서 담배 외에 다른 요인이 암을 유발할 수 있다는 연구를 지원해 다른 인과관계나 상관관계를 제시함으로써 논점을 흐립니다. 암의 주요 원인이 흡연이라는 프레임을 부정하고, 암의 원인은 여러 개이거나 복합적일 수 있다는 프레임을 통해 사회적 비난과 법적 책임으로부터 교묘하게 벗어나

고자 하는 것이지요.

　프레이밍 효과는 2장에서 살펴본 확증편향과 결합했을 때 매우 강력해집니다. 프레임 전략을 수립할 때 프레임과 확증편향을 적절히 잘 결합하면 엄청난 시너지 효과를 낼 수 있습니다. 프레임과 확증편향을 결합하면 자신의 프레임을 강화하는 사실, 증거, 사례, 논리, 이론만 받아들이고, 자신의 프레임에 반하는 것은 무시하거나 과소평가해 버리게 됩니다. 때로는 자신의 프레임을 강화하기 위해 오랫동안 수많은 검증을 통해 확립된 사실을 무시하고, 지엽적이거나 검증되지 않은 단편적인 사례에만 집착하기도 합니다. 이쯤 되면 자신의 프레임은 절대 바뀌지 않을 가능성이 높습니다. 누가 뭐라 해도 자신의 프레임만을 고수하게 될 테니까요. 프레임 꼰대가 되어버리는 것이죠.

　현대 사회에서 프레임 전략은 설득을 넘어 생존을 위한 수단이 되어가고 있습니다. 그래서 정치, 경제, 사회, 문화 등 모든 분야에 걸쳐 치열한 프레임 전쟁이 일어나는 것입니다. 프레임 전쟁은 본질적인 것과 비본질적인 것을 둘러싼 싸움이라고 생각합니다. 손가락으로 달을 가리키는 것에 대해 달을 바라보며 달과 관련된 논쟁을 한다면 본질에 대한 싸움이지만, 손가락을 바라보며 손가락에 대한 논쟁을 한다면 비본질적인 것에 대한 싸움입니다. 프레임 전략은 본질을 감출 수도 있고 또는 드러낼 수도 있는 것이죠.

　사람들은 프레임 전쟁에서 전황이 불리할 때, 본질을 감추기 위해 혹은 본질을 드러내기 위해 프레임의 전환을 시도합니다. 프레임 전환은 전혀 다른 프레임을 제시하면서 상대방의 프레임에 물타기를 해 버리는 것입니다. "메시지가 불리할 때는 메신저를 공격하라."는 것이 프레임 전환의 좋은 예가 될 것 같습니다. 또한 앞서 손가락으로 달을 가리키는 사례에서는 달에 대한 논쟁을 손가락에 대한 논쟁으로 바꾸는 것도 프레임 전환이라고 할 수 있습니다. 이처럼 프레임 전환은 불리한 상황을 벗어나기 위해 사용할 수 있는 매우 효과적인 전술입니다. 따라서 이러한 프레임 전환은 특히 현실정치의 프레임 전쟁에서 자주 등장합니다.

지금까지 공부한 프레임 이론을 기반으로 이제부터는 프레임 전쟁의 사례를 자세히 살펴보겠습니다.

초원복국 사건

프레임 또는 프레이밍 효과는 현실정치에서도 자주 활용되는 정치적 기술입니다. 우리나라의 굴곡진 현대사 공부를 좀 해보겠습니다. 1992년에 발생한 초원복국 사건을 예로 들어 프레임 정치를 설명해 볼게요. 1992년은 제14대 대통령 선거가 있던 해였습니다. 당시 대통령 선거에는 김영삼 민주자유당 후보, 김대중 민주당 후보, 정주영 통일국민당 후보 등이 출마했습니다. 대통령 선거일은 12월 18일이었습니다. 그런데 대통령 선거를 일주일 앞둔 1992년 12월 11일에 엄청난 사건이 발생했습니다. 당시 집권세력인 노태우 정부의 기관장들이 부산광역시의 복어요리 전문점인 '초원복국'이라는 음식점에 모여 대통령 선거에 영향을 미칠 목적으로 지역 감정을 부추기자고 모의한 일이 도청에 의해 드러났던 것입니다. 이 사건을 '초원복국 사건' 또는 '초원복집 사건'이라고 부릅니다.

그때 초원복국 비밀회동(비밀 조찬회동)에 참석했던 기관장들은 법무부 장관, 부산직할시장, 부산지방경찰청장, 국가안전기획부(안기부) 부산지부장, 부산직할시 교육감, 부산지방검찰청 검사장, 부산상공회의소장 등 모두 8명이었다고 합니다. 이들은 김영삼 후보를 당선시키기 위해 지역 감정을 부추기고, 정주영 후보, 김대중 후보 등 야당 후보들을 비방하는 내용을 유포시키자는 등 관권선거와 관련된 대화를 나눴다고 합니다. 이러한 내용은 통일국민당 관계자들에 의해 도청됐고, 1992년 12월 15일 당시 김동길 통일국민당 선대위원장의 기자회견을 통해 언론에 폭로했습니다. 이 비밀회동에서 "민간에서 지역감정을 부추겨야 돼", "우리가 남이가", "이번에 안 되면 영도다리에 빠져 죽자" 등과 같이 지역감정을 부추기는 발언이 나왔다고 합니다. 당시 아파트 값을 반값으로 내리겠다는 공약(1990년대에도 반값 아파트 공약이 나올 정도로 아파트 가격은 무척이나 비쌌음) 등으로 보수층을 잠식하던 정주영 통일국민당 후보 측이 집권당인 민주자유당의 치부를 폭로하기 위해 전직 안기부(현재 국정원) 직원 등과 공모해 도청장치를 몰래 숨겨서 녹음했던 것입니다. 김영삼 민주자유당 후보 측에서는 난리가 났습니다. 김영삼 후보의 당선이 대세로 굳어지던 시점에 복병이 나타난 것이죠. 이때 여야 정당이 이 사건에 대응하기 위해 서로 활용한 것이 바로 프레임 전략입니다.

통일국민당을 비롯한 야당은 초원복국 사건은 정부의 조직적인 선거개입이라며 관권선거의 프레임으로 공격했습니다. 사건의 본질인 관권선거를 부각시키려는 프레임이죠. 반면 여당인 민주자유당은 불법도청의 프레임으로 역공을 했습니다. 즉 프레임 전환을 시도한 것입니다. 김영삼 후보는 이 사건을 비열한 음모로 규정하고, 자신이 오히려 불법도청의 피해자라고 주장했습니다. 그리고 주류 언론은 관권선거의 부도덕성보다는 주거침입에 의한 불법도청의 비열함을 더 부각시켰죠.

초원복국 사건을 둘러싼 여야의 프레임 전쟁은 어떻게 끝났을까요? 여당인 민주자유당의 승리로 끝났습니다. 민주자유당의 불법도청 프레임은 영남지역의 지역감정을 더욱 자극했고, 이로 인해 도청을 기획한 통일국민당은 오히려 여론의 역풍을 맞아 김영삼 후보에 대한 영남 지지층이 공고하게 결집하는 효과를 낳았습니다. 그 결과 김영삼 후보는 제14대 대통령으로 당선됐습니다. 민주자유당의 프레임 전환이 성공한 것입니다.

현실정치에서 프레임 전략이 성공하려면 특히 세 가지가 중요하다고 생각합니다. 첫째, 프레임을 잘 만드는 것입니다. 남들이 이해하기 쉽고 사람들의 머릿속에 바로 각인되는 프레임을 만들어야 합니다. 그래서 때로는 자극적인 용어나 표현을 사용해서 프레임을 만들기도 합니다. 둘째, 프레임을 최대한 많은 사람에게 퍼뜨려야 합니다. 가능한 많은 사람이 내가 보는 프레임과 동일한 프레임으로 사건을 바라보게 만드는 것이죠. 그래서 자신이 만든 프레임을 많은 사람에게 알리기 위해 언론사, SNS 등 다양한 미디어를 적극적으로 이용합니다. 때로는 프레임을 잘 만드는 것보다 프레임을 잘 퍼뜨리는 게 더 중요할 수도 있습니다. 마치 기업이 제품을 많이 팔기 위해서는 제품을 잘 만드는 것보다 마케팅을 잘하는 것이 더 중요하듯이 말입니다. 셋째, 프레임 전환을 제때 잘해야 합니다. 프레임 전환은 타이밍이 정말 중요합니다. 아무리 좋은 프레임을 만들고 아무리 넓게 퍼뜨릴 수 있는 능력을 갖추고 있어도, 프레임 전환의 때를 놓치면 프레임 전쟁에서 승리하기 어렵습니다. 따라서 프레임 전략이 성공하려면 프레임 전환의 시기를 잘 선택하는 것이 매우 중요하다고 생각합니다. 시간은 돌이킬수 없기 때문입니다.

복지정책을 둘러싼 프레임 전쟁

현실정치에서 자주 등장하는 프레임 전쟁이 있습니다. 바로 복지정책을 둘러싼 프레임 전쟁인데요. 즉 진보정당의 복지정책과 이를 공격하기 위한 보수정당의 프레임 간 충돌입니다. 우리나라뿐만 아니라 미국이나 유럽의 정치에서도 일반적으로 나타나는 현상입니다.

　정치학에서 좌와 우 또는 진보와 보수 간의 갈등은 자원배분의 방식을 둘러싼 국가(정부)와 시장 간의 갈등으로 치환할 수 있습니다. 즉 국가에 의한 자원배분과 시장에 의한 자원배분 간의 갈등인 것이죠. 진보정당은 자본주의 체제에서는 시장의 문제점(시장실패)을 해결하기 위해 정부가 적극적으로 개입해야 한다고 주장합니다. 이러한 차원에서 진보정당은 국민들을 위한 복지정책[1]을 공약으로 제시합니다. 진보정당의 복지정책에 대한 보수정당의 프레임 공격은 기본적으로 정부개입으로 인해 발생하는 정부실패를 비판하는 데 초점이 맞춰져 있는데, 크게 세 가지로 분류해 볼 수 있습니다. 첫째는 증세 프레임, 둘째는 선별적 복지 프레임, 셋째는 감세 프레임입니다.

우선 증세 프레임부터 살펴보겠습니다. 증세 프레임은 아마도 복지정책을 비판하기 위한 가장 쉽고 강력한 공격 프레임일 것입니다. 복지를 늘리기 위해서는 예산, 즉 돈이 필요합니다. 정부가 복지예산을 확보하기 위한 방법은 대체로 두 가지입니다. 첫 번째 방법은 세금을 더 걷는 증세입니다. 두 번째 방법은 정부가 빚을 내는 것입니다.[2] 정부가 기업처럼 채권을 발행해서 자금을 조달하는 것이죠. 기업의 부채비율처럼 국가에도 GDP 대비 국가부채비율이라는 것이 있습니다(IMF가 작성한 '2021년 10월 재정 모니터' 보고서에 따르면 2021년 현재 우리나라의 GDP 대비 국가부채비율(추정치)은 약 51.3%이고, 35개 주요 국가 평균은 121.6%이며, G7과 G20 국가 평균은 각각 139%, 132.8%로 우리나라보다 무려 2배 이상 더 높음). 하지만 국가채무는 언젠가는 상환해야 하는 빚이기 때문에 무한정 늘릴 수는 없습니다. 따라서 복지예산을 늘리려면 당연히 증세를 병행해야

---

1 참고로 2019년 현재 우리나라의 GDP 대비 공공사회복지지출은 약 12.2%(약 233.5조 원)로 OECD 평균인 20.0%에 한참 미치지 못하며, OECD 38개 회원국 가운데 35위로 최하위권에 머물러 있습니다.
2 보수정당은 복지정책을 비판하기 위해 국가부채 프레임을 활용하기도 합니다. 정부가 빚을 내서 복지예산을 충당한다는 사실을 비판하는 것입니다. '빚'이라는 단어 자체가 일반 국민들에게 상기시키는 부정적인 이미지가 매우 강하기 때문에 국가부채 프레임도 효과적일 수 있는 것이죠.

합니다. 어쩌면 복지예산을 확보하기 위해서는 국가채무보다 증세가 더 중요할지도 모릅니다. 국가채무는 국가 신용도, 외환관리, 조달금리, 세대 간에 걸친 상환 일정 등 여러 가지 문제점을 야기할 수 있기 때문입니다. 어쨌든 핵심은 복지를 늘리려면 세금도 같이 늘려야 합니다.

따라서 보수정당은 진보정당의 복지정책을 비판할 때 복지정책 자체에 대한 공격에 집중하기보다는 증세에 대한 공격에 집중합니다. 즉 진보정당의 복지정책을 공격하기 위해 증세 프레임을 활용하는 것입니다. 보수정당이 진보정당의 복지정책을 비판만 해서는 선거에서 승리하기가 쉽지 않기 때문입니다. 복지에 반대하는 정당을 지지하는 국민들은 많지 않으니까요. 그래서 보수정당은 증세의 관점(프레임)에서 복지정책을 비판합니다. 복지는 필연적으로 국민의 세금을 늘릴 수밖에 없다는 논리를 펴는 것이죠. 즉 "복지가 좋은 게 아니다. 복지를 위해 필요한 돈은 국민들의 호주머니에서 나와야 하는 것이다. 결국 복지가 늘면 국민들의 세금도 늘어날 것이다."라고 주장합니다. 이처럼 보수정당은 진보정당의 복지정책에 대해 증세 프레임으로 공격합니다.[3]

이런 상황이 되면 국민들은 헷갈립니다. 분명 복지가 국민들에

---

3 보수정당은 진보정당의 복지정책을 비판하기 위해 때로는 증세 프레임 대신 포퓰리즘(populism)이라는 매우 자극적인 용어를 사용하기도 합니다. 포퓰리즘은 대중주의, 인기영합주의 등으로 번역되는데요. 이는 1890년 미국의 양대 정당인 공화당과 민주당에 대항하기 위해 생겨난 인민당(Populist Party)이 농민과 노조의 지지를 얻기 위해서 경제논리를 도외시한 정책을 표방한 데서 연유된 개념입니다. 일반적으로 포퓰리즘은 대중을 동원하고 이들의 직접 참여에 의한 정치체제의 운영을 의미합니다(매경 시사용어사전). 선거에서 표를 의식해 경제논리에 반해 선심성 정책을 펴는 것도 포퓰리즘의 대표적인 예라고 할 수 있습니다.

게 좋은 것 같긴 한데, 국민들은 세금을 더 내고 싶은 마음이 추호도 없기 때문입니다. 복지정책과 증세 프레임 간 전쟁에서 어느 쪽이 승리할지는 알 수 없습니다. 그 당시의 여론과 언론이 어느 쪽으로 기우느냐에 따라 전쟁의 승패가 결정될 것입니다.

둘째, 선별적 복지 프레임은 보수정당이 진보정당의 보편적 복지정책을 비판할 때 사용하는 대표적인 프레임입니다. 진보정당의 복지정책은 기본적으로 보편적 복지입니다. 가난한 사람이든 재벌이든 상관없이 모든 국민에게 동일한 복지혜택을 제공하자는 것이지요. 보수정당은 부자들에게는 복지가 필요하지 않으니 가난한 사람들을 대상으로만 선별적 복지를 해야 한다고 주장합니다. 진보정당의 복지정책을 반대만 하면 일반국민의 표를 얻을 수 없으니, 선별적 복지의 프레임으로 진보정당의 복지정책을 비판하는 것이죠. 우리나라에서도 보편적 복지정책과 선별적 복지정책 간의 프레임 전쟁이 여러 번 있었습니다. 많은 사람이 알고 있는 예가 바로 2011년에 발생한 서울시의 학교 무상급식을 둘러싼 논쟁이었습니다.

서울시 의회는 2010년 12월 1일에 무상급식 조례안을 통과시킵니다. 당시 서울시 의회는 민주당을 포함한 야당이 과반 이상을 차지하고 있었습니다. 당시 한나라당 소속인 오세훈 서울시장은 무상급식 조례에 반대해 '단계적 무상급식(소득 하위 50% 학생들에게만 무상급식을 제공하는 선별적 복지)'과 '전면적 무상급식(소득 구분 없이 모든 학생에게 무상급식을 제공하는 보편적 복지)' 중에 하나를 선택하도록 하는 서울시 주민투표를 강행합니다. 그리고 투표율이 33.3%를 넘지 못하면 서울시장직에서 사퇴하겠다고 선언합니다. 현실정치에서 복지정책을 둘러싸고 선별적 복지 프레임과 보편적 복지 프레임이 충돌한 것이죠. 2011년 8월 24일 주민투표 결과, 투표율은 25.7%로 33.3%를 넘지 못해 아예 개표도 하지 못하고 주민투표는 무효가 됩니다. 그리고 오세훈 시장은 자신이 공언한 대로 서울시장직에서 사퇴해 버리고 말았습니다.

한편 2020년과 2021년에는 코로나19 팬데믹 사태를 거치면서 정부의 재난지원금 지급을 둘러싼 프레임 전쟁이 있었습니다. '전 국민 지급(보편적 복지)'과 '하위 소득자만 지급(선별적 복지)' 간의 프레임 전쟁이었죠. 2020년 5월~8월에는 소득에 관계없이 모든 국민을 대상으로 재난지원금이 지급됐습니다(보편적 복지). 여론이 보편적 복지의 편을 들어준 것입니다. 하지만 2020년 9월~10월에 지급된 재난지원금은 소득 하위 88%인 국민에게만 선별적으로 지급됐습니다(선별적 복지). 국민여론이 야당인 국민의힘의 선별적 복지 프레임과 기획재정부의 맞춤형 선별 지원의 효과성 주장을 지지해 준 것입니다.

셋째, 복지정책에 대한 대안정책으로 감세 프레임(또는 감세정책)이 있습니다. 복지정책과 감세 프레임 간의 충돌은 앞에서 살펴본 복지정책과 증세 프레임 간의 전쟁과 매우 비슷하지만, 사실 조금 다른 점이 있습니다. 증세 프레임은 복지정책의 문제점을 지적하기 위해 사용하는 프레임인 반면에, 감세정책은 진보정당의 복지

정책에 대항하기 위한 보수정당의 정책대안이라는 점에서 차이가 있습니다. 국민의 삶을 경제적으로 윤택하게 만들기 위해 정부가 취할 수 있는 정책방향은 크게 두 가지가 있습니다. 하나는 정부가 돈을 써서 국민을 위한 복지를 늘리는 것이고, 다른 하나는 세금을 줄여서 국민의 가처분소득을 늘려주는 것입니다. 아마도 보수정당의 입장에서 진보정당의 복지정책을 가장 효과적으로 공격하는 방법은 우선 증세 프레임을 이용해 여론이 복지정책에 의문이나 반감을 갖도록 한 후, 감세 프레임을 이용해 국민들에게 경제적 혜택을 주는 모양새를 만들어 가는 것입니다. 즉 복지정책을 증세 프레임으로 공격해 복지정책의 장점을 물타기 하고 감세 프레임으로 정책대안까지 제시함으로써 복지정책을 사실상 무력화시켜 버리는 것이죠. 보수정당인 미국의 공화당과 영국의 보수당이 각각 진보정당인 민주당과 노동당의 복지정책을 비판하는 방식이 대부분 이렇습니다.

그렇다면 보수정당은 어떤 논리로 감세 프레임(감세정책)을 주장할까요? 감세 프레임의 첫 번째 근거는 낙수 효과^{trickle-down effect}입니다. 물이 그릇에 가득 차서 흘러 넘치면 다른 데까지 흘러 들어간다는 뜻인데요. 부자들의 세금을 줄여주면(감세), 투자와 소비가 늘어나 경제가 성장하게 되기 때문에 결국 가난한 사람들에게도 경제적 혜택이 돌아간다는 논리입니다. 즉 부자 감세를 통해 경제의 파이가 커지면 가난한 사람들이 가져가게 될 파이의 크기도 당연히 커질 거라는 주장입니다. 1980년대 미국 레이건 행정부는 이러한 낙수 효과를 주장하는 경제 전문가들의 의견에 따라 소득세율 상한을 70%대에서 20%대로 인하했습니다. 하지만 (낙수 효과는 여전히 논란의 대상이지만) 최소한 미국에서는 낙수 효과가 나타나지 않았다는 것이 일반적인 평가입니다.

감세 프레임의 또 다른 이론적 근거는 래퍼 곡선^{Laffer Curve}입니다. 래퍼 곡선은 미국의 경제학자인 아더 래퍼^{Arthur B. Laffer} 교수가 주장한 세수와 세율 간 관계를 나타낸 그래프인데요. 래퍼 교수의 이름을 따서 래퍼 곡선으로 명명됐습니다. 일반적으로는 세율이 높아질수록 세수가 늘어나는 게 정상입니다. 그런데 래퍼 교수의 주장에 의하면 세율이 일정 수준(최적조세율)을 넘으면 반대로 세수가 줄어드는 현상이 나타난다고 합니다. 왜냐하면 세율이 지나치게 올라가면 근로의욕의 감소 등으로 세원 자체가 줄어들기 때문이라는 것이죠. 따라서 세율이 최적조세율을 넘게 되면 세율을 낮춤으로써 세수를 증가시킬 수 있다는 것입니다. 래퍼 곡선은 1980년대 미국 레이건 행정부의 조세인하정책(감세정책)의 이론적 근거가 됐습니다. 하지만 래퍼 곡선의 내용과는 달리 감세로 인한 고용창출과 소득증대 효과는 세수를 더 늘릴 만큼 충분하게 나타나지 않았으며, (관점의 차이가 있지만) 오히려 미국 정부의 거대한 재정적자 증가를 초래하고 말았습니다.

결과적으로 낙수 효과와 래퍼 곡선은 이론적으로는 그럴듯했지만 여러 가지 경제 요인을 충분히 고려하지 않은 단순한 가정을 전제로 했고, 실증적으로도 정확한 과세대상, 임계세율, 적정세율

등을 제시하지 못했기 때문에 1980년대 미국의 감세정책은 원래 의도했던 효과를 내지 못했습니다. 그리고 낙수 효과와 래퍼 곡선은 설사 이론적으로 맞다고 하더라도 국가마다 상황이 다르기 때문에 현실적으로 적용하기 힘들다는 비난을 받았습니다. 레이건 행정부의 감세 프레임은 정치적으로는 성공했을지 모르지만, 경제적인 실효성에 대해서는 여전히 논란의 대상이 되고 있습니다.

낙태를 바라보는 두 개의 프레임

제가 '프로 초이스Pro-Choice'와 '프로 라이프Pro-Life'라는 말을 처음 들었던 게 대학교 3학년 때로 기억합니다. 그때 저는 솔직히 이 말이 무엇을 의미하는지 전혀 몰랐습니다. 미국에서 살다 온 학교 선배의 설명을 듣고 나서야 비로소 알게 됐습니다.

프로 초이스는 주로 미국에서 낙태를 선택choice할 자유와 권리가 여성에게 있음을 옹호하는 입장을 말합니다. 따라서 프로 초이스를 주장하는 대부분의 사람들은 낙태를 찬성합니다. 반면 프로 라이프는 태아도 생명life이므로 생명 보호를 위해 낙태를 반대해야 한다는 입장을 말합니다. 이때 프로pro는 '어떤 주장이나 의견을 찬성하는, 옹호하는, 지지하는'의 의미를 갖는 영어의 접두어 정도로 생각하시면 됩니다.

대충 감을 잡으셨겠지만 사실 프로 초이스와 프로 라이프는 낙태를 어떤 틀(관점)에서 바라보느냐, 즉 낙태를 바라보는 프레임의 차이를 나타내는 용어입니다. 낙태를 바라보는 두 개의 프레임이 존재하는 것이죠. 여성의 선택할 자유와 권리를 중요하게 바라보는 프로 초이스의 프레임에서는 낙태는 당연히 여성이 선택해야 할 문제인 반면, 생명을 중시하는 프로 라이프의 프레임에서는 낙태는 당연히 금지돼야 마땅한 것입니다.

미국에서 낙태를 둘러싼 프레임 전쟁은 역사적인 기원을 갖고 있는 다소 철학적인 문제라고 생각합니다. 미국은 영국의 청교도들이 종교의 자유를 찾아 목숨을 걸고 대서양을 건너와서 세운 나라입니다. 따라서 미국에서는 개인의 자유라는 이념이 매우 중요합니다. 프로 초이스는 개인의 자유와 권리라는 미국의 건국이념에 그 뿌리를 두고 있는 것이죠. 한편 미국을 건국한 사람들은 영국의 국교를 거부하고 종교의 자유를 찾아 신대륙에 온 독실한 기독교인들입니다. 기독교 윤리에서 생명은 매우 중요합니다. 프로 라이프는 기독교 사상에 그 뿌리를 두고 있는 것이죠. 역사적 기원을 가진 철학적 논쟁은 타협이 어렵습니다. 따라서 적어도 미국에서는 낙태를 둘러싼 프레임 간 충돌은 오랫동안 계속 반복될 것으로 보입니다.

한편 우리나라에서도 낙태를 바라보는 프로 초이스와 프로 라이프 프레임 간의 오랜 갈등이 존재해 왔습니다. 우리나라에서 낙태를 둘러싼 프레임의 갈등은 미국처럼 역사적이고 철학적인 성격의 논쟁보다는 낙태 합법화와 관련된 법적인 논쟁에 가깝다고 생각합니다. 1953년 제정된 '형법'에서는 낙태를 전적으로 금지했습니다. 다만 '모자보건법'에서는 본인이나 배우자가 우생학적 또는 유전학적 정신장애나 신체질환이 있는 경우, 전염성 질환이 있을 경우, 강간·준강간에 의해 임신을 한 경우, 근친상간으로 인한 임신을 한 경우, 임신의 지속이 보건의학적 이유로 모체의 건강을 심각하게 해치고 있거나 해칠 우려가 있는 경우 등 5개의 예외적인 낙태 허용 사유를 명시했습니다. 원칙적으로는 금지하되 예외적으로만 허용했던 것이죠. 2019년에 헌법재판소는 '형법'과 '모자보건법'의 낙태금지 조항에 대해 헌법불합치 결정을 내렸습니다. 이후 많은 논란 끝에 낙태금지 조항은 대체입법 없이 2021년 1월 1일에 자동폐지가 확정됐습니다. 이에 따라 낙태금지 조항은 법적으로 효력을 완전히 상실하게 됐습니다.

인종차별 프레임의 변화

지금까지 미국에서의 인종차별은 주로 사회적 강자인 백인이 사회적 약자인 유색인종 즉 흑인, 아시아인, 히스패닉 등을 차별하는 구조였습니다. 그리고 이러한 관점에서 인종차별을 바라보는 것이 수백 년 동안 미국의 지배적인 프레임이었습니다. 하지만 최근 들어 인종차별을 바라보는 프레임이 바뀌고 있습니다. 더 이상 백인이 인종차별에 있어 강자 또는 가해자가 아니라 오히려 약자 또는 피해자라는 프레임이 등장한 것입니다.

이러한 백인의 인종차별 피해자 프레임은 트럼프 행정부 들어서서히 나타나기 시작했으며, 지난 2020년 대통령 선거 당시 트럼프 대통령이 보수적인 백인들의 표를 얻기 위해 선거전략의 일

환으로 활용하면서 특히 심화됐습니다. 이러한 인종차별의 프레임 변화는 넬 페인터 Nell Irvin Painter 교수(미국의 역사학자이자 인종사 전문가로서 현재 프린스턴대학교 명예교수로 재직하고 있으며, 『The History of White People』라는 책을 집필했음)가 유발 하라리 등 세계적 석학 8인이 지은 『초예측』 (웅진지식하우스, 2019)이라는 책에서 언급한 내용과 거의 일치합니다. 페인터 교수는 다음과 같이 말합니다.

> 백인들은 자기들이 다른 인종보다 상대적으로 우월하다는 믿음을 암묵적으로 공유해왔습니다. 그런데 흥미롭게도 (트럼프 행정부 시기인) 2016-2017년에 백인들 중에서 '우리가 희생자'라는 목소리가 나오기 시작했습니다. 특히 백인 공화당 지지자 대부분이 차별받고 있다고, 즉 '백인이 인종차별의 희생양'이라고 목소리를 높였죠. 그들은 존경은커녕 굴욕과 멸시를 받고 있다고 말합니다. (중략)
> 정체성 정치는 젠더, 인종, 민족 등의 정체성 때문에 차별과 억압을 받아온 집단이 스스로의 권리와 이익을 주장하는 것을 말합니다. 2016년까지 정체성 정치에서 정체성의 주체는 여성, 흑인, 소수 민족, 장애인, 동성애자 등이었습니다. 그런데 지금은 백인까지 그 주체가 되었습니다. (중략)
> 백인 우월주의자들은 자기들이 다른 인종에 비해 훨씬 뛰어남에도 불구하고 충분히 인정받지 못하다고 느끼고 강하게 분노하고 있습니다. 상당수의 백인, 특히 공화당원은 자신들이 희생자라고 생각합니다.

한때 지배적이었던 프레임도 변화를 거듭합니다. 마치 패러다임 paradigm의 변화와 유사합니다. 만약 과거에 지배적이었던 프레임이 권력관계에 기반한 프레임이었다면, 권력관계의 변화와 함께 프레임도 변하게 됩니다. 미국에서 유색인종의 권력이 강해지면서 전통적인 백인과 유색인종 간 권력관계 지형에 변화가 생기고, 이에 따라 인종차별을 바라보는 프레임도 점차 변하는 것이라고 생각합니다.

현대미술의 이해

서울시 용산구 한남동에는 삼성문화재단에서 운영하는 리움미술관이 있습니다. 독자들 중에는 리움미술관에 대해 들어보셨거나 방문하셨던 분이 많으실 거예요. 저는 리움미술관이 개관한 해인 2004년에 삼성문화재단 CEO의 수행비서로 근무하고 있었습니다. 그런데 리움미술관 개관을 앞두고 리움미술관 개관 준비를 위해 리움미술관 운영실로 발령이 났습니다. 미술의 문외한이었던 제가 국내 최고 미술관의 오프닝 멤버가 된 것이죠. 리움미술관 개관 업무는 제게 완전히 새로운 경험이었고, 미술의 세계에 입문하게 된 계기가 됐으며, 제 이력서에도 매우 독특한 한 줄의 경력이 됐습니다.

리움미술관에 근무할 때 어떤 아티스트가 '현대미술은 사기'라는 말씀을 하셨습니다. 듣고 보니 그럴 수도 있겠다는 생각이 들었습니다. 도저히 예술작품으로는 볼 수 없는 물건을 조금 변형했을 뿐인데, 모두가 그걸 훌륭한 작품이라고 칭송했습니다. 보는 관점에 따라 그냥 흔하게 볼 수 있는 물건이 갑자기 대단한 예술작품으로 보여지는 것이죠. 결국 어떤 프레임으로 보느냐에 따라 평범한 물건으로 보일 수도 있고 대단한 작품으로 보일 수도 있다는 것입니다.

현대 조형미술에서는 오브제^{objet}라는 것이 있습니다. 아마 한 번쯤은 들어 보셨을 거예요. 어떤 사물이 원래 기능을 잃고 조형적인 특성을 띨 때 조형미술에서는 그 사물을 오브제라고 부릅니다. 혹시 마르셀 뒤샹^{Marcel Duchamp}의 '샘^{Fountain}'이나 파블로 피카소^{Pablo Picasso}의 '황소머리^{Tête de taureau}'라는 작품을 본 적이 있나요? 뒤샹의 '샘'은 남자 소변기로 만든 작품이고, 피카소의 '황소머리'는 자전거 안장과 손잡이로 만든 작품입니다. 어떤 사물이 이질적으로 결합될 때 또는 고유의 환경에서 벗어나 이질적 환경에 배치될 때, 그 사물은 예술적인 감흥을 불러일으키는 혁신적인 오브제로 탈바꿈돼 위대한 작품으로 보여집니다. 프레임은 예술에도 영향을 미치고 있는 것이죠.

프레이밍 효과와 전망이론

우리는 3장에서 전망이론을 공부했습니다. 전망이론에 따르면 사람들은 이득 상황에서는 확실성 효과 때문에 위험회피적이 돼 확실한 보상이 주어지는 안정적인 선택을 하고, 손실 상황에서는 반사 효과와 손실회피 성향 때문에 위험선호적이 돼 불확실한 대안을 선택하게 됩니다. 이 말을 프레이밍 효과와 엮어서 표현해 볼게요.

> "사람들이 어떤 선택을 할 때 긍정 프레임하에서는 위험회피적인
>
> 선택을 하고, 부정 프레임하에서는 위험선호적인 선택을 합니다."

　이처럼 의사결정의 환경을 긍정적인 프레임으로 설정하느냐 또는 부정적인 프레임으로 설정하느냐에 따라 위험에 대한 사람들의 태도가 바뀌며, 선택의 결과도 달라집니다. 그런데 기대효용이론에 의하면 주어진 프레임에 상관없이 사람들은 기대효용이 가장 큰 대안을 선택한다고 합니다. 즉 기대효용이론에서는 프레임이 사람들의 선호체계에 영향을 미칠 수 없다는 것이죠. 따라서 주어진 프레임에 따라 위험에 대한 태도와 선택의 결과가 달라질 수 있다는 행동경제학의 주장은 주류경제학의 기대효용이론과 큰 차이를 보이는 것입니다.

　한편 우리는 2장에서 인간은 편향, 휴리스틱 등과 같이 정보처리와 관련된 오류 때문에 비합리적인 의사결정이나 행동을 한다고 배웠습니다. 그런데 사람들은 정보처리 오류가 없더라도 비합리적인 선택을 하는데요. 그 이유는 사람들의 선호체계preference system 자체가 일관성이 없기 때문입니다. 주류경제학에서 전제하는 합리적 인간은 어떤 것을 일관되게 좋아하거나 싫어하고, 또는 어떤 것을 다른 것에 비해 상대적으로 일관되게 좋아하거나 싫어합니다. 즉 인간의 선호체계가 일관적이라는 것입니다. 하지만 행동

경제학에 따르면 사람들이 좋아하거나 싫어하는 대상이 가진 속성 때문이 아니라, 그 대상이 사람들에게 어떻게 보여지느냐 또는 어떻게 설명되느냐에 따라 대상에 대한 사람들의 선호가 바뀐다고 합니다. 즉 프레임의 변화에 따라 사람들의 선호도 변한다는 것입니다.

예를 들면 어떤 사람이 특정한 내기에 참여할지 말지를 선택하는 것은 그 사람에게 해당 내기를 어떻게 설명하느냐(혹은 어떻게 물어보느냐)에 따라 결과가 달라진다는 것입니다. 해당 내기의 위험(손실)을 먼저 설명한 후에 얻게 될 이득을 얘기하면 내기에 참여할 확률이 낮아지고, 반대로 이득을 먼저 설명한 후에 위험을 얘기하면 내기에 참여할 확률이 높아진다는 것입니다.

투자에 관한 의사결정을 할 때도 마찬가지입니다. 투자에 따른 위험을 먼저 설명하고 투자에 따른 수익을 나중에 설명하면 실제 투자할 확률이 낮아지고, 반대로 투자로 인한 수익을 먼저 설명하고 투자 위험을 나중에 설명하면 투자할 확률이 높아집니다. 만약 투자자가 합리적 선택을 한다면 투자 위험과 수익이 어떻게 설명되느냐에 상관없이 오직 위험과 수익률 간의 관계만을 보고 투자 여부를 결정해야 합니다. 하지만 현실은 그렇지 않다는 것이 행동경제학의 주장입니다.

행동경제학에서는 사람들의 선호체계는 일관성이 없기 때문에 어떻게 설명하느냐, 어떻게 보여주느냐, 어떤 순서로 물어보느냐 등에 따라 사람들의 선택이 달라진다고 주장합니다. 프레이밍 효과가 나타나기 때문인 것이죠. 문제의 본질보다는 문제를 보여주는 틀, 즉 프레임이 사람들의 선택에 영향을 미친다는 것입니다.

아시아 질병 문제

이번에는 "문제가 제시되는 방식(프레임)에 따라 사람들의 선택이 달라진다."는 프레이밍 효과와 관련된 트버스키와 카너먼의 연구 결과를 소개하겠습니다[Tversky and Kahneman 1981]. 행동경제학에서는 너무나도 유명한 연구인데요. 아시아 질병 문제Asian Disease Problem가 제시되는 방식(프레임)에 따라 사람들의 응답이 달라진다는 연구입니다.

주류경제학에서 말하는 합리성은 일관성consistency과 정합성coherence 조건을 모두 만족시켜야 합니다. 일관성이란 어떠한 상황에서도 개인의 선호preference는 변함이 없어야 한다는 것을 의미합니다. 예를 들면 어떤 사람이 사과보다 배를 더 선호한다면, 그 사람은 누가 어떤 형식으로 물어보든지 선호의 변함없이 사과보다는 배를 더 선호한다고 대답해야 합니다. 그런데 만약 그 사람이 영희가 물어볼 때는 사과보다 배를 더 선호한다고 대답하고, 철수가 물어볼 때는 배보다 사과를 더 선호한다고 대답한다면 그 사람의 선호체계는 일관성 조건을 위배하게 되는 것입니다. 한편 정합성이란 선호체계가 논리체계처럼 앞뒤가 서로 맞물려 있어야 함을 의미합니다. 예를 들면 어떤 사람이 사과보다 배를 더 선호하고 배보다 체리를 선호한다면, 그 사람은 당연히 사과보다는 체리를 더 선호해야 합니다. 그런데 만약 그 사람이 체리보다 사과를 더 선호한다고 말하면 그 사람의 선호체계는 정합성 조건을 위배하게 되는 것입니다.

트버스키와 카너먼은 아시아 질병 문제를 통해 사람들이 프레이밍 효과 때문에 합리성의 조건 중 일관성을 위배한다는 사실을 밝혀냈습니다[Tversky and Kahneman 1981]. 즉 의사결정 프레임decision frame이 사람들의 선호를 바꾸게 만든다는 것이죠. 의사결정 프레임이란 의사결정자가 선택의 상황을 인식하는 관점 또는 문제를 바라보는 관점이라고 정의할 수 있습니다. 의사결정자가 어떤 의사결정 프레임을 취하느냐는 문제의 구성방식과 의사결정자의 성향에 따라 결정됩니다. 트버스키와 카너먼은 문제의 구성방식이 프레이밍 효과를 일으켜 의사결정의 일관성을 저해한다고 주장합니다. 주류 경제학에서 주장하는 합리적 선택이란 문제의 구성방식이 바뀌더라도 개인의 선호는 절대 바뀌어서는 안 된다는 것을 의미합니다. 하지만 인간의 문제 인식능력과 의사결정의 불완전성 때문에 문제 구성방식의 변화는 프레임의 변화를 통해 인간의 선호체계에도 변화를 초래하게 됩니다.

그럼 트버스키와 카너먼의 아시아 질병 문제에 대해 본격적으로 알아보겠습니다. 트버스키와 카너먼은 미국 스탠포드대학교 학생들과 캐나다 밴쿠버에 있는 브리티쉬 컬럼비아대학교University of British Columbia 학생들에게 다음과 같이 두 개의 문제를 제시하고, 각각의 문제에 대한 학생들의 응답결과를 조사했습니다.

첫 번째 문제(152명 대상)

아시아에서 발생한 매우 이례적인 질병에 대해 미국이 대응책을 준비 중인데, 그 질병으로 인해 600명이 사망할 것으로 예상됩니다. 그 질병에 맞서기 위해 두 개의 대응책이 제시됐습니다. 각각의 대응책을 선택했을 때 결과는 다음과 같습니다.

- 대응책 A: 200명의 생명을 구할 수 있습니다.
- 대응책 B: 600명의 생명을 구할 확률은 1/3이고, 단 한 명의 생명도 구하지 못할 확률은 2/3입니다.

당신은 위 두 개의 대응책 중에서 어느 것을 더 선호하시나요?

대응책 A를 선택한 응답자 비율은 72%이고, 대응책 B를 선택한 비율은 28%입니다. 첫 번째 문제에서는 대다수 학생들이 위험회피적$^{\text{risk averse}}$ 성향을 보인 것이죠. 학생들에게는 200명의 생명을 확실히 구할 수 있는 대응책 A가 생명을 구할 수 있는 기대값은 200명(600명×1/3 = 200명)으로 동일하지만 위험이 내재된 대응책 B보다 훨씬 더 매력적으로 보였던 것입니다.

두 번째 문제(155명 대상)

아시아에서 발생한 매우 이례적인 질병에 대해 미국이 대응책을 준비 중인데, 그 질병으로 인해 600명이 사망할 것으로 예상됩니다. 그 질병에 맞서기 위해 두 개의 대응책이 제시됐습니다. 각각의 대응책을 선택했을 때 결과는 다음과 같습니다.

- 대응책 C: 400명이 사망할 것입니다.

- 대응책 D: 단 한 명도 사망하지 않을 확률은 1/3이고, 600명

  이 사망할 확률은 2/3입니다.

당신은 위 두 개의 대응책 중에서 어느 것을 더 선호하시나요?

대응책 C를 선택한 응답자 비율은 22%이고, 대응책 D를 선택한 비율은 78%입니다. 사실 대응책 A와 C, 대응책 B와 D는 동일한 대응책입니다. 즉 첫 번째 문제와 두 번째 문제는 사실상 동일한 문제라는 것입니다. 그럼에도 불구하고 첫 번째 문제에 대한 답변 결과와 달리 두 번째 문제에서는 대다수 학생들이 대응책 D를 선택했습니다. 대다수 학생들이 위험선호적risk taking 성향을 보인 것이죠. 확실하게 400명이 사망하는 것보다는 2/3의 확률로 600명이 사망(600명×2/3 = 400명)하는 것이 훨씬 더 낫다고 생각한 것입니다.

연구결과를 종합해 보면 이득과 관련된 선택의 상황에서 사람들은 위험회피적이 돼 확실한 이득을 선택하고, 손실과 관련된 선택의 상황에서는 위험선호적이 돼 불확실한 손실을 선택합니다. 이처럼 사람들의 선택이 일관적이지 않은 이유는 문제 구성방식이 사람들의 위험에 대한 태도에 영향을 미쳐 프레이밍 효과가 나타나기 때문입니다. 즉 문제를 구성해 보여주는 프레임이 선택의 결과를 좌우하며, 이러한 프레임 때문에 인간의 선호가 일관적이지 못하게 된다는 것입니다.

디폴트값 효과

디폴트값 효과^{default sensitivity}라는 개념이 있는데, 초기값 효과라고도 부릅니다. 기억하실지 모르겠지만 2장에서 관성을 설명할 때 잠깐 언급했습니다. 디폴트값 효과란 사람들이 자신에게 최적은 아니더라도 이미 설정된 초기옵션^{default option} 또는 기본설정을 변경하지 않고 그대로 선택하는 것을 말합니다. 예를 들면 사람들은 스마트폰이나 컴퓨터를 사면 출시될 때 설정된 기본설정을 바꾸지 않고 그대로 유지하려는 성향을 보입니다. 비록 자신의 이익에 꼭 맞지는 않더라도 이미 기본으로 설정된 초기옵션을 그대로 선택하는 것이죠. 여러 개의 옵션 중에서 어느 것으로 디폴트값이 설정돼 있느냐에 따라 사람들의 선택이 달라지게 됩니다. 따라서 디폴트값이 어떻게 설정돼 있느냐 자체도 프레임인 거죠. 그리고 대부분의 사람들은 그 디폴트값 프레임(또는 기본설정 프레임)을 벗어나지 못한 채 디폴트값을 계속 유지하게 됩니다.

한편 디폴트값 효과는 이미 설정된 디폴트값을 변경하지 않고 그대로 유지한다는 측면에서 현상유지 편향(또는 관성)과도 유사한 개념이라고 볼 수 있습니다. 또한 지금 디폴트값을 변경함으로써 향후 상황이 더 좋아지거나 또는 더 나빠질지 확실히 알 수 없다면, 디폴트값 변경으로 인해 향후에 혹시라도 상황이 더 나빠져 손실이 발생할 수 있는 가능성을 지금 회피한다는 측면에서 볼 때, 디폴트값 효과는 손실회피 성향과도 관련이 있다고 볼 수 있습니다.

뇌과학에 따르면 뇌는 게으름을 좋아한다고 합니다. 뇌는 생각을 많이 하기보다는 가급적이면 생각을 적게 하는 것을 더 좋아한다는 것인데요. 따라서 뇌의 게으름이 인간의 생각을 멈추게 할 수도 있는 거죠. 디폴트값은 일종의 자동모드입니다. 뇌가 생각하지 않아도 자동으로 실행이 되는 거죠. 뇌는 자동모드를 좋아합니다. 인간의 뇌가 자동모드에 적응이 되면 관성이 생깁니다. 자동모드에 익숙해진 뇌가 변화를 싫어하게 되는 거죠. 변화가 생기면 생각을 많이 해야 하니까요. 관성으로 인해 뇌가 선호하는 자동모드는 더욱더 강화되는 것입니다.

유튜브에는 자동재생 기능이 있습니다. 고객이 보는 동영상이 끝난 후에 고객이 별도의 동영상을 선택해서 재생을 클릭하지 않아도 다른 추천 동영상이 자동으로 재생되는 기능입니다. 자동재생 기능을 좋아하지 않는 사람들도 있지만, 우리의 뇌는 게으르기 때문에 자동재생 기능은 뇌가 선호하는 기능이라고 말할 수 있습니다. 따라서 자동재생 기능을 싫어하면 사용자들이 기본설정을 해제해야 하는데, 대부분의 사용자들은 그냥 자동재생 기본설정을 유지하는 것입니다.

동영상을 추천만 한다면 시청하지 않을 수도 있습니다. 시청에 대한 선택권은 여전히 사용자들에게 있으니까요. 하지만 추천한 동영상을 자동재생 시킨다면 사용자들은 어쩔 수 없이 추천 동영상을 시청하게 됩니다. 단순히 콘텐츠 영상을 추천만 하는 것이 아니라, 자동재생 함으로써 사용자들이 콘텐츠를 강제로 소비하게 만드는 것이죠. 기본설정을 좋아하는 뇌의 게으름을 이용한 마케팅이라고 할 수 있습니다.

퇴직연금과 디폴트옵션

직장인이라면 퇴직연금에 대해 들어봤을 거예요. 퇴직연금에는 DB형과 DC형이 있습니다(개인형 퇴직연금인 개인형 IRP^{Individual Retirement Pension}까지 포함하면 세 가지 유형이 있음). DB형^{Defined Benefit}은 확정급여형이라고 하고, DC형^{Defined Contribution}은 확정기여형이라고 합니다. DB형 퇴직연금은 일반적인 퇴직금과 비슷합니다. 회사가 직원에게 줄 퇴직금을 금융기관에 적립하고 운용도 회사가 합니다. 그리고 회사는 운용수익률을 책임집니다. 손실이 나면 회사가 떠안고, 수익이 나면 회사가 가져가는 식이죠. 따라서 회사는 운용수익률에 관계없이 '직원의 퇴직직전 3개월 평균급여×근무연수'에 해당하는 확정금액을 직원 퇴직 시에 지급하면 됩니다. 반면 DC형 퇴직연금의 경우 회사가 총 임금(연차수당, 상여금, 휴일근무수당 포함)의 1/12를 직원의 퇴직계좌로 매년 입금해줘야 하고, 직원은 이 금액을 직접 운용합니다.

그런데 2019년 우리나라 DC형 퇴직연금의 운용현황을 보면 80.5%가 원리금 보장형이고 9.1%는 실적배당형, 나머지는 대기성 자금입니다. 실적배당형의 경우도 채권혼합형과 채권형이 70.7%로 매우 보수적으로 운용되고 있습니다. 문제는 DC형 퇴직연금의 목적이 20~30년간 퇴직급여를 적립해 노후자금을 준비하는 것인데, 원리금 보장형 중심의 투자전략으로는 이러한 목적을 달성하는 데 한계가 많다는 것입니다. 주요 선진국의 DC형 퇴직연금의 운용에서는 주식의 비중이 20~60%로 높은 편이고 채권, 대체투자 등 투자자산이 다양합니다. 상황이 이렇다 보니 실제로 DC형 퇴직연금의 5년 연평균 수익률은 1.92%(2019년 기준)로 매우 낮은 수준인 반면, 국민연금의 5년 연평균 수익률은 4.11%(2018년 기준)나 됩니다.[이석훈 2020]

따라서 DC형 퇴직연금의 투자수익률을 높이려면 DC형 가입자들이 원리금 보장형상품 위주로 선택하는 행동을 바꾸도록 해야 합니다. 그러기 위해서는 디폴트값 효과를 활용해야 합니다. 즉 DC형 퇴직연금 가입자가 퇴직연금 운용상품을 직접 선택하지 않은 경우, 미리 디폴트값으로 설정된 투자운용상품(주식형펀드와 주식혼합형펀드 포함)이 자동으로 선택되는 디폴트옵션default option 제도를 도입하면 됩니다. 미국, 호주, 스웨덴, 영국 등은 행동경제학의 디폴트값 효과를 활용한 디폴트옵션을 성공적으로 도입했습니다. 우리나라 정부는 노후자금 대비를 위해 퇴직연금의 안전한 관리보다는 수익성 제고를 지향하고 있습니다. 아마도 디폴트옵션은 이를 구현하기 위한 효과적인 방안이 되리라고 생각합니다.[이석훈 2020]

지금은 맞고 그때는 틀리다

과연 시간에도 프레이밍 효과가 나타날까요? 정답은 'YES'입니다. 시간이 사람들의 관점에 영향을 미칠 수 있다는 것입니다. 행동경제학에서는 이러한 현상이 발생하는 이유를 시점 간 선택^{inter-} temporal choice이 개인의 효용이나 의사결정에 영향을 미치기 때문이라고 설명합니다. 시간이 지남에 따라 사람의 생각이 바뀌는 것은 심리적 현상이자 경제적 현상입니다.

시간에도 프레이밍 효과가 있다는 사실을 보여주는 영화 제목이 있습니다. 바로 홍상수 감독의 「지금은 맞고 그때는 틀리다」는 영화인데요. 영화 제목에서 바로 프레이밍 효과가 느껴지죠. 시간이 바뀌니 동일한 대상에 대한 평가도 달라지는 거예요. 지금의 기준(프레임)으로 판단하면 지금은 맞고 당연히 그때는 틀렸다는 것이지요. 시간이 바뀌었으니(프레임이 바뀌었으니) 풍경도 달라진 것입니다.

영화를 보신 분들은 알겠지만, 이 영화는 1부와 2부로 나뉘어져 있습니다. 하지만 사실상 같은 사건을 배경으로 하고 있죠. 1부와 2부의 차이는 남자 주인공의 성격입니다. 1부에서는 남자 주인공이 가식적이며 여자를 유혹하려는 속물처럼 보입니다. 하지만 2부에서는 남자 주인공이 진솔하며 심지어 지적으로도 보입니다. 남자 주인공의 성격에 변화를 줘 관객에게 같은 사건을 다른 관점(프레임)에서 바라보도록 만드는 거죠. 아마도 '그때'는 1부이고, '지금'은 2부가 아닐까 하는 생각이 드는데요. 이 영화가 관객에게 던지는 메시지는 사랑은 진솔함의 관점에서 바라보아야 맞는 것이고, 진솔함의 핵심은 지금의 감정이며, 따라서 사랑을 할 때는 지금의 감정에 충실해야 한다는 것 같습니다. 프레이밍 효과와 관련이 있는 메시지라고 생각하시나요? 물론 홍상수 감독이 프레이밍 효과를 염두에 두고 영화 제목을 짓고 시나리오를 썼는지는 잘 모르겠습니다.

동일한 시간 즉 동일한 1초, 1분, 1시간, 하루, 1개월, 1년, 10년이라도 사람에 따라 느끼는 시간의 속도는 다릅니다. 어린이들은 시간이 느리게 가는 것처럼 느끼겠지만, 어른들은 시간이 참 빨리 흘러간다고 생각합니다. 그래서 어린이들은 어른들보다 빨리 지루함을 느끼고 인내심이 약합니다. 어린이들은 시간이 느리게 간다고 생각하기 때문에 가만히 참고 기다리는 것을 잘 못합니다. 따라서 어린이들은 조급하게 의사결정을 할 때가 많은 거죠.

저는 어릴 때 강원도 철원의 시골에서 자랐는데요. 집 근처에 냇가가 있었습니다. 여름이 되면 저는 유리로 된 통발을 들고 냇가에 물고기를 잡으러 갔습니다. 통발 안에 된장이나 깻묵을 넣은 후 통발이 물에 떠내려가지 않도록 물 속에 잘 고정시켜 놓고 한참을 기다립니다. 시간이 정말 늦게 갑니다. 매우 지루한 기다림의 시간이죠. 제 생각에는 꽤 오랫동안 기다렸다고 생각하고 통발을 꺼내 봅니다. 통발에는 물고기가 거의 없습니다. 왜 제 통발에는 물고기가 거의 없었을까요? 저는 통발을 오래 기다렸다고 생각했지만, 사실은 10분도 채 기다리지 않았던 거예요. 그러니 당연히 통발에 물고기가 거의 들어있지 않았던 거죠. 그런데 어른들이 설치한 통발에는 항상 물고기가 가득했습니다. 어른들은 통발을 놓은 후 오래 기다렸기 때문입니다.

그래서 저도 통발을 놓고 나서 오래 기다리는 방법을 생각해 냈습니다. 통발을 놓은 후에 통발만 바라보며 시간이 가기만을 기다리는 것이 아니라, 친구들과 실컷 놀고 난 후에 통발을 꺼내 보는 것이죠. 통발을 놓고 친구들과 함께 수영을 하고 물싸움을 하고 다슬기도 잡다 보면 시간이 참 빨리 갔습니다. 그러고 나서 통발을 꺼내 보면 항상 물고기가 가득했습니다. 같은 사람이라도 상황에 따라 동일한 길이의 시간에 대해 어느 때는 짧다고 느끼고, 어떤 때는 길다고 느끼는 것입니다.

주식투자를 할 때 어떤 사람이 장기투자를 잘 한다면, 그 사람이 느끼는 시간의 속도는 다른 사람들보다 빠를 가능성이 높습니다. 다르게 말하면 묻어 두고 기다릴 수 있는 인내심이 강한 사람이죠. 반대로 인내심이 약한 투자자는 장기투자보다는 단타매매를 좋아할 거예요. 인내심이란 '시간이 흐르는 속도에 대한 느낌'의 함수라고 표현해도 좋을 것 같습니다.

앞에서도 언급했지만 어른이 되면 시간이 참 빨리 흘러간다고 느낍니다. 그래서 어른들은 늘 시간이 없다고 말하죠. 저도 그렇습니다. 어른이 된다는 건 참 좋지 않은 것 같아요. 제가 좋아하는 신해철의 곡에는 어른들이 시간의 속도를 어떻게 생각하는지 표현하는 가사가 있습니다. 제가 개인적으로 가장 좋아하는 노래인 '나에게 쓰는 편지' 중에는 다음과 같은 가사가 나옵니다.

언제부턴가 세상은

점점 빨리 변해만 가네

나의 마음도 조급해지지만

우리가 찾는 소중함들은

항상 변하지 않아

가까운 곳에서

우릴 기다릴 뿐 오~

'나에게 쓰는 편지'는 신해철이 20대 초반에 쓴 곡입니다. 20대 초반은 어른의 시작입니다. 그래서 세상이 점점 빨리 변해가는 것에 조급함을 느끼게 되는 것 같습니다. 시간은 빨리 지나가는데 별로 해 놓은 게 없다는 생각이 드니까 자꾸 초조해지는 거예요. 신해철이 20대 중반에 결성한 그룹 넥스트의 노래 중에 '도시인'이라는 곡이 있는데, 여기에도 시간의 속도에 관한 가사가 나옵니다.

어젯밤 술이 덜 깬 흐릿한 두 눈으로

자판기 커피 한 잔 구겨진 셔츠 샐러리맨

기계 부속품처럼 큰 빌딩 속에 앉아

점점 빨리 가는 세월들

This is the city life!

모두가 똑같은 얼굴을 하고

손을 내밀어 악수하지만

가슴속에는 모두 다른 마음

각자 걸어가고 있는 거야

아무런 말없이 어디로 가는가

함께 있지만 외로운 사람들

샐러리맨들은 진짜 어른이죠. 샐러리맨들의 삶은 매일 매일의 일상이 반복되기 때문에 그들에게 시간(세월)은 정말 빨리 가는 것처럼 보일 거예요. 그래서 샐러리맨들은 일상으로부터의 일탈을 꿈꿉니다. 그리고 그 일탈의 목적은 아마도 시간이 천천히 흐르는 여유 속에 느끼는 힐링일 거라는 생각을 해봅니다.

시간의 프레임과 경제적 가치 판단

한편 시간(시점)은 사람들의 경제적인 가치 판단에도 영향을 미칩니다. 주류경제학에서는 동일한 100만 원을 받더라도 2년 후에 받는 100만 원보다는 지금 당장 받는 100만 원의 가치가 더 큽니다. 2년 후에 받는 100만 원의 현재가치present value가 100만 원보다 더 작기 때문입니다. 연간 이자율을 5%라고 가정할 때, 2년 후에 받는 100만 원의 현재가치는 다음과 같은 수식으로 표현할 수 있습니다(계산해보면 약 90만 7천 원). 여기서 PV는 Present Value, 즉 현재가치를 의미합니다.

$$PV = \frac{100만\ 원}{(1+5\%)^2}$$

위 내용을 좀 더 일반화한 수식으로 표현하면 다음과 같습니다. 여기서 PMT는 payment, 즉 받는 돈의 금액을 의미합니다. r은 연간 이자율을 의미하고요.

$$PV = \frac{PMT}{(1+r)^n}$$

이러한 주류경제학의 현재가치 개념을 이용해 한 가지 흥미로운 예를 들어보겠습니다. 헷갈릴 수 있으니 천천히 읽어주세요. 현재는 2022년 1월이고, 3년 후인 2025년 1월에 100만 원을 받게 돼 있습니다(인플레이션은 없다고 가정함).

'2022년 1월 현재 2025년 1월에 받게 될 100만 원에 대해 느끼는 가치'와 1년 후인 '2023년 1월 기준 2025년 1월에 받게 될 100만 원에 대해 느끼는 가치' 중에서 어떤 것이 더 클까요? 100만 원을 받는 시기가 1년 더 가까워진 후자의 가치가 더 클 거예요.

마찬가지로 1년 후인 '2023년 1월 기준 2025년 1월에 받게 될 100만 원에 대해 느끼는 가치'보다는 2년 후인 '2024년 1월 기준 2025년 1월에 받게 될 100만 원에 대해 느끼는 가치'가 더 큽니다. 100만 원을 받는 시기가 더 가까워지니까요.

그리고 당연히 2년 후인 '2024년 1월 기준 2025년 1월에 받게 될 100만 원에 대해 느끼는 가치'보다는 3년 후인 '2025년 1월이 됐을 때 받게 될 100만 원에 대해 느끼는 가치'가 더 커집니다.

2025년 1월은 100만 원을 실제로 받는 시점이니까요.

　이 내용을 '각각의 시점에서 느끼는 현재가치'라는 관점에서 다음과 같이 표현해 보겠습니다. 윗부분의 '연월'은 시점이고, 아랫부분의 '분수로 된 숫자'는 각 시점에서 느끼는 100만 원에 대한 현재가치입니다. 연간 이자율은 5%이고, 인플레이션은 없다고 가정할게요.

2022년 1월	2023년 1월	2024년 1월	2025년 1월
●	●	●	●
$\dfrac{100만\ 원}{(1+5\%)^3}$	$\dfrac{100만\ 원}{(1+5\%)^2}$	$\dfrac{100만\ 원}{(1+5\%)^1}$	$\dfrac{100만\ 원}{(1+5\%)^0}$

　미래의 어떤 시점에 받게 될 돈(100만 원)에 대해 시점별로 느끼는 가치가 시간이 경과함에 따라(시점이 바뀜에 따라) 어떻게 변하는지를 주류경제학의 현재가치를 활용해 설명했는데요. 결론은 돈을 실제로 받는 시점이 가까워질수록 그 돈의 현재가치는 점점 더 커진다는 것입니다. 당연한 얘기이며 주류경제학의 주장과도 일치합니다. 이 내용의 핵심은 시점이 프레임 역할을 한다는 것입니다. 시점이라는 프레임이 바뀌면 돈의 가치도 바뀐다는 의미입니다.

　그런데 미래의 어떤 시점에 누리게 되는 혜택이 100만 원이라는 돈이 아니라 몰디브 여행인 경우에도 같은 논리가 성립할까요? 주류경제학의 입장에서는 현금 100만 원이든 몰디브 여행이든 둘 다 재화이기 때문에 결론은 같아야 합니다. 즉 재화를 획득하는 시점이 가까워질수록 그 혜택의 가치는 상승해야 하죠. 정말 그런지 알아볼게요.

경현이와 친구들은 두 달 후에 열흘 간 휴가를 내서 몰디브로 여행을 가기로 결정했습니다. 몰디브 여행이 아직 한참 남았지만 경현이는 벌써부터 기분이 좋아졌습니다. 그래서 몰디브 여행이 결정되자마자 가족과 회사 동료들에게 자랑도 했습니다. 하지만 경현이는 몰디브 여행일이 점점 가까워질수록 처음 몰디브 여행을 결정했을 때만큼 좋지가 않았습니다. 왜 그럴까요? 여행준비가 귀찮아지는 거예요. 여권도 신청해야 하고, 비행기표 예약에 호텔도 알아봐야 하고, 준비물도 사야 하는 데다 구체적인 여행계획도 짜야 하고, 휴가 전에 업무 인수인계도 해야 하는 게 너무 귀찮아지는 겁니다. 그래서 몰디브 여행일이 다가올수록 경현이가 느끼는 몰디브 여행의 가치는 점점 더 작아지게 됩니다. 시점이 바뀌면서 경현이가 느끼는 재화(몰디브 여행)의 가치도 변하는 것입니다. 시간의 프레임이 작동한 것이죠.

그런데 재화를 획득하는 시점이 다가올수록 그 재화의 가치가 오히려 감소하는 현상은 앞서 100만 원의 현금을 받는 예에서 살펴본 주류경제학의 논리와 배치됩니다. 시간 프레임은 어떤 과정을 통해 재화의 획득 시점이 가까워질수록 사람들이 느끼는 재화의 가치를 오히려 더 작게 만드는 걸까요?

일반적으로 사람들은 미래에 받을 혜택의 가치에 대해서는 높게 평가하려는 경향이 있습니다. 무언가의 미래가치를 높게 평가한다는 것은 미래를 희망적으로 계획한다는 뜻입니다. 하지만 미래가 점점 현실이 돼 다가오면 계획대로 진행되지 않는다는 걸 알게 됩니다. 계획대로 진행하는 것이 어려울 수도 있고 귀찮을 수도 있는 것이죠.

사람들은 어떤 것의 미래가치를 높게 평가하기 때문에 계획오류planning fallacy에 빠집니다. 계획오류란 모든 일은 항상 계획(예상)보다 더 오래 걸린다는 건데요. 즉 계획대로 안된다는 의미입니다. 미래에 높은 가치를 부여해 희망찬 미래계획을 세우지만, 시간이 지나면서 최초의 희망적인 계획은 현실에서 계획대로 진행되지 않는다는 사실을 깨닫게 되죠. 그래서 시간이 지나면서 사람들이 느끼는 미래 혜택의 가치는 감소하게 됩니다.

골프 라운딩 약속을 잡을 때는 기분이 매우 좋지만, 막상 당일 새벽에 골프 치러 가려고 새벽에 일찍 일어나는 게 귀찮았던 적이 있나요? 골프 라운딩 며칠 전까지는 막 설레었지만, 막상 전날이나 당일이 되니까 썩 가고 싶지 않을 때가 있습니다. 정확히 말하면 가고 싶지 않다기보다는 귀찮은 거죠. 골프 치러 갈 준비를 해야 하는데, 그게 귀찮은 거예요. 그래서 골프 라운딩 일정이 가까워지면서 우리가 느끼는 골프 라운딩의 가치가 하락하는 겁니다. 하지만 막상 골프장에 도착해서 필드에 나가 골프를 치면 기분이 좋아집니다. 아이러니하죠.

강대국의 내로남불

내로남불이라는 말을 자주 들어보셨을 거예요. '내가 하면 로맨스고, 남이 하면 불륜'이라는 말인데, 내로남불도 일종의 프레임입니다. 기혼 남녀 간의 관계를 로맨스의 프레임으로 보느냐, 불륜의 프레임으로 보느냐에 따라 유불리가 달라지기 때문입니다. 자신의 남녀관계는 로맨스의 프레임으로 보고, 남들의 남녀관계는 불륜의 프레임으로 보는 거죠. 따라서 내로남불은 자신의 부도덕한 행동을 합리화하려는 프레임이라고 할 수 있습니다.

영국 케임브리지대학교 경제학과 장하준 교수의 『사다리 걷어차기』Kicking Away the Ladder (부키, 2004)와 『나쁜 사마리아인들』Bad Samaritans (부키, 2018)을 읽어보면 강대국의 전형적인 내로남불 프레임 행태를 발견할 수 있습니다. 그것은 바로 강대국이 자유무역 프레임과 보호무역 프레임을 상황에 따라 자국에 유리하게 바꿔 사용하면서 자국의 이익을 극대화했다는 것이죠. 보호무역에 대해서는 내가 하면 자국의 유치산업infant industry을 보호하기 위한 정책으로 보지만, 남이 하면 자유무역을 침해하는 이기적인 행동이라고 보는 식입니다. 반면 자유무역에 대해서는 내가 하면 세계 무역을 촉진시키는 행동으로 보지만, 남이 하면 내 나라의 유치산업을 위협하는 적대적 행위라고 보는 것입니다. 보호무역 프레임으로 자유무역을 비판하다가 상황이 바뀌면 자유무역 프레임으로 보호무역을 비판하는 것이죠.

영국은 높은 관세, 즉 보호무역을 통해 자국 산업의 경쟁력을 높인 후 미국 등에 자유무역을 강요했습니다. 보호무역을 주장한 독일의 경제학자 프리드리히 리스트Friedrich List는 영국의 이러한 내로남불 행위를 'Kicking away the ladder(사다리 걷어차기)'로 불렀다고 합니다. 자기는 보호무역이라는 사다리를 타고 올라간 후에 다른 나라들은 못 올라오도록 사다리를 걷어 차버렸기 때문입니다.

미국의 초대 재무장관이었던 알렉산더 해밀턴Alexander Hamilton은 영국의 자유무역에 반대하면서, 과거에 영국이 그랬던 것처럼 미국의 유치산업을 보호하기 위해 관세를 인상하는 보호무역 정책을 채택합니다. 미국의 보호무역 정책은 미국이 완전한 경제대국이 될 때까지 무려 150년 가까이 계속됐습니다. 그리고 경제대국이 된 미국은 이제 다른 나라들에게 자유무역을 강요하게 된 것이죠. 미국도 영국처럼 사다리 걷어차기를 해버린 것입니다.

서는 데가 바뀌면 풍경도 달라지는 거야

최규석 작가의 「송곳」이라는 웹툰을 읽어봤거나 들어봤을 거예요. JTBC에서 2015년 10월부터 11월까지 드라마로도 방영됐습니다. 다음Daum 포탈에서 검색해보니 '대형마트에서 벌어진 한 사건을 중심으로 묵묵히 자신의 일을 해 나가던 평범한 직장인들이 난관에 맞서 싸우며, 세상의 부조리를 날카롭고 적나라하게 드러낸 드라마'라고 소개하고 있네요. 드라마 「송곳」을 보면 명대사가 많이 나오는데, 저는 그중에 다음 대사가 가장 기억에 남습니다.

"당신들은 안 그럴 거라고 장담하지 마. 서는 데가 바뀌면 풍경도
달라지는 거야."

제 생각에 이 대사는 프레이밍 효과를 가장 잘 보여준다고 생각
합니다. 동일한 대상일지라도 어디서 보느냐에 따라 보이는 풍경
이 달라집니다. 또는 같은 사람일지라도 그 사람이 처한 상황에 따
라 보이는 풍경이 달라진다는 것이죠. 즉 동일한 사람이라도 사회
적 지위나 경제적 상황이 달라지면 그 사람이 세상을 바라보는 관
점도 달라지게 된다는 것입니다. 지위가 낮았을 때 보이는 풍경과
높은 지위에 올랐을 때 보이는 풍경이 다릅니다. 약자였을 때 보
이는 풍경과 강자가 됐을 때 보이는 풍경이 다릅니다. 가난했을 때
보이는 풍경과 부자가 됐을 때 보이는 풍경이 다릅니다. 무주택일
때는 정부의 종부세 인상에 호의적일 확률이 높지만, 막상 자신이
강남 아파트를 소유하고 난 뒤에는 종부세 인상에 호의적이지 않
게 될 가능성이 높겠죠.

프레이밍 효과를 극복할 수 방법은 아마도 역지사지易地思之일 거
예요. 입장을 바꿔 생각해보는 것인데요. 만약 세상 모든 사람이
역지사지의 경지에 이르게 된다면 우리가 사는 세상의 모든 갈등
은 거의 다 없어질지도 모르죠. 그만큼 어려운 문제입니다.

카인과 아벨

혹시 헤르만 헤세Hermann Hesse의 소설 『데미안Demian』을 읽어보셨나

요? 아마도 청소년기 때 한 번쯤 읽어봤을 거예요. 데미안은 주인 공인 싱클레어의 친구입니다. 곤경에 빠진 싱클레어를 도와주고 싱클레어가 어른으로 성장하는 과정에서 멘토와 같은 역할을 하 죠. 어느 날 데미안은 카인과 아벨(아담과 이브의 두 아들)에 대해 학 교 선생님과는 다른 평가를 합니다. 데미안은 카인이 아벨을 죽인 사건을 선악관계(선한 자와 악한 자)의 프레임이 아니라 권력관계 (강한 자와 약한 자)의 프레임으로 바라봅니다. 카인은 강하고 용감 한 사람인 반면, 아벨은 유약하고 비겁한 사람이라고 평가한 것입 니다.

카인과 아벨에 대한 이야기가 나오는 구약성경의 창세기 4장 1절부터 15절까지의 내용을 인용해 보겠습니다.

아담이 그 아내 하와(이브)와 동침하매 하와가 잉태하여 가인(카인) 을 낳고 이르되 내가 여호와(하나님)로 말미암아 득남하였다 하니 라. 그가 또 가인의 아우 아벨을 낳았는데 아벨은 양 치는 자이었 고 가인은 농사하는 자이었더라.

세월이 지난 후에 가인은 땅의 소산으로 제물을 삼아 여호와께 드렸고 아벨은 자기도 양의 첫 새끼와 그 기름으로 드렸더니 여 호와께서 아벨과 그 제물은 열납하셨으나 가인과 그 제물은 열납 하지 아니하신지라.

가인이 심히 분하여 안색이 변하니 여호와께서 가인에게 이르시 되 네가 분하여 함은 어찜이며 안색이 변함은 어찜이뇨. 네가 선을 행하면 어찌 낯을 들지 못하겠느냐. 선을 행치 아니하면 죄가 문에 엎드리느니라. 죄의 소원은 네게 있으나 너는 죄를 다스릴 지니라.

가인이 그 아우 아벨에게 고하니라. 그 후 그들이 들에 있을 때 가인이 그 아우 아벨을 쳐죽이니라. 여호와께서 가인에게 이르시되 네 아우 아벨이 어디 있느냐. 그가 가로되 내가 알지 못하나이다. 내가 내 아우를 지키는 자이니까.

가라사대 네가 무엇을 하였느냐. 네 아우의 핏소리가 땅에서부터 내게 호소하느니라. 땅이 그 입을 벌려 네 손에서부터 네 아우의 피를 받았은즉 네가 땅에서 저주를 받으리니 네가 밭 갈아도 땅이 다시는 그 효력을 네게 주지 아니할 것이요. 너는 땅에서 피하며 유리하는 자가 되리라.

가인이 여호와께 고하되 내 죄벌이 너무 중하여 견딜 수 없나이다. 주께서 오늘 이 지면에서 나를 쫓아내시온즉 내가 주의 낯을 뵈옵지 못하리니 내가 땅에서 피하며 유리하는 자가 될지라. 무릇 나를 만나는 자가 나를 죽이겠나이다.

여호와께서 그에게 이르시되 그렇지 않다. 가인을 죽이는 자는 벌을 칠 배나 받으리라 하시고 가인에게 표(표적)를 주사 만나는 누구에게든지 죽임을 면케 하시니라.

데미안은 싱클레어에게 카인과 아벨에 대한 이야기를 완전히 다르게 설명합니다. 데미안은 성경처럼 오래된 이야기는 항상 사실이지만 언제나 사실대로 기록돼 있지도 않고, 언제나 사실대로 설명되지도 않는다고 말합니다. 카인은 힘이 세고 용감하고 늠름한 젊은이였는데 사람들이 그를 두려워해서 그에게 우화를 덧붙여 놓았다는 것이죠. 그 우화는 하나의 소문이었고, 사람들이 사방에 떠들고 다녔다고 합니다. 하지만 카인과 그 자손들은 표적을 지니고 있었고 다른 사람들과 달랐다는 것은 사실이라고 말합니다.

데미안은 카인이 아벨을 죽인 건 분명 사실이라고 말합니다. 강한 사람(카인)이 약한 사람(아벨)을 쳐 죽였다는 것입니다. 하지만 모든 인간은 형제이기 때문에 그 둘이 정말 형제였는지 아니었는지는 중요하지 않다고 말합니다. 어쩌면 그건 영웅적인 행위였을지도 모르고 어쩌면 그렇지 않았을지도 모르죠. 중요한 것은 사람들이 그 사람을 두려워하고 있었다는 사실입니다. 그런데 누군가 "왜 너희들도 그 사람을 쳐 죽이지 않는가?"라고 물으면 그들은 "그는 너무 강하고 우리가 약한 겁쟁이기 때문입니다."라고 말하지 않고, "그는 하나님이 주신 표적을 갖고 있기 때문에 그렇게 할 수는 없습니다."라고 말했다는 것이죠.

데미안이 카인과 아벨을 바라보는 프레임에 따르면 카인이 하나님으로부터 받은 표적은 강함, 용감함, 영웅 등을 상징하는 것입니다. 우리가 어떤 프레임에서 사건이나 현상을 바라보느냐에 따라 누군가(카인)는 악한 가해자가 될 수도 있고, 반대로 강한 영웅이 될 수도 있습니다. 그리고 또 다른 누군가(아벨)는 선한 피해자가 될 수도 있고, 반대로 유약한 겁쟁이가 될 수도 있는 것이죠. 그래서 프레임이 무서운 것입니다.

기후변화

기후변화를 둘러싼 프레임 전쟁도 있습니다. 기억이 날지 모르지만 2017년 6월에 도널드 트럼프 미국 대통령은 파리기후변화협약의 탈퇴를 선언했습니다. 트럼프 대통령은 기본적으로 기후변화를 막기 위한 인류의 행동이 불필요하다고 생각했습니다. 파리기후변화협약 때문에 미국의 노동자, 기업, 납세자가 불공정한 경제적 부담을 지고 있다고 주장했습니다.

트럼프 대통령은 이러한 자신의 주장을 합리화하기 위해 '기후변화 부정론'의 프레임을 채택했습니다. '기후변화 부정론'의 프레임이란 기후변화의 원인이 인간 활동이라는 것을 부정하는 프레임입니다. 인간 활동이 기후변화를 초래한 것이 아니기 때문에 기후변화를 막기 위한 인간의 행동도 불필요하다는 논리였습니다. 문제를 바라보는 프레임을 바꿔 자신의 주장을 자연스럽게 합리화한 것입니다.

한편 기후변화, 지구온난화, 환경문제 등과 같이 인류가 직면한 문제를 '현재의 문제라는 프레임'에서 바라볼 수도 있고 '미래의 문제라는 프레임'으로 바라볼 수도 있습니다. 기후변화 등의 문제를 현재의 문제라는 프레임으로 바라본다면 해당 문제를 지금 당장 해결하기 위해 한시라도 빨리 해결책을 모색해야 합니다. 하지만 현재의 문제라는 프레임이 아니라 미래의 문제라는 프레임으로 전환해 바라본다면 이들 문제에 대응하려는 인류의 노력은 적극적이지 않을 것입니다. 따라서 프레임은 행동action과 실천praxis의 문제이기도 합니다.

노동시간 감축

노동시간 감축을 둘러싼 프레임 전쟁이 있습니다. 우리나라는 2018년 7월부터 주 52시간 노동이 법제화돼 시행 중입니다. 주 52시간제 도입 초기에는 많은 논란이 있었지만, 지금은 많이 정착된 모습입니다.

미국에서는 지금으로부터 약 120여 년 전에 노동시간 감축과 관련된 논란이 있었습니다. 1894년에 뉴욕시의 한 제과점에서 일하던 노동자가 장시간 노동으로 사망하는 사건이 발생합니다. 당시 제과점 노동자들은 좁고 밀폐된 공간, 화덕에서 나오는 뜨거운 열기, 가스 연기 등의 매우 열악한 노동환경에서 오랜 시간 일을 했습니다. 그래서 제과점 노동자들은 노동조합을 결성하고 하루 10시간 이상 노동을 반대하게 됩니다. 이듬해 뉴욕주 의회는 제과점 노동자들의 주장을 받아들여 하루 10시간, 주 60시간 노동을 법제화합니다.

그런데 얼마 후 조셉 로크너Joseph Lochner라는 제과점주가 이 법을 위반해 벌금형을 선고받게 되자, 로크너는 이 법이 노동자의 노동할 권리와 계약의 자유를 침해했다며 연방대법원에 위헌소송을 제기합니다. 연방대법원은 로크너의 손을 들어주지만, 이 사건은 노동시간에 대한 사회적 논쟁을 불러일으킵니다. 결국 정부 중재로 1913년에 제과점주와 노동자들은 하루 10시간 노동에 합의하고, 1938년에는 연방정부 차원에서 하루 8시간, 주 40시간 노동을 법으로 정하게 됩니다.

노동시간 단축과 관련된 갈등은 노동자와 사용자 간 프레임의 갈등이기도 합니다. 노동자들의 프레임은 '노동자의 권익 보호를 위해 노동시간 단축이 필요하다는 것'(노동자 권익보호 프레임)입니다. 반면 사용자들의 프레임은 로크너의 주장처럼 '노동시간 단축이 노동자의 일할 권리를 제한하며 사용자와 노동자 간 계약의 자유를 규제한다는 것'(노동자의 노동권 제한 프레임)입니다. 각각의 프레임이 주장하는 내용이 각자의 프레임 내에서는 설득력이 있기는 하나, 역사의 수레바퀴는 결국 노동시간 단축의 방향으로 굴러가고 있음은 분명해 보입니다.

매몰비용

매몰비용sunk cost이라는 개념은 아마도 평소에 자주 들어봤을 거예요. 매몰비용이란 과거에 이미 지출돼 현재는 회수할 수 없는 비용을 의미합니다. 주류경제학에서는 현재 시점에 의사결정을 할 때는 반드시 미래 시점의 비용과 편익만을 고려대상에 넣어야 하며, 과거 시점에 투입돼 회수가 불가능한 매몰비용은 고려하지 않는 것이 합리적인 행동이라고 말합니다. 그래서 사람들이 의사결정 과정에서 매몰비용의 영향을 받으면 "매몰비용의 오류를 범했다."

고 말합니다[신임철 2020].

　사람들이 의사결정을 할 때 매몰비용을 고려하는 것도 일종의 프레이밍 효과입니다. 사람들이 의사결정을 위해 고려해야 할 비용을 바라볼 때 미래에 발생할 비용뿐만 아니라 매몰비용까지 포함해서 바라보기 때문이죠. 즉 사람들은 스스로 설정한 매몰비용이라는 프레임에서 쉽게 벗어나지 못합니다. 그래서 매몰비용은 사람들의 의사결정에 항상 영향을 미칩니다. 사람들은 실제 의사결정을 할 때 매몰비용을 고려하는 경우가 매우 많으며, 아마도 대부분의 사람들이 그럴 거라 생각합니다.

　일상생활에서 발견할 수 있는 매몰비용의 예는 많습니다. 기업에서 어떤 프로젝트에 많은 돈을 투입한 후 후속투자 여부를 결정할 때, 과거 해당 프로젝트에 많은 돈이 들어갔다는 이유만으로 후속투자를 결정하는 것은 매몰비용 프레임 때문입니다. 탄소중립을 달성하기 위한 노력이 전 세계적으로 진행되는데, 정부가 과거에 큰 돈을 투자해서 건설 중인 화력발전소의 2단계 공사를 시행할지 여부를 결정할 때, 과거에 투자한 큰 돈을 포기할 수 없어 계속 공사를 진행하는 것도 매몰비용의 오류를 범한 것입니다.

　매몰비용과 관련된 재밌는 문제를 살펴보겠습니다. 저는 수업시간에 학생들에게 다음과 같은 질문을 한 적이 있습니다.

　"공연티켓을 공짜로 받았는데 폭설이 내리고 있는 상황이라면 과연 폭설을 뚫고 공연을 보러 갈 건가요?"

대다수 학생들은 공연장에 가지 않겠다고 답했습니다. 다음에는 질문을 좀 바꿔서 해봤습니다.

"공연티켓을 10만 원 주고 샀는데, 폭설이 내리고 있는 상황이라 면 과연 폭설을 뚫고 공연을 보러 갈 건가요?"

대다수 학생들은 공연을 보러 가겠다고 답했습니다. 공짜 공연 티켓은 내 돈을 주고 산 것이 아니기 때문에 아까울 게 없어서 그 냥 포기해 버릴 수도 있지만, 내 돈 10만 원을 주고 산 공연티켓은 포기할 수 없어서 아까운 마음에 폭설을 뚫고 공연을 보러 가는 것이죠. 이유는 매몰비용을 고려했기 때문입니다.

학생들에게 또 다른 질문도 해봤습니다.

"공짜로 받은 공연티켓을 가지고 공연을 보러 갔는데, 공연이 너 무 지루하고 재미없었습니다. 그래도 공연을 끝까지 볼 건가요?"

대부분의 학생들은 공연 중간에 나올 거라고 답했습니다. 다음 에는 질문을 좀 바꿔서 해봤습니다.

"10만 원짜리 공연티켓을 사서 공연을 보러 갔는데, 공연이 너무 지루하고 재미없었습니다. 그래도 공연을 끝까지 볼 건가요?"

대부분의 학생들은 공연을 끝까지 보겠다고 답했습니다. 내 돈 10만 원을 주고 산 공연티켓이 아까워서 공연을 끝까지 보겠다는 것이죠. 이 또한 매몰비용 효과 때문입니다.

한편 매몰비용 효과는 돈뿐만 아니라 시간에 대해서도 나타납니다. 오랫동안 연애를 한 연인이 헤어지지 못하는 이유, 한 회사를 오래 다닌 직장인이 이직을 결정하지 못하는 이유, 오랜 기간 고시공부를 한 고시생이 고시를 포기하지 못하는 이유, 오랜 시간 미운 정 고운 정을 쌓아 온 부부가 이혼하지 못하는 이유 등도 매몰비용 때문입니다. 그동안 쏟아 부은 시간이 아까워서 포기를 못하는 것이죠.

매몰비용은 도박사의 오류gambler's fallacy와 매우 비슷한 측면이 있습니다. 도박사의 오류란 어떤 사건이 확률적으로 서로 독립적인 사건임에도 불구하고, 만약 그 사건이 최근에 일어났다면 앞으로 그 사건이 일어날 확률은 낮아지리라는 믿음을 말합니다.(Clotfelter and Cook 1993). 즉 도박사의 오류란 상호 독립적으로 일어나는 확률사건이 서로의 발생확률에 영향을 미친다는 착각에서 기인한 논리적 오류를 말합니다. 도박사들이 앞에서 일어난 사건과 그 뒤에 일어날 사건이 서로 독립돼 있다는 확률이론의 가정을 받아들이지 않기 때문에 '도박사의 오류'라고 명명된 것이죠. 예를 들면 동전을 던져서 앞면이 10회 연속으로 나오면 그 다음에는 뒷면이 나올 확률이 거의 100%일 것이라고 착각하는 것입니다. 사실 동전을 던지는 행위는 각각 독립사건이기 때문에 서로 영향을 미치지 않습니다. 앞서 동전 앞면이 10번 나온 것은 그 다음에 동전을 던질 때는 고려할 사실이 전혀 아님에도 불구하고, 이를 고려하게 되는 것은 매몰비용 프레임 때문인 것이죠.

　카지노 게임의 예를 들어볼게요. 카지노 게임을 하는 사람들은 카지노 게임이 여러 번 지고 한 번 이기는 구조로 설계돼 있다고 생각하기 때문에, 카지노 게임의 객관적인 기대값이 비록 마이너스(-)라고 할지라도 그들이 인식하는 주관적인 기대값은 플러스(+)일 수 있습니다. 따라서 카지노 게임을 하는 사람들은 여러 번 잃은 후에도 더 잃을 위험을 무릅쓰고 카지노 게임을 계속합니다[Rachlin et al. 2014]. 즉 지금까지 계속 잃었으니 이번에는 딸 확률이 매우 높을 것이라는 확신을 갖고 카지노 게임을 계속하는 것이지요. 카지노 게임에서도 매몰비용 효과가 발생한다는 것을 보여주는 연구 결과이며, 도박사의 오류와 정확히 일치하는 내용입니다.

　복권을 사는 사람들의 심리도 마찬가지입니다[Clotfelter and Cook 1993]. 영구는 2개월 전부터 매주 로또복권을 만 원어치씩 구매하고 있습니다. 하지만 영구는 운이 나쁘게도 지금까지 아무것도 당첨되지 않았습니다. 그래도 영구는 마음 속으로 회심의 미소를 짓고 있습니다. 2개월 연속 아무것도 당첨되지 않았으니 이제 당첨될 때가 됐다고 생각하기 때문입니다. 때가 무르익었다고 착각하는 겁니다. 그래서 영구는 다음 주에도 로또복권을 사기로 했습니다. 만약 다음 주에도 당첨되지 않으면 영구는 자신의 당첨 확률이 오히려 더 올라갔다는 희망으로 그 다음 주에도 로또복권을 살 것입니다.

매몰비용이 사람들의 의사결정에 미치는 영향에 대해 그동안 광범위한 연구가 진행돼 왔음에도 불구하고, 매몰비용은 여전히 논란의 대상이 되고 있습니다. 그 이유는 크게 두 가지인데요. 첫 번째는 매몰비용을 고려한 의사결정을 반드시 비합리적인 행동이라고 단정할 수는 없기 때문입니다. 주류경제학에 따르면 매몰비용은 합리적 의사결정을 할 때 고려할 대상으로는 적합하지 않다고 합니다. 하지만 이러한 주류경제학의 전통적인 견해와는 반대로, 일반적인 의사결정 환경에서는 고려해야 할 정보의 양과 내용, 예산의 제약, 시간적인 제한 때문에 매몰비용에 기반해 의사결정을 하는 것이 효율적이고 합리적일 수 있다는 주장이 있습니다. 인간의 제한된 합리성 때문에 모든 사항을 완벽하게 고려할 수 없으니, 매몰비용 프레임에 따라 의사결정을 하는 것이 합리적인 행동이 될 수도 있다는 주장입니다[McAfee et al. 2010].

두 번째 이유는 매몰비용 효과가 항상 크다고 할 수는 없기 때문입니다. 매몰비용과 시간의 관계에 대해 연구한 결과에 따르면 매몰비용을 의사결정에 활용하기로 결정한 이후 시간이 지남에 따라 매몰비용 효과는 점차 약해진다는 사실이 밝혀졌습니다. 또한 사람들이 나이가 들어갈수록 의사결정 과정에서 매몰비용 효과에 빠질 위험성이 점점 더 작아진다고 합니다[Roth et al. 2015]. 시간이 해결해 주는 거죠. 결국 매몰비용의 프레이밍 효과에도 "이 또한 지나가리라 This Too Shall pass"의 법칙이 적용되는 것 같습니다.

화폐착각

돈의 가치는 사람들이 어떤 프레임에서 돈을 바라보느냐에 따라 달라집니다. 사람들은 돈의 가치를 얼마나 정확하게 알고 있을까요? 어떤 관점에서 돈의 가치를 바라봐야 돈의 실질적 가치를 정확하게 파악할 수 있을까요? 행동경제학은 사람들이 돈의 가치를 제대로 인지하지 못하기 때문에 돈과 관련해서 비합리적인 선택을 한다고 주장합니다. 사람들은 쉽게 화폐착각money illusion[4]에 빠진다는 것인데요. 이때 화폐착각이란 화폐의 실질적인 가치의 증감에 대해 정확하게 인식하지 못하는 상태 또는 화폐의 실질가치보다는 명목가치로 화폐가치를 판단하는 것을 의미합니다.

화폐의 실질가치는 물가 수준의 변동에 따라 변합니다. 화폐의 실질가치는 물가가 상승하면 하락하고, 반대로 물가가 하락하면 상승하는 것이죠. 하지만 사람들이 화폐착각에 빠지면 물가 수준의 변동이 화폐의 실질가치에 미치는 영향을 객관적으로 인식하지 못하고, 오직 화폐의 양(명목가치)으로만 화폐의 가치를 판단하게 됩니다. 즉 사람들은 화폐가치를 판단할 때 인플레이션inflation을 거의 고려하지 않는다는 것이죠. 따라서 화폐착각은 인플레이션을 고려하지 않은 관점(프레임)에서 화폐가치를 평가하는 심리라고 바꿔 말할 수 있습니다.

---

4 '화폐환상'이라고 부르기도 합니다. 미국의 경제학자 어빙 피셔(Irving Fisher, 1867~1947)가 그의 저서 『화폐 착각(Money Illusion)』(정명진 옮김, 부글북스, 2016)에서 처음으로 주장한 내용입니다. 피셔는 이 밖에도 피셔 방정식(Fisher Equation)으로도 유명합니다. 피셔 방정식은 '실질이자율(i) = 명목이자율(r) - 기대인플레이션(π)'을 말합니다. 아마도 경제학원론이나 거시경제학을 배우실 때 들어봤을 거예요. 화폐착각과 피셔 방정식의 결론은 화폐와 이자율은 모두 인플레이션을 고려해야만 실질적인 수준을 정확히 파악할 수 있다는 것입니다.

제가 수업시간에 학생들에게 임금인상과 관련해 다음 두 가지 중에서 어느 쪽 임금인상안을 더 선호하는지 물었습니다.

A안: 임금상승률 7%, 물가상승률 5%

B안: 임금상승률 3%, 물가상승률 0%

과반이 넘는 학생들이 A안을 선택했습니다. 화폐착각 때문이죠. 실질 임금상승률은 A안(7%-5%=2%)보다 B안(3%-0%=3%)이 더 높습니다. 하지만 학생들은 화폐착각 때문에 물가상승률은 제대로 고려하지 않은 채 임금상승률만으로 임금인상안을 선택한 것입니다. 학생들은 화폐착각으로 인해 비합리적인 선택을 하게 된 것이지요.

화폐착각은 우리에게 본질과 실질에 집중하는 것이 얼마나 중요한지를 알려줍니다. 우리가 합리적인 선택을 하려면 절대적 측면이 아니라 상대적 측면을 반드시 고려해 본질과 실질을 정확히 판단해야 합니다. 그렇지 않으면 경제적으로 손해를 볼 수도 있습니다.

공정성

우리 사회에서 큰 화두 중의 하나는 의심의 여지없이 공정성^{fairness} 또는 공정입니다. 공정도 행동경제학에서 다루는 중요한 개념 중 하나입니다. 특히 로버트 쉴러 교수의 중요한 연구 대상이기도 합니다[Akerlof and Shiller 2009]. 동일한 현상도 어떤 프레임에서 바라보느냐에 따라 공정할 수도 있고 공정하지 않을 수도 있습니다.

예를 하나 들어볼게요. 어느 날 갑자기 강원도 철원에 엄청난 폭설이 내렸습니다. 주민들은 눈을 치우기 위해 눈 삽(눈을 치우는 삽)을 사려고 철물점으로 달려갔습니다. 철물점 주인인 종진이는 원래 눈 삽을 한 개당 2만 원에 팔았습니다. 하지만 눈 삽을 사려는 주민들이 급격히 늘어나자 종진이는 눈 삽의 가격을 4만 원으로 올렸습니다. 가격이 두 배나 오른 것이죠. 대다수의 주민들은 종진이의 가격 인상이 공정하지 않다고 불만을 제기했습니다. 종진이가 폭설이 내린 후에 눈 삽을 새로 비싸게 구매해 주민들에게 비싸게 판 것이 아니라, 원래 재고로 보유하던 눈 삽(과거에 싼 값으로 사 놓았던 눈 삽)을 주민들에게 비싸게 팔았기 때문입니다.

주류경제학에서는 수요공급이론에 따라 수요가 늘어나면 가격이 오르는 것은 당연한 결과입니다. 따라서 주류경제학의 주장에 따르면 종진이의 가격 인상은 너무나도 당연한 결정입니다. 눈 삽에 대한 수요가 증가했기 때문에 눈 삽의 가격을 올린 것이니까요. 하지만 종진이는 판매할 눈 삽을 사기 위해 비용을 더 많이 지불하지 않았는데도 폭설이라는 주민들의 불운을 이용해 눈 삽의 가격을 올렸기 때문에 주민들은 종진이의 가격 인상이 공정하지 못하다고 불만을 제기한 것입니다[Akerlof and Shiller 2009; Kahneman et al. 1986]. 즉 주류경제학의 수요공급이론 프레임에 따르면 종진이의 눈 삽 가격 인상은 올바른(공정한) 행동이지만, 행동경제학의 공정 프레임에 따르면 종진이의 가격 인상은 불공정한 행동이라는 것이지요.

2021년 11월에 발생한 요소수 대란도 마찬가지입니다. 요소는 석탄에서 만들어지고, 요소수는 요소와 물을 1:2로 섞어 만드는 요소 수용액입니다. 요소수는 디젤 차량에서 질소산화물을 저감하는 촉매제 역할을 하는데, 우리나라에서는 환경보호를 위해 요소수가 없으면 차량의 시동이 걸리지 않도록 법으로 규제하고 있습니다. 그런데 중국과 호주 간 무역분쟁으로 중국이 호주에서 석탄 수입을 금지하자 중국에서는 석탄이 부족해졌고, 따라서 중국의 요소 생산도 감소하게 된 것입니다. 우리나라는 요소 수입의 97%를 중국에 의존하기 때문에 요소수 대란이 일어났습니다. 요소수가 부족해지자 디젤 차량이 멈춰버렸습니다. 그리고 요소수를 찾는 사람들이 많아지자 요소수 판매업자들은 가격을 대폭 인상했습니다. 국민들은 요소수 판매업자들의 가격 인상을 공정하지 않다고 생각했습니다. 요소수 부족이라는 국민들의 고통을 이용해 돈을 벌고자 요소수 가격을 올렸기 때문입니다. 주류경제학의 수요공급이론 프레임에 따르면 요소수 가격 인상은 정상적인(공정한) 결정이지만, 행동경제학의 공정 프레임에 따르면 요소수 가격 인상은 불공정한 행동인 것이죠.

우리나라 정치권에서도 공정은 뜨거운 이슈입니다. 사실 공정은 앞에서도 살펴봤듯이 상대적인 개념이기 때문에 현실정치에서 무기로 쓰기에는 매우 위험한 측면이 있습니다. 사건이나 현상을 어떤 프레임에서 바라보느냐에 따라 공정한지의 여부가 바뀔 수 있으니까요. 아마도 현실정치에서 공정은 완전무결한 정치인에게만 효과적인 무기가 될 수 있을 거라고 봅니다. 내로남불이라는 비판을 받아서는 안 되니까요. 하지만 문제는 완전무결한 정치인이 세상에 존재하기가 쉽지 않다는 것이죠. 따라서 공정을 정치의 무기로 사용하는 것은 결국 자가당착이 될 가능성이 높습니다. 선택적인 공정은 공정이 아닙니다. 그냥 프레임일 뿐이죠.

엄마는 왜 노점상에게 콩나물을 살 때 값을 깎으려고 할까?: 심리적 회계

김수한 추기경이 생전에 남긴 인생덕목에는 "노점상에게 물건 살 때 값을 깎지 마라."는 말씀이 있다고 합니다. 그런데 엄마는 왜 노점에서 콩나물을 살 때 값을 꼭 깎으려고 할까요? 그리고 가격을 깎아봤자 얼마 안 될 텐데, 왜 그렇게 적극적으로 값을 깎으려고 할까요? 그건 바로 누구나 마음 속에 갖고 있는 심리적 회계^{mental} ^{accounting} 때문입니다.

심리적 회계의 정의

심리적 회계란 개인이 돈의 사용과 관련된 활동을 스스로 계획하고, 평가하고, 추적하기 위해 사용하는 암묵적인 과정^(Thaler 1999; Thaler 2008)입니다. 즉 심리적 회계란 기업이 예산을 관리하듯이 개인도 마음 속에 스스로 설정한 여러 계정^{account}별로 한도, 수입, 지출 등을 관리하는 것을 말합니다. 심리적 회계란 사람들이 각자의 마음 속에 있는 계정마다 서로 다른 선호체계를 적용하는 경향이라고 할 수 있는데요. 사람들이 각 계정의 돈을 다른 계정의 돈과 구분해 계정 간 돈의 성격이 아예 다르다고 생각하는 심리적 편향인 것이죠. 따라서 심리적 회계는 사람들이 스스로 설정한 돈 관리 프레임이라고 할 수 있습니다. 심리적 회계가 프레이밍 효과를 일으켜 사람들의 수입과 지출에 관한 의사결정에 영향을 미치는 것입니다.

심리적 회계는 주류경제학에서 가정하는 화폐의 전용가능성^{fungibility}에 역행하는 개념입니다. 화폐의 전용가능성이란 화폐를 어떤 경로로 취득했건 간에(일을 해서 벌었든지 또는 공짜로 받았든지 간에 상관없이) 화폐라는 사실은 동일하기 때문에, 서로 다른 용도(계정)로 전용 가능함을 의미합니다. 하지만 사람들은 실제 생활에서 심리적 회계 때문에 각 계정에 할당된 화폐는 다른 계정으로 전용하지 않고 그 화폐가 속한 계정 내에서만 사용합니다. 사람들은 실제 소비 활동을 할 때 이러한 심리적 회계의 영향을 많이 받습니다. 따라서 심리적 회계는 경영학의 소비자행동consumer behavior, 마케팅, 가격정책 등에서 많은 시사점을 주고 있습니다[Thaler 2008].

심리적 회계와 관련된 간단한 예를 들어볼게요. 사람들은 가전제품 매장에서 100만 원짜리 스마트폰을 살 때는 흔쾌히 구입하지만(스마트폰 계정), 노점상에서 콩나물 3천 원어치를 살 때는 주저하는 경우가 있습니다(콩나물 계정). 사람들은 동일한 현금이라도(동일한 1원이라도) 스마트폰 계정에 할당된 현금과 콩나물 계정에 할당된 현금의 성격이 서로 다르다(동일한 1원이 아니다)고 생각하기 때문입니다. 즉 두 계정에 있는 현금은 서로 전용이 불가능하다는 것이죠. 그래서 엄마는 시장 노점상에게 콩나물을 살 때 어떻게 해서든지 조금이라도 값을 깎아보려고 노점상과 적극적으로 흥정하는 것입니다.

좀 더 쉽게 이해하기 위해 엄마의 심리적 회계를 들여다보겠습니다. 엄마는 콩나물 가격은 2천 원이면 적당할 것 같다고 생각해서 엄마 마음 속의 콩나물 계정에 2천 원이라는 예산(한도)을 배정했어요. 그런데 노점상이 콩나물 가격이 3천 원이라고 말하니 엄마는 3천 원이라는 가격이 비쌀 뿐만 아니라 엄마의 콩나물 계정 예산(한도)를 초과한다고 생각하게 됩니다. 따라서 엄마는 콩나물 구매를 잠시 주저하며 콩나물 가격을 천 원이라도 깎아보려고 노력하게 되는 것이죠. 엄마는 엄마의 다른 심리적 계정인 스마트폰 계정에서 천 원을 전용해 콩나물 값 3천 원을 지불해도 되지만, 심리적 회계 때문에 전용 결정을 쉽게 못하는 것입니다.

그런데 사람들이 아파트 매매를 위해 가격협상을 할 때는 어떤 가요? 사람들이 수억 원이 넘는 아파트를 거래할 때 계약하는 자리에서 또는 전화로 최초 제시된 가격에서 적게는 수백만 원, 많게는 수천만 원을 즉석에서 깎거나 올려서 매매가격을 결정하는 경우를 종종 볼 수 있습니다. 사람들은 노점에서 콩나물을 살 때는 천 원을 깎을지 말지를 두고 노점상과 실랑이를 벌이는데, 아파트 거래를 할 때는 수백만 원 또는 수천만 원의 가격조정을 바로 해버립니다. 사람들의 마음 속에 있는 콩나물 계정과 아파트 계정이 서로 다르기 때문입니다. 각 계정에 속한 1원의 성격이 서로 다르다는 뜻이죠. 그래서 각 계정 간 전용이 쉽지 않은 것입니다.

한편 카지노 게임을 하는 사람들도 심리적 회계의 영향을 받습니다. 사람들의 마음 속에는 지출뿐만 아니라 소득과 관련해서도 심리적 계정이 존재합니다. 소득은 크게 두 가지로 나눠볼 수 있습니다. 하나는 어렵고 힘들게 번 소득이고, 다른 하나는 공짜로 받거나 쉽게 번 소득입니다. 따라서 심리적 소득계정에는 '힘들게 번 소득계정'과 '손쉽게 번 소득계정'이 존재할 수 있습니다. 사람들은 손쉽게 번 소득을 낭비할 가능성이 높습니다. 쉽게 벌었으니 쉽게 쓰는 거죠. 복권 당첨금이 그렇습니다. 복권 당첨금을 알뜰히 계획적으로 쓰는 사람은 심리적 회계를 극복했기 때문에 정말 대단한 자기통제력을 가졌다고 봐야 합니다. 사람들은 복권당첨금, 게임에 이겨서 딴 돈, 경마로 딴 돈, 카지노 게임이나 도박을 해서 딴 돈 등과 같은 일종의 '불로소득'은 일상적인 보통의 소득과는 다른 계정으로 취급해서 카지노 게임이나 도박에 지출하려는 경향이 강하다고 하는데, 이러한 경향 역시 심리적 회계 때문이라고 말할 수 있습니다[Thaler 1999; Thaler and Johnson 1990].

심리적 회계는 투자에도 영향을 미칩니다. 바로 앞에서 심리적 회계의 소득계정에는 '힘들게 번 소득계정'과 '손쉽게 번 소득계정'이 있다고 했는데요. 투자자들은 공짜로 얻거나 쉽게 번 돈에 대해서는 자신에게 추가로 주어진 돈이라고 인식하기 때문에 위험부담이 큰 자산에 과감하게 투자할 가능성이 높습니다.

기말고사 문제

로버트 쉴러 교수가 가르치던 행동경제학 수업의 기말고사 문제였던 걸로 기억하는데, 다음과 같은 질문에 대해 답변을 적고 왜 그렇게 생각하는지 이유를 기술하는 문제였습니다.

Q1. 온라인에서 「오페라의 유령」 뮤지컬 티켓 한 장을 10만 원에 구매했습니다. 그런데 공연장에 도착해보니 뮤지컬 티켓을 잃어

버렸다는 걸 알게 됐습니다. 공연장 티켓박스에서 티켓을 현장 구매해서 뮤지컬을 볼 건가요?

Q2. 친구한테서 「오페라의 유령」 뮤지컬 티켓 한 장을 공짜로 받았습니다. 그런데 공연장에 도착해보니 뮤지컬 티켓을 잃어버렸다는 걸 알게 됐습니다. 공연장 티켓박스에서 티켓을 현장 구매해서 뮤지컬을 볼 건가요?

첫 번째 질문에 저는 구매하지 않겠다고 답했습니다. 이미 제 마음 속 뮤지컬 티켓 계정에서 10만 원을 써버렸기 때문이죠. 심리적 회계가 작동한 것입니다. 10만 원을 주고 뮤지컬 티켓을 또 한 장 사는 것은 과하다고 생각한 것입니다.

두 번째 질문에 대해서는 현장구매를 하겠다고 답했습니다. 잃어버린 뮤지컬 티켓은 내 돈으로 산 것이 아니라 친구한테서 공짜로 받은 것이기 때문에 저의 마음 속 뮤지컬 티켓 계정에는 변동이 없는 것이죠. 역시 심리적 회계가 작동한 것입니다. 기꺼이 티켓을 현장 구매해서 「오페라의 유령」을 보겠다고 답안지에 적었습니다.

사실 이 질문은 앞서 살펴본 매몰비용과도 관련이 있습니다. 뮤지컬 티켓을 현장 구매할지 말지를 결정하는 데 있어서 잃어버린 티켓이 과거에 내 돈 10만 원을 주고 샀는지 또는 친구한테서 공짜로 받았는지는 전혀 고려할 바가 아니기 때문입니다. 이 의사결정에서 가장 중요하게 고려해야 할 것은 지금 내가 「오페라의 유령」을 얼마나 보고 싶어 하느냐입니다.

어쨌든 주류경제학의 관점에서는 이 두 질문에 대한 답변이 상이해서는 안 됩니다. 심리적 회계와 매몰비용 모두 뮤지컬 티켓을 현장 구매할지 말지를 결정할 때 고려해서는 안 되는 심리적 요인이기 때문입니다.

소비자 행동

일반적으로 행동경제학에서는 인간의 심리요인이 비합리적인 행동을 초래한다고 하는데요. 심리적 회계도 과연 그럴까요? 심리적 회계는 소비자행동에 어떤 영향을 미칠까요? 심리적 회계는 소비자행동에 두 종류의 서로 상반된 영향을 미칩니다. 첫 번째는 심리적 회계에 관한 대부분의 실증 연구에서는 심리적 회계가 소비자의 비합리적 행동을 심화한다는 것입니다. 두 번째는 소비자가 사치재, 쾌락재, 쇼핑, 엔터테인먼트, 금융투자 등과 같은 상품이나 서비스를 소비할 때는 심리적 회계가 소비자의 비합리적 행동을 완화한다는 것입니다. 그럼 이제 심리적 회계가 소비자행동에 미치는 두 가지의 상반된 영향에 대해 좀 더 자세히 알아보겠습니다 (신임철 2020)

첫째, 심리적 회계가 소비자의 비합리적 행동을 심화한다는 연구결과를 살펴보겠습니다.

사람들은 운 좋게 얻은 소득을 다른 일반적인 소득보다 쉽게 그리고 즉시 써버린다고 합니다[Arkes et al. 1994; Bodkin 1959; Epley and Gneezy 2007; Kreinin 1961; Levav and McGraw 2009]. 실험에 참가한 대가로 예상보다 더 많은 참가비를 받은 학생들은 원래 받기로 예상한 참가비를 받은 학생들보다 참가비를 더 쉽게 유흥비로 써버렸다고 합니다[Arkes et al. 1994; Levav and McGraw 2009]. 사람들은 일반적인 소득보다 복권 당첨금을 가지고 있을 때 전문 마사지, 공연 티켓 등의 쾌락재[1]를 더 쉽게 구매한다고 합니다[Levav and McGraw 2009; O'Curry and Strahilevitz 2001]. 사람들은 본인이 일을 해서 번 돈(힘들게 번 소득계정)보다는 운 좋게 얻은 돈이나 공짜로 얻은 돈(손쉽게 번 소득계정)을 더 쉽게 써버린다고 해요. 그리고 본인이 원래 갖고 있던 돈보다는 카지노에서 딴 돈으로 베팅할 때 더 공격적으로 베팅한다고 합니다[Thaler 1999; Thaler and Johson 1990].

대형 마트에서는 소비자들에게 기프트 카드(상품권)를 판매하는데요. 특정 마트에서만 사용 가능한 기프트 카드로 결제하는 소비자는 동일한 상품이더라도 현금이나 신용카드로 결제하는 소비자들보다 그 특정 마트에서 파는 상품을 더 선호한다고 합니다. 소비자가 특정 마트의 기프트 카드를 갖고 있다는 것은 그 소비자의 마음 속에 그 특정 마트의 계정이 만들어졌음을 의미하기 때문입니다. 예를 들면 A마트 기프트 카드를 가지고 A마트에 가서 고등어를 사는 소비자는 다른 소비자들보다 A마트 고등어를 더 선호한다는 의미죠. A마트에서는 기프트 카드로 고등어를 살 수 있지

---

1 쾌락재(hedonic goods)란 소비자가 즐거운 경험을 위해 구매하는 상품을 말합니다. 예를 들면 여행 상품, 미술품, 골프용품 등이 있습니다. 쾌락재의 반대말은 실용재(utilitarian goods)입니다. 실용재는 생필품으로 치약, 칫솔, 비누 등이 해당됩니다.

만, 다른 마트에서는 그 기프트 카드로 고등어를 살 수 없으니까요
(Reinholtz et al. 2015).

소비자들은 기프트 카드를 마음 속의 쾌락재 계정에 두는 경향
이 있다고 합니다. 그래서 소비자가 기프트 카드로 상품을 구매할
때 실용재보다는 쾌락재를 구매할 확률이 더 높다고 하네요. 소비
자가 기프트 카드와 현금을 모두 갖고 있을 때, 쾌락재를 구입할
때는 기프트 카드를 주로 사용합니다. 그리고 소비자가 결제수단
을 기프트 카드 한 가지만 갖고 있을 때는 다른 결제수단을 가졌
을 때보다 쾌락재를 더 많이 구입한다고 합니다. 또한 소비자는 신
용카드로 결제할 때보다 기프트 카드로 결제할 때 쾌락재를 더 많
이 구입한다고 합니다[Helion and Gilovich 2014].

소비자들이 온라인 쇼핑몰에서 쇼핑할 때, 할인쿠폰을 사용할
때가 사용하지 않을 때보다 쇼핑금액이 더 증가하는 것도 심리적
회계 때문입니다. 할인쿠폰은 '손쉽게 번 소득계정'에 포함되기 때
문입니다. 또한 할인쿠폰을 사용해 쇼핑할 때는 평소에 구매하지
않던 상품도 구매하게 된다고 합니다[Milkman 2009]. 온라인 쇼핑몰에
서 소비자들에게 왜 그렇게 적극적으로 할인쿠폰을 발송하는지
이제 이해가 되실 거예요.

3장에서 지불의 고통에 대해 설명을 했는데요. 지불의 고통도
심리적 회계와 관련이 있습니다. 소비자가 상품을 구매할 때 구매
의 즐거움과 지불의 고통을 분리하기 위해 현금(마음 속의 현금계
정)보다는 신용카드(마음 속의 신용카드계정)를 더 선호합니다. 3장

에서 언급했듯이 현금으로 결제할 때보다는 신용카드로 결제할 때 지불의 고통이 덜하기 때문입니다. 따라서 현금보다 신용카드로 구매하면 소비가 더 늘어나는 것입니다[Prelec 1998; Thaler 1999].

소비자들은 엔터테인먼트 계정 같은 특정 지출계정에 심리적으로 예산을 배정하고, 예산 대비 어느 정도 지출이 이뤄지는지 심리적으로 계속해서 추적합니다. 소비자들은 처음에 심리적 계정을 만들 때 지출계정별 예산을 정확히 예측하는 것이 아니기 때문에 어떤 지출계정에는 너무 많은 금액을 배정하지만, 다른 지출계정에는 너무 적은 금액을 배정하기도 합니다. 이러한 심리적 회계로 인해 특정 지출계정에서 과소비 또는 과소소비가 발생하는 것입니다[Heath and Soll 1996].

소비자들은 큰 금액을 일시불로 결제할 때보다는 할부로 결제할 때 심리적 회계상의 부담이 작기 때문에 일시불보다 할부로 결제할 때 소비가 증가합니다[Egan et al. 2015]. 만약 어떤 소비자의 마음속 가전제품계정 한도가 100만 원인데 110만 원짜리 냉장고를 일시불로 결제하면, 자신의 가전제품계정 한도를 초과해버리기 때문에 일시불보다는 할부로 결제하길 원할 것입니다. 그런데 할부로 결제하면 가전제품계정 한도에 여유가 생기기 때문에 소비자는 다른 가전제품도 구입하고 싶어할 수 있으므로, 전체적인 소비 금액이 증가하는 것이죠.

둘째, 심리적 회계가 소비자의 비합리적 행동을 완화한다는 연구결과를 살펴보겠습니다.

심리적 회계가 소비자의 비합리성을 완화할 수 있는 것은 소비자의 자기통제를 강화하기 때문입니다. 심리적 회계로 인해 소비자 마음 속에 회계 계정이 만들어지면, 계정 간 화폐 이동은 어려워집니다. 따라서 소비자는 각 계정의 한도 내에서만 소비를 하게 되며, 소비자는 자신의 심리적 회계 때문에 스스로 자신의 소비를 통제하게 되는 것이죠.

좀 더 자세히 알아볼게요. 심리적 회계는 소비자가 사치재, 쾌락재, 쇼핑, 담배, 엔터테인먼트, 패션, 금융투자 등과 같은 상품별로 각각의 지출계정을 만들고, 계정별로 스스로 한도를 부여한 후 각 계정 한도 내에서만 소비를 하도록 강제하기 때문에 소비자가 이들 상품을 소비할 때 소비자행동의 비합리성은 완화될 수 있습니다. 심리적 회계로 인한 자기통제 때문에 소비자는 금연을 하거나 쇼핑의 즐거움만을 위해 소비하는 행동을 자제하게 되는 것이죠 [Thaler 1985; Thaler 2008]. 심리적 회계는 소비자가 쾌락재와 사치재를 덜 구매하게 만들며[Heath and Soll 1996], 엔터테인먼트, 패션 등에 대한 소비행위를 절제하도록 하기도 합니다.[Heath and Soll 1996; Kivetz 1999]. 또한 심리적 회계는 사람들의 투자행동에도 영향을 미치는데, 투자자들은 심리적 회계를 제대로 형성하지 못했을 경우 투자를 더 늘리는 경향을 보입니다[Heath 1995]. 즉 투자자가 자신의 마음 속 투자계정의 한도를 제대로 설정하지 못하면 투자자의 자기통제력이 약해져 투자금액이 계속해서 증가할 수 있다는 것이죠.

한편 심리적 회계는 시간에도 존재합니다. 시간도 자원이기 때문에 사람들은 각자의 마음 속 활동계정별로 자신이 사용할 수 있는 시간의 양을 배분합니다[Leclerc et al. 1995]. 즉 사람들은 심리적으로 자신의 여러 가지 활동계정에 자신의 가용시간을 할당하는 것이죠. 예를 들면 사람들의 마음 속에는 공부계정, 엔터테인먼트계정 등의 다양한 활동계정이 존재하는데, 사람들은 각각의 활동계정별로 자신의 시간을 할당해서 사용하는 것입니다. 또한 당연한 얘기지만 시간에 대해 명확한 심리적 회계를 가진 사람들은 시간관리를 잘 할 가능성이 높습니다[Wang et al. 2014]. 그리고 시간이 돈보다 비대체성이 더 강하기 때문에 심리적 회계 측면에서의 비대체성(즉 전용불가능성)도 시간이 돈보다 더 강하다고 할 수 있습니다[Leclerc et al. 1995]. 돈은 대체할 수 있지만 시간은 대체가 어렵다는 얘기입니다. 따라서 시간의 심리적 회계에서는 돈의 심리적 회계보다 각 계정 간 전용가능성이 더 어려울 수도 있습니다.

자기통제

바로 앞에서 심리적 회계가 자기통제를 강화하기 때문에 결국엔 심리적 회계가 소비자의 비합리성을 완화한다는 사실을 알아봤는데요[Thaler 1985; Thaler 2008]. 그럼 여기서 잠깐 자기통제self-control에 대해 알아보겠습니다.

자기통제는 서로 다른 시점에 존재하는 대안 중에서 어떤 특정한 시점의 대안을 선택하게 만드는 심리적 요인입니다[Rachlin and Leonard 1972; Rachlin 1974]. 오랫동안 자기통제를 연구해온 심리학자들은 자기통제를 현재[now]와 미래[later] 간 대결로 표현합니다[Mischel 2014]. 즉 자기통제란 현재 시점의 보상과 미래 시점의 보상 간 선택의 갈등 이라고 할 수 있습니다[Locey et al. 2013; Rachlin 2016; Rachlin 1995]. 따라서 자기 통제가 작동하면 사람들은 현재의 작은 보상보다는 미래의 더 큰 보상을 선택하게 됩니다.

1972년에 스탠포드대학교의 월터 미셸[Walter Mischel] 교수는 자기통 제에 대해 연구하기 위해 그 유명한 마시멜로 실험(또는 스탠포드 마시멜로 실험)을 했습니다. 연구원이 방 안에 있는 어린이에게 마 시멜로 한 개를 주면서 자신이 돌아올 때까지(약 15분 동안) 마시멜 로를 먹지 않고 기다리면 돌아와서 마시멜로 두 개를 주겠다고 말 한 뒤, 그 어린이가 못 참고 마시멜로를 먹어버리는지 아니면 끝까 지 참아내는지를 관찰하는 실험이었습니다. 이 실험에서 어린이는 작지만 즉각적인(현재) 보상(마시멜로 한 개)과 크지만 기다려야만 주어지는(미래) 보상(마시멜로 두 개) 사이에서 선택을 해야 합니다. 자기통제가 강한 어린이는 기다렸다가 마시멜로 두 개를 받을 테 고, 반면 자기통제가 약한 어린이는 기다리지 않고 마시멜로 한 개 를 바로 먹어버리겠죠. 마시멜로 실험 후 후속연구를 통해 자기통 제가 SAT(미국 대학수학능력시험), 학업 성취도 등에 미치는 영향을 분석했는데, 자기통제와 경제적 배경이 각각 반반씩 영향을 미쳤 다고 합니다[Mischel 2014].

한편 자기통제와 이타주의는 모두 선택의 차원과 관련된 개념 입니다. 담배를 피우는 것 같이 상대적으로 가깝고 시간적으로 제한된 보상보다는 건강과 같이 멀거나 시간적으로 늦춰진 보상을 선택할 때, 그 사람의 행동은 충동적이기보다는 자기통제력이 있다고 말합니다. 마찬가지로 익명으로 자선단체에 기부할 때처럼 자신을 희생시키면서 다른 사람을 위한 보상을 선택할 때, 그 사람은 이기적이 아니라 이타적으로 행동한다고 말합니다[Locey et al. 2013]. 자기통제는 인간의 단기적 충동이라는 비합리적 본성을 통제하면서 자신의 장기적인 이익을 극대화하는 '시간' 차원의 개념이고, 이타주의는 이기적이라는 인간의 비합리적 본성을 제어하면서 공동체 전체의 이익을 극대화하는 '범위' 차원의 개념이라고 할 수 있습니다.

처분 효과

3장에서 공부한 처분 효과를 심리적 회계 관점에서 살펴보겠습니다. 진서는 3개월 전에 5개 회사의 주식(A, B, C, D, E)을 각 1주씩 매수해 다음 표와 같이 투자 포트폴리오를 구성했습니다. 표에는 각 회사 주식에 대한 최초 매수가격과 현재가격이 표시돼 있습니다.

주식	매수가격	현재가격	변동폭	변동률
A	100,000원	110,000원	+10,000원	+10%
B	50,000원	60,000원	+10,000원	+20%
C	200,000원	190,000원	−10,000원	−5%
D	100,000원	85,000원	−15,000원	−15%
E	70,000원	70,000원	−	−

진서가 최초에 주식을 매수할 때는 주식별로 심리적 회계계정이 만들어집니다. 즉 진서에게는 A, B, C, D, E라는 독립적인 계정이 마음 속에 만들어진 것입니다. 그리고 각 계정의 수익은 각 주식가격의 등락에 따라 플러스 또는 마이너스가 됩니다. 만약 진서가 급전이 필요해 5개 주식 중 한 개를 팔아야 한다면 아마도 A 또는 B 주식을 매도할 것입니다. C와 D는 손실이 발생하고 있기 때문에 해당 계정을 손실로 마감하고 싶지는 않을 거예요. 손실회피 성향을 보이는 것입니다. 따라서 진서는 C와 D를 계속 보유할 확률이 높습니다. 하지만 A 또는 B 주식을 팔면 처분 효과 때문에 해당 계정을 수익으로 마감할 수 있다고 생각할 것입니다. 따라서 처분 효과는 심리적 회계와 손실회피 성향을 합친 개념(처분 효과 = 심리적 회계 + 손실회피)이라고 볼 수도 있습니다.

한편 국내 주식시장에서 개인투자자들이 처분 효과 때문에 이익이 난 주식의 추가적인 수익기회는 포기하고 손실이 난 주식은 계속 보유해서 더 큰 손실을 보게 된다는 것을 실증적으로 보여주는 연구결과가 있습니다[김준석 2021]. 2020년 3월부터 10월까지 개인투자자 약 20만 명의 상장주식 거래내역을 분석했는데요. 각 개인투자자의 개별주식에 대한 매수와 매도를 선입선출 방식으로 매칭하고(가장 먼저 매수한 수량을 가장 먼저 매도했다고 가정하고 매도일이 매수일과 동일하게 매칭된 표본은 분석에서 제외함), 매수일 이후 일간 기준으로 주가(종가)가 매수가격보다 높을 경우 이익포지션으로, 주가가 매수가격보다 낮을 경우 손실포지션으로 구분했습니다. 매도일의 경우에는 매도가격과 매수가격을 비교해 이익포지션과 손실포지션을 구분했습니다.

이익포지션과 손실포지션의 보유기간별 매도비율을 비교하면, 보유기간과 상관없이 이익포지션 매도비율이 손실포지션 매도비율보다 약 두 배 정도 더 높습니다. 주식을 매수한 다음날(보유기간 1일), 이익포지션의 41%를 매도하고 59%를 보유한 반면, 손실포지션은 22%만을 매도하고 78%는 좀 더 보유합니다. 투자이익의 실현은 서두르고 투자손실의 실현은 미루는 처분 효과가 나타난 것입니다. 이익은 빨리 실현해서 만족감과 안도감을 얻고, 반대로 손실의 실현은 미룸으로써 본인의 투자의사결정 실수를 인정하는 데 따르는 심리적 고통을 회피하려는 것입니다. 한편 처분 효과는 주식시장뿐만 아니라 파생상품시장, 부동산시장 등에서도 광범위하게 나타나는 것으로 알려져 있습니다. 이제 왜 개미투자자들은 주가가 오르면 팔아서 추가수익을 놓치고, 주가가 떨어지면 머뭇거리며 매도를 미루고 보유하다가 큰 손실을 보게 되는지 아시겠지요?

사람들은 과연 자신의 선택에 얼마나
확신을 갖고 있을까?: 자신감과 군중심리

국립기상과학원 초대 원장을 지낸 조천호 박사는 그의 저서『파란하늘 빨간지구』[동아시아, 2019]에서 다음과 같이 말합니다.

> "자신감을 진실성이라고 착각하는 세상에서 확신하지 않는 것은 나약한 태도가 아니라 진정으로 강인한 태도일 수 있다. 확신하지 않기에 기존 체계에 안주하지 않고 새로운 가능성을 치열하게 찾으려 하기 때문이다."

사람들은 자신의 선택에 항상 확신하고 있을까요? 자신감을 가진 사람들의 확신은 합리적이고 진실인 걸까요? 자신감과 확신은 언제나 긍정적인 결과를 초래할까요? 지나친 확신은 어떤 부작용이 있을까요? 확신이 없는 사람들의 선택은 틀린 걸까요?

6장에서는 사람들의 확신과 관련된 행동경제학의 개념인 자신감과 군중심리(또는 집단행동, 군집행동, 쏠림현상, 동조현상, 떼짓기 행동, 남 따라 하기)에 대해 알아보려고 합니다. 자신감confidence은 자신의 선택에 확신을 갖고 있다는 것이고, 군중심리herd behavior는 자신의 선택에 확신이 없기 때문에 다른 사람들의 선택에 의존하는 것입니다. 따라서 자신감과 군중심리는 확신이라는 스펙트럼의 양 끝단에 존재하는 개념이라고 할 수 있습니다.

자신감

자신감이란 사람들이 주어진 정보를 합리적으로 해석하지 않거나 정보를 합리적으로 해석했다고 하더라도 합리적인 해석 결과에 따르지 않고, 자신에 대한 믿음이나 자신의 운에 대한 확신에 따라 행동하려는 심리를 말합니다. 주식시장에서 사람들은 자신감이 높을 때 주식을 매수하고, 자신감이 낮을 때 주식을 매도합니다. 강력한 자신감을 가진 사람들은 종종 확실한 정보를 버리거나 무시해 버리기 때문에 비합리적인 의사결정을 합니다[Akerlof and Shiller 2009].

도박사들이 게임 결과에 대한 세부적인 내용을 알고 있을 때, 그들은 다음번에 도박을 하면 이길 확률이 높을 것이라는 확신을 갖게 되고, 향후 도박을 다시 할 확률이 더 높아지고 따라서 게임의 단순 결과만을 알고 있는 도박사들보다 더 많은 금액을 베팅하게 됩니다. 즉 도박사들이 게임 결과의 상세 내용을 알게 되면 게임에서 거의 이겼을 뻔했다는 사실을 알게 되고, 다르게 베팅했다면 이길 수 있었다는 상상을 하고, 이로 인해 게임에 대한 자신감이 커지게 돼 결국에는 게임을 다시 할 확률과 베팅 금액을 올릴 가능성이 커지게 된다는 것입니다. 경마를 좋아하는 사람들도 마찬가지입니다. 그들은 말들이 결승선을 통과하는 영상이나 확대 사진을 볼 경우 본인이 베팅한 말이 거의 우승할 뻔했다는 사실을 알게 되고, 다음에는 확실히 우승마에 베팅할 수 있을 거라는 자신감이 생기고, 결국은 자주 경마장을 찾게 돼 더 큰 돈을 베팅하게 됩니다[Petrocelli and Sherman 2010].

경제사 분야에서도 자신감과 관련된 연구가 있습니다. 1914~1945년에 발생한 1·2차 세계대전과 금융시장에서의 투기적 버블은 케인즈^{John M. Keynes}가 야성적 충동이라고 표현한 인간의 자신감 등이 주요 원인이었습니다[Keynes 1936; Ransom 2016]. 그리고 경제 주체의 지나친 자신감은 자산에 대한 초과수요(버블)를 초래해 금융위기와 경제위기를 일으킬 수도 있습니다[Tonkiss 2009].

과신편향

과신^{overconfidence}은 말 그대로 과도한 자신감입니다. 그리고 과신편향^{overconfidence bias}이란 사람들이 자신의 예측에 기반해서 선택이나 의사결정을 할 때 자신의 예측이 틀릴 가능성 또는 실패할 가능성을 과소평가하고, 자신이 성공할 수 있는 능력을 과대평가하는 경향을 말합니다. 예를 들면 대부분의 운전자들은 자신이 다른 운전자보다 운전을 훨씬 더 잘 한다고 생각합니다. 과신은 스스로 잘났다고 생각하는 엄청난 자뻑일 수도 있고, 또는 남이 하면 잘 안되겠지만 내가 하면 완전 다 잘 될 것이라는 초긍정의 마인드일 수도 있습니다.

주식 투자자들은 대체로 자신감이 강한 편입니다. 심지어 자신이 시장을 이길 수도 있다는 생각을 하기도 합니다. 자신이 돈을 잃을 거라고 예상하면서 주식투자를 하는 사람은 거의 없을 거예요. 대부분의 주식 투자자들은 자신이 투자하면 돈을 벌 수 있다는 '자신에 대한 믿음'을 갖고 있는 것이죠. 그런데 자신에 대한 믿음의 정도가 과한 투자자들이 있습니다. 그리고 현실에는 우리의 예상보다 그런 투자자가 더 많을지도 모릅니다. 과신하는 투자자들은 자신의 예측이 부정확하다는 사실을 인정하지 않고 자신의 능력을 과대평가하는 경향이 있습니다.

투자의 종류는 투자 목적과 투자 행동에 따라 크게 두 가지로 나눠볼 수 있습니다. 하나는 위험을 무릅쓰는 적극적 마인드로 높은 수익률을 추구하는 능동적 투자active investing이고, 다른 하나는 소극적이고 안정지향적 마인드로 시장 평균 수익률을 추구하는 수동적 투자passive investing입니다.

능동적 투자는 적극적으로 자산(주식 등)을 매매해 시장의 평균 수익률(주가지수 상승률 등)보다 높은 수익률을 달성하려는 투자방식을 말합니다. 능동적 투자를 하는 투자자들은 장기투자보다는 단기매매를 선호하며, 안정적인 자산보다는 변동성이 큰 자산을 선호합니다. 'high risk, high return'에 충실한 투자방식이라고 할 수 있죠. 능동적 투자자들은 코스피보다는 코스닥 주식을 선호하고, 우량주보다는 테마주를 더 선호할 가능성이 높습니다. 그리고 상장사보다는 대박을 기대해 볼 수도 있는 비상장 스타트업이나 벤처기업 투자에 적극적일 거라고 봅니다.

반면 수동적 투자는 장기적인 관점에서 안전자산 위주로 투자함으로써 시장 평균 수익률 정도를 달성하려는 투자방식을 말합니다. 수동적 투자를 잘 하기 위해서는 자기통제가 중요합니다. 즉 현재 수익이 아니라 미래 수익을 바라보는 장기적 관점의 인내심이 필요합니다. 일희일비하지 않는 태도를 말하죠. 주가가 급등락할 때 바로 팔아버려서 이익을 즉시 확정 짓거나 손실을 최소화하려는 욕구를 자제하는 것입니다. 단기적인 가격변동에 마음이 흔들려서 매도나 매수를 결정하는 것이 아니라 자기통제력과 인내심을 갖고 시장 전체의 흐름과 사이클을 고려해 투자를 하는 것이죠. KOSPI200, S&P500 등과 같은 주가지수를 기초자산으로 한 인덱스 펀드에 투자하는 것이 대표적인 수동적 투자입니다.

1장에서 설명한 효율시장가설에 의하면 주가에는 투자자들에게 알려진 모든 정보가 반영돼 있기 때문에 능동적 투자전략이 시장지수 등을 추종하는 수동적 투자전략보다 결코 우월하다고 할 수 없습니다. 수익률 통계만 봐도 능동적 투자보다는 수동적 투자의 수익률이 더 좋습니다. 하지만 현실에서는 많은 투자자가 수동적 투자보다는 능동적 투자를 더 많이 합니다. 왜 그럴까요? 자신을 믿기 때문이죠. 특히 단순한 자신감이 아니라 과도한 자신감(과신) 때문에 그렇습니다. 즉 대부분의 능동적 투자자들은 자신의 투자 능력을 과대평가하기 때문에 과감한 투자가 가능한 것입니다.

한편 능동적 투자자에게는 두 가지가 필요하다고 생각합니다. 첫째는 전문성입니다. 경제 및 금융에 관한 전문지식이 있어야 할 거예요. 국내외 정세와 산업의 흐름을 빨리 읽어낼 수 있는 정보력과 통찰력도 필요합니다. 투자 자산과 관련된 다양한 재무정보 등을 분석하고 해석할 수 있는 능력도 당연히 갖춰야겠죠. 그래야만 자산의 가격변동을 가능한 정확히 예측할 수 있기 때문입니다. 둘째는 자신감입니다. 위험을 무릅쓰고 대범한 투자를 하려면 자신감을 넘어 과신이 필요할 수도 있습니다. 능동적 투자자들은 자신들이 분석하고 예측한 가격과 매매 타이밍에 엄청난 자신감(과신)을 가져야만 과감한 투자를 할 수 있을 거예요.

과신편향과 통제편향

일반적으로는 남성이 여성보다 과신편향이 더 강하다고 하나 제가 실행한 연구에서는 거의 차이가 없었습니다. 남녀 카지노 고객들을 대상으로 어느 쪽이 더 자신감이 큰지를 알아보기 위해 간단한 조사를 해서 결과를 분석한 결과 남녀 간에 통계적으로 유의미한 차이점을 발견하지는 못했습니다. 하지만 2021년 9월 28일자 머니투데이 인터넷판에서 과신편향의 남녀 간 차이와 관련된 매우 흥미로운 기사를 읽었습니다. 여기에 기사의 일부 내용을 옮겨볼게요.

주식시장이 급락할 때 자신의 투자경험이 풍부하다고 생각하는 45세 이상 남성이나 자녀가 있는 기혼남성의 '패닉셀링panic selling(공포 상황에서 투매)' 추세가 두드러졌다는 연구결과가 나왔다. 27일(현지시간) 미국 경제전문매체 CNBC는 매사추세츠공과대학 MIT 연구를 인용해 45세 이상이거나 결혼해서 자녀가 있는 남성 투자자들이 증시 하락을 버티지 못하고 주로 투매에 나섰다고 보도했다.

해당 기사에 등장하는 연구결과에 따르면 45세 이상 남성 또는 자녀가 있는 기혼남성이 주가가 급락하는 패닉 상황에서 적극적으로 투매를 하는 이유는 그들이 여성에 비해 자신에 대한 신뢰가 매우 강하고(과신), 자신의 충동이나 감정이 옳다고 확신하며, 스스로 문제를 해결하려는 강박이 커서 충동적인 결정을 많이 하기 때문이라고 합니다. 그리고 폭락장에서 이렇게 감정적으로 매도할 경우 수익률도 매우 낮다고 합니다. 주식시장에서의 과도한 자신감(과신)이 결국엔 낮은 수익률을 초래한다는 것인데요. 해당 기사에서는 이러한 과신의 원인을 다음과 같이 설명하고 있습니다.

> 자산관리업체 와델앤어소시에이츠Waddell & Associates의 테레사 베일리Teresa Bailey 재무설계사는 "일부 남성은 어릴 때부터 무엇이든 스스로 해결해야 한다는 심리적 압박을 받는다."며 "이는 불가능한 일을 할 수 있다고 생각하는 '통제편향'으로 이어질 수 있다."고 말했다.

정리해보면 45세 이상 남자 또는 자녀가 있는 기혼남자의 경우 문제를 스스로 해결해야 한다는 심리적 압박이 '통제편향'으로 이어지고, '통제편향'은 과신편향을 초래해 주식 급락장에서 투매를 유발함으로써 결국에는 투자수익률이 낮아진다는 분석입니다.

그럼 해당 기사에서 등장하는 '통제편향control bias'이란 무엇일까요? 통제편향은 자신감과 매우 비슷한 개념입니다. 근데 그냥 자신감이 아니라 과도한 자신감, 즉 과신overconfidence에 가까운 편향입

니다. 일반적으로 통제편향은 통제편향 착각illusion of control bias이라고
도 부릅니다. 통제편향 착각이란 결과를 통제하거나 결과에 영향
을 미칠 수 없음에도 불구하고, 자신은 충분히 그럴 수 있다고 믿
는 성향으로 정의할 수 있습니다. 통제편향 착각에 빠진 사람들은
자신을 둘러싼 환경에 자신이 큰 영향을 미칠 수 있다고 믿게 됩
니다. 예를 들면 통제편향 착각에 빠진 투자자들은 자신의 투자를
완전히 통제하고 있다는 의식이 강하기 때문에 주식을 더 자주 매
매하고, 위험이 충분히 분산되지 않은 포트폴리오를 구성하게 됩
니다. 따라서 통제편향 착각은 투자자들의 과신을 초래합니다. 통
제편향 착각에 빠지면 장기투자수익률보다는 단기적인 믿음, 감
정, 충동 등에 따라 투자를 하게 됩니다[Pompian 2011].

　여기서 잠깐 정리하고 넘어가야 할 점이 있습니다. 4장에서 우
리는 전망이론을 공부하면서 손실회피에 대해 알아봤습니다. 그때
우리는 주식 투자자들이 손실회피 성향 때문에 주가가 하락해 마
이너스 수익률이 되더라도 매도하지 않는다고 배웠습니다. 그런데
이러한 내용은 우리가 방금 위에서 공부한 내용, 즉 투자자의 과신
편향이 급락장에서 투매에 이르게 한다는 현상과 배치되는 듯 보
이는데요. 배치된다고 보기보다는 주식시장의 상황이 좀 다르다고
보는 게 맞을 것 같습니다. 주식이 마이너스 수익률을 내는 일반적
인 시장 상황에서는 투자자들이 손실회피 성향 때문에 계속 보유
하지만, 주가가 급락하는 패닉장에서는 과도한 자신감 때문에 급
매도를 한다고 정리할 수 있습니다(물론 전자의 경우에도 손실회피 성

향뿐만이 아니라 결국엔 플러스 수익률이 될 것이라는 투자자의 과신편향 때문에 매도를 보류하는 것이라는 해석도 가능함).

과신편향이 투자에 미치는 영향

과신편향은 국내 주식시장에서 개인투자자의 직접투자 성과에 부정적인 영향을 미친다는 연구결과가 있습니다[김준석 2021]. 과신편향을 가진 개인투자자는 자신의 예측이나 평가가 정확하다고 생각하거나 자신의 투자능력이 평균 이상이라고 믿기 때문에 과도한 거래 또는 투기적 거래를 할 가능성이 높습니다. 국내 주식시장만 보더라도 일반적으로 남성투자자가 여성투자자보다 과신편향이 강하기 때문에 남성투자자가 여성투자자에 비해 거래는 많이 하지만, 투자성과는 저조합니다. 오프라인에서 투자성과가 좋았던 개인투자자가 온라인 거래를 시작한 이후 거래 빈도가 늘고 투자성과가 악화됐다는 분석도 과신편향 때문이라고 합니다.

2020년 3월부터 같은 해 10월까지 국내 개인투자자 약 20만 명의 상장주식 거래내역을 분석한 자본시장연구원의 연구결과가 있습니다[김준석 2021]. 분석기간 동안 개인투자자가 매수한 주식은 주가가 급등한 주식일 가능성이 높고, 거래량도 급증한 주식이라는 결과가 나왔습니다. 이러한 결과는 개인투자자의 매수의사결정이 과신편향에서 자유롭지 못했기 때문인데요. 즉 주가가 급등한 주식과 거래량이 급증한 주식의 주가가 추가로 상승할 것이라는 강력한 믿음과 기대를 갖지 않았다면, 이러한 매수행태가 나타나기 어렵기 때문입니다.

우리나라 주식시장은 코로나19로 인한 글로벌 팬데믹 선언을 전후해 큰 충격을 받았으나 양호한 방역성과, 풍부한 유동성, 상장기업 실적회복 등에 힘입어 빠르게 반등했습니다. 이에 따라 우리나라 주식시장의 개인투자자는 유례없는 수준의 순매수와 거래대금을 기록했습니다. 하지만 개인투자자에 대한 다수의 연구결과에 따르면 개인투자자의 주식 직접투자 성과는 시장수익률에 미치지 못한다는 것이 일반적인 결론입니다[김준석 2021]. 즉 개인은 시장을 이기지 못한다는 것이죠. 특히 자신의 직접투자 능력에 대한 과신은 개인투자자에게 극단적으로 높은 수익률을 기대하게 만들고, 빈번하고 과도한 거래를 하도록 함으로써 결국엔 저조한 투자성과로 이어지게 할 가능성이 높습니다. 코로나19가 한창이던 2021년이 그랬습니다. 과도한 거래로 인한 막대한 규모의 거래비용과 주식시장 둔화에 따른 수익률 저하 때문이었습니다. 따라서 개인투자자라면 직접 주식투자를 하기보다는 적립식 간접투자상품에 투자하는 것이 현명한 투자방법이라고 생각합니다[김준석 2021].

과신편향이 개인투자자들의 과도한 거래의 직접적인 원인이라는 것은 이미 검증된 사실입니다[Barber and Odean 2000; 김준석 2021]. 스스로의 능력이 매우 뛰어나다는 믿음, 자신이 가진 정보가 더 정확하다는 믿음 같은 과신편향이 빈번한 거래를 유발한다는 것이죠. 물론 기관투자자들도 과신편향의 경향을 보이기는 하지만 개인투자자들의 과신편향이 더 현저하다고 알려져 있습니다. 불확실성이 높은 주식시장에 직접 참여하는 투자자들은 기본적으로 과신편향이 있을 가능성이 높습니다. 또한 주식 투자자들은 우수한 투자성과를 내면 자신의 능력 때문이라고 생각하는 반면, 저조한 투자성과를 내면 자신이 운이 없었기 때문이라고 생각합니다. 따라서 주식시장에서 과신편향은 쉽게 사라지지 않는 것이죠. 실증적인 연구결과를 보더라도 과신편향을 가진 투자자들은 거래빈도가 높고, 과거의 수익률이나 거래량을 추종하는 투자행동을 하기 때문에 매우 저조한 투자성과를 낸다고 합니다. 그리고 결과적으로 과신편향은 주가의 과대평가와 주식시장의 버블을 일으키는 원인이 되기도 합니다.

사기꾼 증후군

자신감, 특히 과도한 자신감(과신)과 반대되는 말이 있습니다. 바로 사기꾼 증후군imposter phenomenon, imposter syndrome이라고 하는 건데요. 혹자는 '가면 증후군'으로 부르기도 합니다. 다른 사람들이 나를 높게 평가하는 것은 내가 뛰어나서가 아니라 나는 원래 부족한 사람인데, 내가 사기꾼처럼 다른 사람들에게 나에 대한 진실을 속이기 때문이라고 생각하는 것입니다. 또는 내가 거짓의 가면을 쓰고 다른 사람들에게 나의 진실을 드러내지 않기 때문이라는 것이죠. 이렇듯 사기꾼 증후군은 자신이 가진 능력이나 성과를 본인 스스로 폄하하거나 평가절하해 버리는 것입니다. 사기꾼 증후군을 가진 사람들은 지나친 겸손을 넘어 자기 비하와 매우 비슷한 심리를 갖고 있습니다. 한마디로 자신감이 너무 없는 거예요. 따라서 사기꾼 증후군은 '자뻑'의 정반대 개념이라고 생각하면 이해가 쉽습니다.

그런데 놀라운 사실은 사기꾼 증후군을 가진 사람들 중에는 매우 뛰어난 능력을 가진 사람들과 커다란 성과를 낸 사람들이 많다는 점입니다. 심지어 천재도 있습니다. 그들은 자신의 능력과 성과를 끊임없이 의심합니다. 그들은 자신의 능력과 성과에 대해 자신은 단지 운이 좋았을 따름이라고 생각합니다. 자신은 실력이 아니라 운이 좋아서 성공했다는 것이죠. 그리고 주변 사람들이 자신의 능력과 성과를 과대평가한다고 생각합니다. 그러다 보니 자신의 실력이 언젠가는 들통날지도 모른다는 불안감과 두려움이 생깁니다. 그래서 남들에게 들키지 않기 위해 남들보다 몇 배는 더 열심히 노력해야 한다는 강박관념을 갖고 있습니다. 따라서 사기꾼 증후군은 자신의 실력이 들통날지도 모르는 최악의 상황에 미리 대비하기 위한 일종의 심리적 방어기제라고 할 수도 있습니다.

사기꾼 증후군에 대한 예를 들어보겠습니다. 길산이는 고등학교를 수석으로 졸업하고 명문대 의대에 합격했습니다. 하지만 길산이는 자신의 실력에 대해 항상 불안해합니다. 길산이는 자신이 공부를 잘해서 명문대 의대에 합격한 것이 아니라 운이 좋게도 하필이면 수능시험에 자신이 아는 문제만 출제됐기 때문이라고 생각합니다. 그리고 명문대 의대에 입학한 후에도 다른 애들은 다 천재처럼 보이는데 자신만 평범한 학생이라고 생각합니다. 자신은 명문대 의대에 어울리지 않는 사람이라고 생각하는 거죠. 더 나아가 교수님이나 친구들이 언젠가는 자신의 실력이 형편없다는 사실을 알게 될 거라고 늘 걱정합니다. 그래서 학교에 가기 싫고 학교에 가도 항상 우울하고 자신감이 없습니다. 친구관계에서도 당연히 소극적이게 됩니다. 그래서 길산이처럼 사기꾼 증후군에 빠진 국내외 명문대 학생들이 간혹 자신의 능력을 비하하며 극단적인 선택을 하기도 합니다. 사실은 전혀 그렇지 않는데도 말이죠. 오히려 스스로 부족하다고 느껴서 다른 학생들보다 더 열심히 공부하기 때문에 또래들보다 더 뛰어난 학업성취도를 보이는 경우도 많은데 말입니다.

직장인들도 마찬가지입니다. 대기업에서 일잘러(일을 잘하는 직원)로 능력을 인정받던 명숙이는 어느 날 헤드헌터로부터 글로벌 컨설팅 회사의 전략 컨설턴트 포지션을 제안받습니다. 명숙이는 일주일을 고민하다가 결국 컨설턴트로서 새로운 도전을 해보겠다는 마음을 먹고 케이스 인터뷰 등의 여러 단계를 거쳐 컨설팅 회사에 입사합니다. 하지만 문제가 생겼습니다. 글로벌 컨설팅 회사에는 유능한 인재들만 들어올 수 있다는데, 자신은 실력이 부족하지만 순전히 운이 좋게도 케이스 인터뷰 때 자신에게 호의적인 면접관들만 만나서 합격한 것은 아닌지 불안해하기 시작합니다. 주변을 둘러보니 동료들은 모두 스마트해 보이고, 회의 때는 다들 논리적으로 커뮤니케이션도 잘 합니다. 이때 명숙이는 순간적으로 자신이 이 회사에 어울리지 않는 사람일지도 모른다는 생각을 하게 됩니다. 자신의 실력이 곧 들통나 버릴지도 모른다는 걱정도 하죠. 그러다 보니 업무적으로도 위축돼 결국 입사한지 2개월도 채되지 않았는데, 명숙이는 급기야 퇴사를 고민하기 시작합니다. 명숙이의 사기꾼 증후군이 극에 달한 것입니다.

그런데 이때 미국 명문대 MBA 출신이며 모두에게 친절하고 능력도 출중한 영만이의 개인적인 고민을 듣게 됩니다. 영만이도 명숙이와 비슷한 걱정을 하고 있었던 것입니다. 영만이 역시 사기꾼 증후군으로 인해 자신의 능력과 성과를 오랫동안 의심해 오고 있었던 거예요. 그래서 영만이도 지금 다니는 컨설팅 회사가 자신에게는 너무나 과분하다고 생각했다고 합니다. 자신감이 너무 떨어져서 퇴사까지도 고민 중이라고 합니다. 마침내 명숙이와 영만이는 자신들뿐만 아니라 다른 사람들도 사기꾼 증후군을 갖고 있다는 사실을 알게 됩니다. 그리고 둘은 그러한 사실에 크게 위안을 받습니다.

그럼 사기꾼 증후군을 가진 사람들은 어떤 투자행동을 보일까요? 사기꾼 증후군을 가진 사람들은 대부분 똑똑하기 때문에 아마도 뛰어난 투자자가 갖춰야 할 전문성과 분석능력을 가졌을 거예요. 하지만 그러한 능력을 스스로 부인하겠죠. 또는 이미 뛰어난 투자자임에도 불구하고 자신의 능력과 성과를 폄하하며 자신은 사실 무능한 투자자인데, 단지 운이 좋아서(또는 장이 좋아서) 이제까지 투자수익률이 높았다고 생각할지도 모릅니다. 그리고 사기꾼 증후군을 가진 사람들은 투자자 유형으로 보면 능동적 투자자라기보다는 수동적 투자자일 확률이 높습니다. 능동적 투자자와는 달리 투자에 대한 자신감이 너무 없기 때문에 주로 인덱스 펀드 등에 투자해서 시장 평균 수익률 정도만 달성해도 다행이라고 생각할 거예요. 아니면 아예 주식투자에 입문하지 않을 수도 있겠죠. 자신은 능력도 안 되고 자신감도 없다고 생각하기 때문입니다.

똑똑한 여성들의 사기꾼 증후군

앞서 살펴본 사기꾼 증후군에 대해 좀 더 알아보겠습니다. 사기꾼 증후군은 심리학자인 폴린 클랜스^{Pauline R. Clance}와 수잔 임스^{Suzanne A. Imes}가 1978년에 「Psychotherapy」라는 저널에 발표한 논문인 "The imposter phenomenon in high achieving women: Dynamics and therapeutic intervention"에 등장하는 용어입니다. 클랜스와 임스에 의하면 사기꾼 증후군이란 스스로를 지적인 사기꾼이라고 인식하는 현상을 지칭하기 위한 용어인데, 특히 성공한 여성들 사이에서 자주 나타나는 현상이라고 합니다. 어릴 때 형성된 가족 간 관계와 여성의 능력에 대한 사회적 고정관념이 사기꾼 증후군의 원인이라고 볼 수 있습니다. 사기꾼 증후군을 앓는 여성들은 자신들이 매우 뛰어난 성과를 냈음에도 불구하고 자신들은 실제로 똑똑하지 않으며, 단지 다른 사람들을 그렇게 생각하도록 속여왔다고 생각합니다[Clance and Imes 1978].

클랜스와 임스는 5년 동안 150명 이상의 성공한 여성들(박사학위 취득자, 자신의 분야에서 존경받는 전문가, 성적이 우수한 학생)을 연구

했고, 놀라운 사실을 발견했죠. 이 여성들은 내면적으로는 전혀 성공했다고 생각하지 않는 거예요. 그들은 오히려 자신이 남들을 속이는 사기꾼이라고 생각하고 있었어요. 사기꾼 증후군을 가진 여성들은 본인은 절대로 지적이지 않은데, 본인이 다른 사람들에게 본인을 지적인 사람으로 오해하도록 속여왔다고 생각합니다.[Clance and Imes 1978]

예를 들면 대학원 여학생들은 자신의 실력이 아니라 단지 입학처의 실수로 자신이 대학원에 합격했다고 생각합니다. 많은 여학생들이 본인의 성적이 좋은 이유는 운이 좋았거나 채점을 잘못했거나, 교수들의 판단 실수 때문이라고 생각한다는 거예요. 어떤 여교수는 "저는 이 대학교에서 교수가 될 정도로 우수하지는 않아요. 아마도 교수 임용 과정에서 착오가 있었던 것 같아요."라고 말했다고 합니다. 그리고 어떤 여성 임원은 "제 능력이 과대평가된 덕분에 이 자리에 있는 거 같습니다."라고 말했다고 하네요. 또한 한 개의 박사학위와 두 개의 석사학위를 취득하고 여러 편의 논문을 발표한 한 여성학자는 본인이 대학에서 학생들을 가르치기에는 아직 부족하다고 생각합니다. 이처럼 사기꾼 증후군을 가진 여성들은 자신들이 똑똑하다는 증거들이 분명히 존재함에도 불구하고, 어떻게 해서라도 이러한 사실을 부정하려고 노력합니다. 그리고 사기꾼 증후군을 가진 여성들에게 자주 나타나는 증상은 자신감 결여, 걱정 근심, 낙담, 자신이 설정한 목표를 달성하지 못할지도 모른다는 패배감 등입니다.[Clance and Imes 1978]

그렇다면 왜 똑똑한 여성들은 스스로를 똑똑한 척하는 사기꾼이라고 생각하는 걸까요? 첫째는 어릴 적 가족 간의 관계로부터 기인합니다. 똑똑한 형제자매를 둔 여성은 어릴 때부터 스스로 지적으로 부족하다고 생각합니다. 그녀의 부모도 그녀보다는 그녀의 형제자매가 더 똑똑하다고 생각하죠. 심지어 객관적으로는 그녀의 성과가 더 좋을지라도 그녀의 부모는 형제자매의 성과가 더 훌륭하다고 생각합니다. 물론 자신도 그렇게 생각하게 됩니다. 이런 상황에서는 똑똑한 여성들조차도 자신이 형제자매보다 늘 지적으로 부족하다고 생각하게 되고, 결국 사기꾼 증후군에 빠지게 됩니다. 또한 부모가 똑똑한 딸에 대해 높은 기대감을 갖는 경우에도 사기꾼 증후군이 나타납니다. 어릴 때부터 똑똑하다는 소리를 들으며 부모의 기대감을 한 몸에 받아온 여성들은 집을 떠나 학교와 세상에 나가면서 자신이 스스로 해결하기에는 어려운 일이 많다는 것을 알게 됩니다. 즉 자신이 완벽하지 않다는 사실을 알게 되는 거죠. 자신은 천재가 아니며 심지어는 멍청하다고까지 생각하게 됩니다. 이런 상황이 되면 설사 자신이 큰 업적을 이룰지라도 이걸 자신의 능력으로 해냈다는 사실을 인정하지 않게 됩니다. 자신은 단지 운이 좋았다고 생각하면서 사람들이 자신의 정체를 알게 될까 걱정하게 됩니다[Clance and Imes 1978].

둘째는 오랜 세월 우리 사회에 남아있는 '남성이 여성보다 뛰어나다'는 사회적 고정관념 때문에 똑똑한 여성들이 사기꾼 증후군을 겪게 됩니다. 이러한 고정관념이 사회에 만연해 있으면, 똑똑한 여성들이 자신의 능력이나 성과를 실제보다 평가절하하게 됩니다. 학교에서 우수한 성적을 내고 회사에서 큰 성과를 내더라도, 본인의 능력이 아니라 다른 변수 때문에 그렇게 됐다고 생각하게 되는 것이죠[Clance and Imes 1978].

오즈의 마법사

『오즈의 마법사[Wizard of Oz]』라는 책을 잘 아실 거예요. 『오즈의 마법사』는 미국의 동화 작가 라이먼 바움[Lyman Frank Baum, 1856~1919]이 쓰고 윌리엄 덴슬로[William Wallace Denslow, 1856~1915]가 삽화를 그린, 총 14편으로 된 아동문학 작품입니다. 나중에 뮤지컬, 영화, 애니메이션으로도 제작됐습니다. 사람들은 아마도 원작인 동화보다는 뮤지컬이나 영화와 더 친숙할 거예요. 제 생각에는 사기꾼 증후군에 딱 들어맞는 예는 주인공 도로시의 세 친구들인 것 같습니다.

　『오즈의 마법사』의 줄거리는 대충 이렇습니다. 캔자스주에 살고 있는 소녀 도로시는 강아지 토토와 함께 숨어있던 집이 회오리 바람에 통째로 날려서 오즈의 세계로 가게 됩니다. 바람에 날려온 도로시의 집이 나쁜 동쪽마녀를 깔아뭉개서 처치하고, 도로시는 마법사 오즈만이 자신을 집으로 돌려보낼 수 있다는 착한 북쪽마녀의 말을 들은 후 동쪽마녀의 은[silver] 구두를 신고 노란 벽돌길을 따라 오즈가 있는 에메랄드시로 가는 도중에 세 친구들을 만납니다. 첫 번째 친구인 허수아비는 생각할 수 있는 뇌가 없어 새들에게도 무시당해 아무 쓸모가 없다고 생각해 오즈에게 뇌를 만들어 달라는 부탁을 하려고 합니다. 두 번째 친구인 양철나무꾼은 자신은 심장이 없어 눈물도 열정도 없다고 생각해서 오즈에게 사랑할 수 있는 마음을 만들어 달라는 부탁을 하려고 합니다. 세 번째 친구인 사자는 겁이 많아 어떤 동물 앞에도 나설 수 없다고 생각해 오즈에게 용기를 달라는 부탁을 하려고 합니다. 에메랄드시에 도착한 도로시와 친구들은 마법사 오즈를 만나지만 오즈는 서쪽마녀의 빗자루를 가져오면 그들의 소원을 들어주겠다고 말합니다. 마침내 도로시와 친구들은 나쁜 서쪽마녀를 제거하고 빗자루를 가져와 오즈에게 건네지만 강아지 토토의 도움으로 오즈는 마법사가 아닌 캔자스 오마하 출신의 보통사람임을 알게 됩니다. 오즈는 허수아비는 원래 지혜로웠고, 양철나무꾼은 원래 따뜻한 마음을 갖고 있었고, 사자는 원래 용감했다는 사실을 알고 있었기 때문에 허수아비에게는 학위 증명서를, 양철나무꾼에게는 심장소리가 나는 시계를, 사자에게는 메달을 줌으로써 각자의 소원을 들어줍니다. 그리고 도로시는 고향으로 돌아갈 수 있는 기구를 얻게 되지만 출발하기 직전에 강아지 토토를 찾느라 기구에 타지 못하고 오즈 혼자만 고향으로 돌아갑니다. 하지만 착한 남쪽마녀 글린다가 도로시에게 은 구두의 뒷굽을 세 번만 치면 원하는 곳으로 돌아갈 수 있다고 알려줘 결국 도로시는 강아지 토토와 함께 캔자스로 돌아갑니다.

도로시의 세 친구는 사기꾼 증후군에 빠져 있었던 것입니다. 허수아비는 원래 지혜로웠고, 양철나무꾼은 원래 따뜻한 마음을 갖고 있었고, 사자는 원래 용감했었습니다. 하지만 세 친구 모두 진실과는 정반대로 생각하고 있었던 거예요. 허수아비는 생각할 수 있는 뇌가 없어 아무 쓸모가 없다고 생각했고, 양철나무꾼은 심장이 없어 눈물도 열정도 없다고 생각했고, 사자는 겁이 많아 어떤 동물 앞에도 나설 수 없다고 생각했던 것입니다.

우리 자신도 혹시 사기꾼 증후군으로 힘들어하는 허수아비, 양철나무꾼, 또는 사자는 아닌지 곰곰이 생각해 볼 일입니다. 그리고 우리는 우리 생각보다 훨씬 더 똑똑하고 유능하다는 사실을 잊지 말아야 하겠습니다.

메타인지

메타인지 metacognition라는 단어를 들어봤을 거예요. 듣기에는 굉장히 어려워 보이지만 사실 별 거 없습니다. 메타인지란 자신이 무엇을 알고 있고 무엇을 모르고 있는지를 아는 능력입니다. 소크라테스의 '너 자신을 알라 Know yourself', 즉 자기 자신을 이해하는 능력과 거의 같은 뜻이죠. 또는 공자의 논어에 나오는 '지지위지지 부지위부지 시지야 知之爲知之 不知爲不知 是知也', 즉 '알고 있는 것을 안다고 하고, 모르고 있는 것을 모른다고 하는 것이 곧 앎이다'와도 비슷한 의미입니다.

최근에는 메타인지가 우리나라 교육시장에서 유행입니다. 교육업체의 주장은 아이의 메타인지를 강화해야 공부의 능률이 오른다는 것인데요. 아이의 메타인지가 높을수록 자신의 학습내용 중

뭘 모르는지를 정확히 알기 때문에 아이가 자신이 모르는 것을 더 집중적으로 공부하면 더 높은 성적을 받을 수 있다는 논리가 깔려 있습니다. 그래서 아이의 메타인지를 높여줄 수 있는 학습교재, 교육 컨설팅, 심리상담 등이 학부모들의 높은 관심을 끌고 있는 것이죠.

그런데 아이의 성적 향상을 위해 학부모들이 아이의 메타인지보다 더 신경 써야 할 것이 있다는 연구결과가 있습니다. 그것은 바로 자신감입니다. 하지만 우리가 예상하는 것과는 정반대의 내용입니다. 즉 자신감이 커야 메타인지가 높아진다는 것이 아니라 오히려 자신감이 클수록 메타인지는 낮아진다는 것입니다.

학생들의 메타인지는 자신의 학습능력을 스스로 이해하는 능력이라고 할 수 있습니다. 따라서 메타인지가 높으면 자신이 아는 것과 모르는 것이 무엇인지 정확히 알 수 있는 거죠. 그런데 학생들은 자신이 학업을 잘 수행했다는 자신감이 크면 클수록 학업수행에 대한 메타인지의 정확도가 더 떨어진다고 합니다[Molenberghs et al. 2016]. 자신감이 높으면 소위 '자뻑'에 빠져서 자기 자신의 객관적인 학습능력을 오판하게 되는 것입니다. 즉 자신감이 메타인지를 약화시키는 역할을 하는 것입니다. 아이에게 자신감을 심어주는 게 아이에게 항상 긍정적인 영향을 미치는 것만은 아니었네요.

군중심리

군중심리란 사람들이 의사결정이나 행동을 할 때 다른 사람들의 의사결정이나 행동을 따라 하는 것을 말합니다[Akerlof and Shiller 2009]. 지하철 환승역에서 아직 막차시간이 안 됐는데 사람들이 막 뛰는 걸 보고 같이 덩달아 뛴 적이 있다면 그건 바로 군중심리 때문입니다. 주식시장에서는 개인투자자들이 다른 투자자들의 행동을 따라서 추격매수를 하는 것이 군중심리의 대표적인 예라고 할 수 있죠. 주식을 매수할 때 투자대상 기업의 재무제표, 해당 기업이 속한 산업의 현황, 거시경제 상황 등을 분석해 주식의 매수여부를 판단하는 것이 아니라, 남들이 사니까 나도 따라서 주식을 사는 겁니다. 친구들이 코인(가상화폐) 투자를 하는 걸 보고 자신도 코인 투자에 뛰어드는 것도 군중심리입니다.[1] 주류경제학에서는 한 사람의 결정이 다른 사람들의 결정에 영향을 받아서는 안 된다고 주장합니다. 따라서 군중심리는 주류경제학의 주장과 배치되는 개념인 것이죠.

군중심리는 금융시장에서 투자자들의 투자행동을 분석하는 데 매우 유용한 개념입니다. 즉 군중심리는 행동재무학에서 중요하게 다루는 개념이죠. 주식시장에는 실제로 군중심리가 존재하며[Bikhchandani and Sharma 2001; Huang et al. 2015], 2008년 글로벌 금융위기는 군중심리를 자극해 시장의 변동폭을 더 키웠고, 특히 거대한 고유 변동

---

1 군중심리와 유사한 개념으로는 동료 효과(peer effect)가 있습니다. 동료 효과란 사람들이 동료나 친구의 행동, 생각, 사상, 철학, 이념 등의 영향을 받는 것을 말합니다. 우리나라의 '친구 따라 강남 간다'는 속담이 동료 효과의 예라고 할 수 있습니다. 한편 동료 효과를 가장 잘 표현한 한자성어는 '근묵자흑(近墨者黑) 근주자적(近朱者赤)'이라고 생각합니다. '먹물 근처에 있으면 검게 물들고 붉은색 근처에 있으면 붉게 물든다'는 말인데요. 그 만큼 주변에 있는 사람들이 중요하다는 뜻입니다.

성^{idiosyncratic volatility}[2]을 가진 포트폴리오에서는 군중심리 현상이 심하게 나타났다고 합니다[Huang et al. 2015]. 역사적으로 볼 때 미국과 홍콩 금융시장에서는 투자자들의 군중심리가 나타나지 않았고, 일본 금융시장에서는 군중심리 현상이 부분적으로만 나타났습니다. 하지만 한국과 대만의 금융시장에서는 매우 강력한 군중심리가 나타났습니다. 한국과 대만의 금융시장에서는 다양한 크기의 포트폴리오에서 오랜 시간에 걸쳐 강력한 군중심리 현상이 목격됐습니다. 특히 개별 기업에 대한 정보보다는 거시경제 관련 정보가 군중심리와 투자자들의 행동에 강력한 영향을 미쳤다고 합니다[Chang et al. 2000].

기업의 임원들이 대규모 투자처럼 중대한 의사결정을 할 때도 군중심리가 나타납니다. 기업의 임원들은 자신이 알고 있는 객관적인 정보를 무시한 채, 다른 임원들의 투자결정을 단순히 따라서 의사결정을 하는 행동을 보인다고 합니다. 비록 기업 임원들의 이러한 행동이 주주나 기업의 입장에서 볼 때는 매우 비합리적이고 무책임한 행동이겠지만, 노동시장에서 본인의 평판을 신경 써야 하는 임원들 입장에서는 합리적인 선택일 수도 있다고 합니다[Scharfstein and Stein 1990]. 결국 기업의 임원들은 자신의 평판 관리를 위해 중요한 의사결정을 할 때는 튀지 않으려고 다수의 결정을 따르는 것입니다.

2　고유 변동성이란 개별주식의 주가 변동폭이라고 이해하시면 됩니다. 통계적으로는 주가 변동폭의 표준편차로 나타냅니다.

군중심리의 이면에는 어떤 마음이 자리잡고 있을까요? 자신이 없거나 확신이 없는 마음, 튀기 싫어하는 마음, 여러 사람을 따라 하면 최소한 손해는 보지 않을 거라는 믿음, 다른 사람이나 다수의 의견이 옳을 거라는 믿음 등이 있을 거예요. 특히 다른 사람이나 다수의 의견이 옳을 것이라는 믿음이 강력한 군중심리를 유발한다고 생각합니다.

예를 하나 들어볼게요. 어떤 상장사의 대주주, 대표이사, 임원 등이 회사의 주식을 대량으로 매입했다면 일반 투자자들은 그들이 그 회사의 정보(매출 또는 영업이익 증가, 흑자전환, 투자유치, 인수합병 등 호재와 관련된 정보)를 잘 알기 때문에 회사 주식을 매입했다고 생각합니다. 그들의 매입이 옳은 결정이라고 판단하는 거죠. 그러면 일반 투자자들은 그들의 매입 결정을 따라 무작정 해당 기업의 주식을 매입합니다. 군중심리가 발동한 것입니다. 다수의 일반 투자자들이 그 회사의 주식을 매입하는 걸 보고 다른 일반 투자자들도 덩달아 그 회사의 주식을 매입합니다. 군중심리가 또 다른 군중심리를 확대재생산 하는 것이죠. 그러면 그 회사의 주가가 급등하기 시작합니다. 비이성적 과열 irrational exuberance 현상이 나타나는 것입니다.

하지만 군중심리가 항상 사람들의 비합리적인 행동을 유발해 부정적인 결과만을 초래하는 것은 아닙니다. 군중심리가 가진 긍정적인 효과도 있습니다. 따라 하려는 대상이 좋은 롤 모델이라면 군중심리는 효율적으로 다른 사람의 장점을 배울 수 있는 기회를 제공합니다. 정보가 부족하거나 아예 없는 상황에서는 다른 사람들의 행동이나 결정을 따라 하는 것이 합리적인 선택일 수 있습니다. 무엇이 옳은 선택일지 확신할 수 없을 때도 다른 사람들의 선택을 참고하는 것이 큰 도움이 될 수 있습니다. 군중심리는 사람들 간에 친밀감을 불러일으켜 사회적 상호작용을 용이하게 만들고, 사회적 연대와 공동체 의식을 강화할 수도 있습니다. 군중심리가 마치 사회적 접착제처럼 우리를 결속시키는 것이지요.

한편 뇌신경과학자들은 사람들이 군중심리에 따라 행동하게 만드는 신경세포가 있는데, 그게 바로 거울신경세포mirror neuron라고 주장합니다. 다른 사람들의 특정 행동을 볼 때 자신이 직접 그 행동을 할 때와 동일한 피질 부위(거울신경세포)가 활성화됩니다. 그래서 우리는 다른 사람의 행동을 따라 하기가 쉬운 것이죠. 거울신경세포의 존재를 볼 때 군중심리는 아마도 인류의 타고난 성향일 거라는 생각이 듭니다. 그리고 오랜 기간에 걸친 자연선택의 결과, 잘 발달된 거울신경세포 덕분에 강한 군중심리를 갖게 된 사람이 아마도 더 오래 생존했을 거라고 예상해봅니다. 마치 회사에서 튀지 않고 다수의 의견에 동조하는 사람일수록 더 오래 회사에서 근무하는 것과 같은 이치일 거라는 생각이 듭니다. 물론 이런 사람들이 많은 회사는 곧 위기에 처할 가능성이 높을 수도 있겠죠.

3의 법칙

고등학교 다닐 때 친구들과 재밌는 장난을 했었는데요. 하루는 저와 제 친구들이 걸어가다가 갑자기 어느 한 건물의 옥상을 손가락으로 가리키며 웅성거리니깐 지나가는 사람들도 멈춰 서서 우리처럼 그 건물의 옥상을 바라보더군요. 물론 건물 옥상에는 아무 것도 없는데도 말이죠. 저는 이러한 현상이 참 재밌기도 했고, 한편으로는 이런 현상을 학문적으로 연구하면 좋겠다는 생각을 했습니다. 나중에 알게 된 사실이지만 이러한 현상을 '3의 법칙'이라고 하며, 군중심리의 일종이라고 합니다.

'3의 법칙'은 실험을 통해 증명할 수 있습니다(저와 제 고등학교 친구들이 친 장난과 거의 비슷한 실험입니다). 다음과 같이 세 사람을 차례로 실험에 투입합니다. 우선 첫 번째 사람이 어느 한 지점을 주시하고 있을 때, 두 번째 사람이 '도대체 뭐가 있길래 저 곳을 보고 있지?'하면서 해당 지점을 바라봅니다. 이때 세 번째 사람도 똑같이 이러한 행동에 가담합니다. 그러면 마침내 여러 사람이 군중을 형성해 세 사람의 행동을 따라서 같은 지점을 바라보게 됩니다.

공연에서 모든 관객의 기립박수를 만들어 내려면 몇 명이 먼저 일어나서 기립박수를 쳐야 할까요? 테드^{TED} 강연에서는 3명이 먼저 일어나서 기립박수를 치면 나머지 청중들도 모두 일어나 기립박수를 친다고 합니다. '3의 법칙'이 완벽하게 적용되는 셈이죠. 한편 브로드웨이 공연에서는 15명이 필요하다고 합니다[Godin 2018]. 아무리 지루한 공연이라도 극장 좌석 곳곳에 15명만 배치하면 기립박수를 유도해 낼 가능성이 있다는 것이죠. 그래도 테드 강연보다는 좀 난이도가 있어 보이네요.

'3의 법칙'은 다수 사람들(군중)의 변화를 이끌어내기 위해 어떻게 행동해야 하는지에 대한 인사이트를 줍니다. 우리가 만약 어떤 팀이나 조직에서 변화와 혁신을 일으키고자 한다면, 자신을 포함해 뜻을 같이 하는 3명의 사람들을 모으면 된다는 의미입니다. 저는 팀장, 임원, 대표이사 등의 리더 포지션으로 여러 회사를 거쳤는데, 제가 맡은 조직을 변화시키려고 할 때 바로 이 '3의 법칙'을 자주 활용했습니다. 제 경험으로는 10~50명 규모의 조직에서는 '3의 법칙'이 아주 잘 작동했습니다. 그리고 50명이 넘는 조직에서도 대체로 잘 통했습니다. 만약 조직에서 리더를 맡고 있다면 '3의 법칙'을 잘 활용하기를 권합니다.

선덜랜드 마라톤

영국 북동부의 북해 연안에 선덜랜드Sunderland라는 도시가 있습니다. 선덜랜드는 우리나라와 약간의 인연이 있습니다. 우리나라 국가대표 축구선수였던 지동원과 기성용 선수가 각각 2011~2014년과 2013~2014년에 선덜랜드 AFC에서 선수로 뛴 적이 있거든요. 하지만 큰 활약은 하지 못했던 걸로 기억합니다. 그런데 영국 BBC 뉴스에 의하면 2013년 봄에 이 선덜랜드에서 웃지 못할 사건이 발생했다고 합니다.

2013년 4월 28일에 선덜랜드에서 마라톤 대회가 열렸는데요. 선덜랜드 AFC의 홈 구장인 라이트 스타디움Stadium of Light을 출발해 다시 라이트 스타디움으로 돌아오는 코스였습니다. 총 참가자는 풀 코스와 하프 코스를 합쳐 5천여 명이나 됐다고 합니다. 출발은

순조로웠습니다. 그런데 마라톤 중간에 코스 경로를 알려주는 진행요원이 잘못된 지점에 서있는 바람에 2등으로 달리던 선수가 경로를 이탈했습니다. 그리고 그 뒤를 따르던 나머지 선수들도 모두 경로를 이탈해 42.195km보다 264m를 덜 달렸고, 1등 선수를 제외한 모든 선수가 실격처리가 됐다고 하네요. 모두 아무런 생각 없이 앞 사람만 따라서 달린 것이죠. 결국 줄곧 1등으로 달리던 제이크 해리슨^{Jake Harrison} 선수만 제대로 된 경로를 완주해서 우승 트로피를 가져갔다고 합니다.

다른 사람들이 선택한 길을 무작정 따라 가는 것이 반드시 안전한 선택은 아닙니다. 오히려 큰 낭패를 볼 수도 있는 위험한 선택이 될 수도 있습니다. 우리가 인생에서 어떤 선택을 할 때, 혹시 군중심리에 현혹된 것은 아닌지 우리의 선택에 대해 좀 더 냉정하게 판단해야 하는 이유입니다. 그런 의미에서 성경에 나오는 좁은 문에 대한 말씀은 군중심리와 관련해 우리에게 매우 유용한 시사점을 준다고 생각합니다.

> 좁은 문으로 들어가라. 멸망으로 인도하는 문은 크고 그 길이 넓어 그리로 들어가는 자가 많고 생명으로 인도하는 문은 좁고 길이 협착하여 찾는 이가 적음이니라(마태복음 7장 13~14절).

네트워크 효과

최근 유행하는 용어 중에 네트워크 효과network effect라는 말이 있습니다. 네트워크 효과란 어떤 제품에 대해 형성된 수요가 다른 사람들의 수요에도 영향을 미쳐서 수요가 계속 커지는 현상을 의미합니다. 사람들이 어떤 제품을 선택하면 그 선택이 다른 사람들의 선택에도 영향을 미쳐 해당 제품의 수요가 계속해서 증가하는 현상이죠. 일단 네트워크 효과가 발생하면 기업이 별 다른 마케팅 활동을 하지 않아도 그 기업의 제품에 대한 소비는 지속적으로 증가합니다. 이때 소비자들이 해당 제품에 대한 구매를 결정하게 만드는 요인은 제품의 품질이 아니라 얼마나 많은 소비자가 그 제품을 구매했는가 하는 것입니다. 따라서 네트워크 효과는 일종의 군중심리라고 볼 수 있습니다.

플랫폼에서도 네트워크 효과가 발생합니다. 플랫폼은 사람들이 모여서 상호작용을 하거나 거래를 하거나 무언가를 소비하는 온/오프라인 공간을 통칭하는 개념입니다. 구글, 아마존, 페이스북, 넷플릭스, 네이버, 카카오, 쿠팡, 라인, 당근마켓 등 거대한 온라인 플랫폼뿐만 아니라 회원들끼리 정보를 공유하는 온라인 커뮤니티, 5일마다 열리는 시골 장터도 플랫폼이라고 할 수 있습니다. 플랫폼의 핵심은 사람들이 많이 모인다는 것입니다. 즉 트래픽traffic이 많이 발생하는 공간이라는 것이죠.

스마트폰을 소유한 사람들끼리 서로 전화를 걸고 받을 수 있는 새로운 이동통신망 플랫폼이 생겼다고 가정해 볼게요. 그 플랫폼에서 스마트폰을 소유한 사람이 딱 한 사람이라면 그 플랫폼은 아무런 가치가 없을 거예요. 그 플랫폼에서 스마트폰을 소유한 사람이 전화를 걸어봤자 받는 사람이 아무도 없을 테니까요. 하지만 스마트폰을 소유한 사람이 두 명, 세 명, 열 명, 백 명, 천 명 등 계속해서 늘어나면 전화를 연결할 수 있는 경우의 수는 기하급수적으로 증가합니다. 그러면 플랫폼의 가치도 급상승하겠죠. 멧칼프의 법칙Metcalfe's Law에 의하면 통신망의 가치는 사용자수의 제곱에 비례한다고 합니다. 사용자가 증가할수록 네트워크의 가치가 사실상 기하급수적으로 증가한다는 것이죠. 플랫폼의 가치가 상승하면 스마트폰을 소유한 사람들의 플랫폼 가입도 계속해서 늘어납니다. 이런 상황이 되면 스마트폰 소유자들은 플랫폼 가입자가 많다는 이유 하나만으로 해당 플랫폼에 가입할 거예요. 군중심리가 플랫폼 가입을 촉진하는 거죠. 이처럼 플랫폼 가입자 수가 늘어남에 따라 플랫폼의 가치가 커지고, 플랫폼 가치가 커짐에 따라 플랫폼 가입자 수가 증가하는 현상을 플랫폼 네트워크 효과라고 부릅니다.

한편 당근마켓 같이 공급자와 수요자가 공존하는 양면시장 플랫폼의 경우에는 공급자의 증가가 수요자의 증가를 촉진하고, 수요자의 증가가 공급자의 증가를 촉진하는 교차 네트워크 효과cross-side network effects가 발생합니다. 그리고 이러한 플랫폼의 교차 네트워크 효과의 이면에는 강력한 군중심리가 작용하고 있습니다.

밴드왜건 효과

'군중심리'하면 떠오르는 한자성어가 있습니다. 바로 부화뇌동^{附和}^{雷同}이라는 한자성어입니다. 기원은 예기^{禮記}의 곡례^{曲禮}편이라고 합니다. 직역하면 '천둥소리에 맞춰 함께 한다'는 말인데, 자기의 주관 없이 다른 사람들의 행동이나 말을 따라 하는 것을 의미합니다.

군중심리를 가장 잘 표현한 영어표현도 있습니다. 바로 밴드왜건 효과^{bandwagon effect}라는 표현인데요. 밴드왜건은 서부개척시대 때 맨 앞에서 사람들의 행렬을 인도하는 악대^{band} 마차^{wagon}을 말합니다. 악대 마차가 앞장서서 연주하며 지나가면 사람들은 무언가 있다고 생각해서 아무 생각 없이 무작정 그 악대 마차와 그 뒤를 뒤따르는 사람들을 따라가게 되는데, 그러다 보면 사람들이 계속 불어나게 됩니다.

마케팅에서 밴드왜건 효과는 특정 상품에 대한 어떤 소비자의 수요가 상품의 속성이나 품질보다는 다른 사람들이 얼마나 그 상품을 구매했느냐에 영향을 받는 현상을 의미합니다. 라이벤슈타인의 연구에 의하면 밴드왜건 효과는 더 많은 소비자를 시장에 진입하게 함으로써 추가 수요를 발생시킨다고 합니다. 또한 모든 조건이 동일하다면 특정 상품에 대한 수요곡선은 단지 상품의 속성에만 근거할 때보다는 밴드왜건 효과가 존재할 때 더욱더 탄력적이게 된다고 합니다^(Leibenstein 1950). 즉 밴드왜건 효과가 있을 때 수요의 가격탄력성이 더 커진다[3]는 뜻이죠.

밴드왜건 효과의 이면에는 사람들의 어떤 심리가 존재할까요? 첫 번째는 아마도 위험회피 성향일 것입니다. 많은 사람이 선택했다면 반드시 그 이유가 있다는 뜻이고, 다수가 선택했기 때문에 적어도 위험한 선택은 아닐 것이며, 오히려 상대적으로 더 안전하리라는 심리가 존재하는 것입니다. 두 번째는 소외되지 않으려는 심리입니다. 주변 사람들과의 관계에서 배제되지 않기를 바라는 심리인 거죠. 그래서 사람들은 가급적 튀지 않고 다수에게 그냥 묻어가려는 것입니다. 모난 돌이 정 맞고 웃자라면 제일 먼저 잘린다는 걸 경험적으로 알기 때문입니다.

참고로 밴드왜건 효과는 경제학과 경영학뿐만이 아니라 정치학에서도 쓰이는데, 의미는 서로 조금 다르다고 볼 수도 있지만 본질은 같습니다. 지금까지는 주로 경제학 또는 경영학 관점에서만 밴드왜건 효과를 알아봤는데요. 핵심은 내 소비가 다른 사람들의 소비행태에 영향을 받는다는 것입니다. 다른 사람들이 특정 상품을 사니까 나도 덩달아 그 상품을 구매하는 것이죠. 그런데 정치학에서는 선거 여론조사에서 가장 높은 지지율을 획득함으로써 대세가 된 후보 쪽으로 유권자들의 지지가 쏠리는 현상을 의미합니다. 지지하는 후보가 없거나 정치에 무관심한 유권자들도 선거 막판에는 대세에 편승하는 경향을 보인다는 것입니다. 많은 사람들이

---

3   수요가 가격 변화에 더 민감하게 반응한다는 의미입니다. 즉 가격이 조금만 올라도 수요가 큰 폭으로 감소하거나 가격이 조금만 내려도 수요가 큰 폭으로 증가한다는 것이죠. 참고로 수요의 가격탄력성을 구하는 공식은 '수요의 가격탄력성 = 수요량의 변화율 ÷ 가격의 변화율'입니다.

지지하는 대세 후보를 지지하는 것이죠.

스놉 효과

역군중심리^{逆군중심리}라는 개념도 있습니다. '逆^역'은 거스른다(반대된
다)는 의미인데요. 군중심리에 반대되는 심리를 말합니다. 다른 사
람들의 행동과 반대되는 행동을 하는 것이죠. 남들이 일반적으로
가는 길은 거부하고 나만의 길을 가는 거죠. 마이 웨이^{my way}를 고
집하는 심리입니다.

이러한 역군중심리를 영어로는 스놉 효과^{snob effect}라고 합니다.
잘난 체하는 속물을 의미하는 영어단어인 'snob'에서 유래된 말
인데요. 어떤 상품이 대중적으로 인기를 끌면 자신이 남들과 다
르다는 사실을 증명하기 위해 해당 상품을 더 이상 구매하지 않
는 소비행동을 보이는데, 이러한 현상을 스놉 효과라고 합니다
[Leibenstein 1950]. 통상 부유한 소비자들이 남들과 차별화하기 위해 다
수의 소비자가 구매하는 일반적이고 저렴한 상품은 더 이상 구매
하지 않고, 비싼 럭셔리 상품을 구매하게 되는 현상이죠. 따라서
스놉 효과는 실용적인 상품보다는 명품 또는 희소가치가 있는 골
동품이나 예술작품 등을 소비할 때 자주 나타납니다. 그래서 속물
이라는 이름을 붙인 것 같습니다. 그리고 스놉 효과가 없을 때의
수요곡선보다는 스놉 효과가 존재할 때의 수요곡선이 덜 탄력적
입니다[Leibenstein 1950]. 즉 스놉 효과는 밴드왜건 효과와는 반대로 수
요의 가격탄력성을 약화시킨다는 뜻이지요. 상품의 가격이 비싸든

말든 나는 그걸 꼭 사겠다는 소비자들의 구매심리가 수요곡선에 반영되기 때문입니다.

사실 스놉 효과는 자신의 우월함을 드러내기 위해 상징적인 소비를 하는 부자들을 설명하는 데 매우 유용한 용어입니다. 그들은 남들이 구매하는 상품은 절대 사지 않고, 남들이 사지 않거나 사지 못하는 상품을 구매합니다. 따라서 그들이 구매하는 대부분의 상품은 희소하거나^{rare item}, 한정판이거나^{limited edition}, 비쌉니다^{luxury goods}. 그들은 이런 상품을 구매함으로써 자신의 사회적 지위, 경제적 자산, 독특한 취향 등을 과시하고 싶어하며, 이러한 과시를 통해 만족을 얻습니다. 따라서 스놉 효과는 미국의 사회학자 소스타인 베블런^{Thorstein Veblen}이 말한 과시적 소비(자신의 부나 지위를 과시하기 위한 소비행동) 성향을 보이는 소비자들의 소비행태라고 할 수 있습니다. 또한 스놉 효과는 백로 효과라고도 합니다. 백로가 까마귀들 사이에서 흰색으로 스스로를 차별화하듯이, 스놉 효과를 보이는 소비자들은 일반 소비자들과는 차별화된 소비행동을 하기 때문입니다.

얼마 전부터는 매우 강력한 스놉 효과를 보이는 노노스족^{NONOS族}이 등장했습니다. 국립국어원에서 만든 국어사전인 『우리말샘』을 찾아보니, 노노스족이란 '많은 사람이 가진 명품이 아닌, 디자인 따위가 차별화된 제품을 즐기는 사람들을 이르는 말'이라고 합니다. 노노스족의 NONOS는 'NO logo, NO design'을 줄인 말입니다. 예를 들면 브랜드 로고가 눈에 잘 띄지 않는 명품을 구매하는 소비자들은 노노스족이라고 할 수 있습니다. 일반 소비자들이 봐서는 그게 명품인지 모르지만, 부자들 사이에서는 척 보면 알 만한 사람들은 다 아는 명품을 구매하는 거죠. 노노스족은 일반인들의 리그와 그들만의 리그를 차별화하려는 심리가 있는 겁니다. 따라서 노노스족은 브랜드 로고가 크게 박힌 제품은 절대 구매하지 않거나 갖고 다니지 않을 거예요. 노노스족이라는 용어를 기억했다가 나중에 벤츠 자동차의 로고 크기를 유심히 관찰해 보시기 바랍니다. 벤츠 차량의 가격이 비쌀수록 로고가 작다는 사실을 발견할 수 있을 거예요.

그렇다고 역군중심리가 부자들에게만 나타나는 건 아닙니다. 원래부터 역군중심리 성향을 가진 사람들이 있을 수 있습니다. 타고난 성향 자체가 대세를 따르는 것을 싫어하고 남들을 따라 하는 것을 극도로 싫어하는 사람들이 존재하니까요. 개인적인 선호가 명확하고, 개성이 강하며 자기주장이 확실한 사람들이 이 부류에 속한다고 볼 수 있습니다. 그리고 우리가 잘 알고 있는 청개구리도 역군중심리를 타고난 녀석일 수 있습니다.

하지만 꼭 부자가 아니더라도, 역군중심리 성향을 타고난 사람이 아니더라도 일반 사람들도 때때로 남들과 다르게 보이기를 원할 때가 있습니다. 팀원 전체가 중국 음식점으로 점심을 먹으러 갔는데 다들 자장면으로 통일했지만, 나 혼자 당당히 삼선짬뽕을 시킬 때가 있잖아요. 또는 자주 가는 단골 식당이 있었는데, 어느 날 손님이 너무 많은 걸 보고 다시는 그 식당에 가지 않는 경우도 있죠. 그리고 갑자기 튀어 보이고 싶은 마음에 충동적으로 빨간색이나 파란색의 승용차를 구매하기도 하고요.

넛지 마케팅

지하철 환승역 안에서 가품 명품백이나 가품 가죽벨트를 파는 노점상을 종종 목격할 수 있습니다. 그런데 가품을 파는 노점 주변을 가만히 관찰해보면 한 가지 흥미로운 사실을 발견할 수 있습니다. 지하철을 환승할 생각은 안하고 노점에서 계속 가품을 고르는 아주머니 한두 분이 눈에 들어옵니다. 구매하지도 않고 그냥 계속 이것저것 만져만 봅니다. 그리고 구경하거나 사려는 사람들이 없으면 그 아주머니들은 노점 주인장과 화기애애한 대화를 나눕니다. 그러다가 지하철을 환승하려는 사람들이 노점 앞으로 우르르 지나가면, 그 아주머니들은 다시 가품을 고르는 시늉을 합니다. 왜 이런 상황이 연출되는 걸까요?

저는 이게 노점상들이 소비자들의 군중심리를 활용하기 위한 고도의 마케팅 전략이라고 생각합니다. 사실 지하철 노점에서 사람들의 군중심리를 자극하기 위해서는 앞서 설명한 '3의 법칙'처럼 세 명까지도 필요 없을지 모릅니다. 노점에서 가짜 명품을 싸게 팔고 있으면 한번 구경이라도 하고 싶은 게 일반인들의 심리인데요. 아무도 없는데 노점에서 혼자 구경하면서 물건을 고르면 마음이 좀 불편할 수도 있거든요. 뭐 약간의 창피한 마음 같은 거죠.

그런데 누군가 한 명이 먼저 노점에서 물건을 이리저리 고르고 있으면, 사람들은 편안한 마음으로 가품 구경을 할 거예요. 그저 나 혼자만이 아니라는 느낌만 줄 수 있다면 충분하다는 거죠. 즉 사람들은 단지 나와 같은 누군가가 있다는 사실 하나만으로도 편안하게 가품 구경을 하게 됩니다. 군중심리에 기반을 둔 가벼운 넛지 nudge 마케팅입니다. 우리는 때때로 단 한 사람의 공모자만 있어도 멋진 넛지 마케팅 전략을 설계할 수 있습니다.

군중심리를 자극하는 넛지 마케팅 사례는 많습니다. 광고 카피에 "이미 5백만 명이 구입한 제품입니다." 등과 같은 문구를 넣는 식이죠. 그런데 군중심리를 활용한 넛지 마케팅 전략을 다른 용도로 쓰는 사람들도 있습니다. 2020년 2월에 우리나라에서 코로나19의 1차 대유형이 시작됐을 때, 대부분의 국민이 지목한 코로나19의 전국적인 확산 원인은 신천지였습니다. 코로나19 확산의 진원지가 된 신천지 대구교회를 기억하실 거예요. 방송이나 신문에서 보니 그 건물 앞에 엄청나게 큰 플래카드가 붙어 있었어요. 거기에는 '2019년 10개월 만에 103,764명 수료'라고 적혀 있었습니다. 신천지 대구교회가 진정 하고 싶었던 말은 아마도 "당신은 혼자가 아니다. 이미 이렇게 많은 사람이 신천지를 믿고 있으니 당신도 편안한 마음으로 신천지를 믿으라."는 메시지였을 거예요. 본질적으로는 "이미 5백만 명이 구입한 제품입니다."라는 문구와 크게 다를 바가 없는 내용이죠. 하지만 마음이 그리 편하지는 않네요.

베블런 효과

앞에서 스놉 효과를 설명할 때 베블런의 과시적 소비 conspicuous consumption 를 잠깐 언급했는데요. 여기서는 베블런 효과 Veblen effect 에 대해 알아보겠습니다. 베블런 효과는 남들에게 과시하려는 욕구 때문에 비합리적 행동을 하게 되는 현상을 말합니다. 그래서 사람들은 베블런 효과 때문에 제품의 가격이 비쌀수록 더 적극적으로 구입하려는 행동을 보입니다. 주류경제학의 주장과 정면으로 배치되는 내용이죠. 주류경제학의 수요이론에 따르면 제품 가격이 비싸면 수요량이 감소해야 하는데,[4] 베블런 효과로 인해 가격이 비싼 제품의 수요량이 오히려 증가하는 것입니다.

비싼 명품을 구입함으로써 자신을 과시하려는 과시적 소비가 바로 베블런 효과의 단적인 예라고 할 수 있습니다 [Bagwell and Bernheim 1996; Veblen 1899; Zizzo 2007]. 질투라는 심리는 사람들이 다른 사람의 상대적인 위치에 대해 느끼는 감정인데, 부자들은 소비를 통해 자신들의 상대적 위치를 남들에게 보여줌으로써 자신들이 질투의 대상이 되고 싶어 합니다. 이것이 바로 과시적 소비라고 할 수 있습니다 [Zizzo 2007].

베블런에 따르면 유한계급(상류층)은 도박을 좋아하는데, 그 이유는 자신이 남들보다 더 우월하다는 점을 과시하고 싶어하기 때

---

4 주류경제학에서도 가격이 하락할수록 수요량이 감소하는 재화가 있습니다. 바로 기펜재(Giffen goods)입니다. 어떤 재화의 가격이 하락한다는 것은 소비자의 실질소득이 증가한다는 것으로 해석할 수 있습니다. 실질소득이 증가했는데도 수요량이 감소하는 재화가 있다면, 그 재화는 열등재(inferior goods)일 것입니다. 일반적으로 소득이 증가하면 정상재(normal goods)의 수요량은 증가하고, 열등재의 수요량은 감소합니다. 예를 들면 어떤 사람의 소득이 증가하면 소고기 소비는 늘고 돼지고기 소비는 줄 것으로 예상할 수 있는데, 이때 소고기는 정상재이고 돼지고기는 열등재인 것이죠.

문입니다[Veblen 1899]. 또한 베블런은 도박이 유한계급의 상징 같은 역할을 하기 때문에 유한계급은 도박행위를 통해 자신을 과시하려 한다고 주장했습니다. 따라서 도박과 계급은 밀접한 관련이 있다고 볼 수도 있습니다[Mok 1990; Veblen 1899]. 그리고 나이가 어릴수록 도박을 더 좋아하고 나이가 들수록 도박을 덜 좋아하게 되는데, 이러한 이유는 나이가 어릴수록 남들에게 자기 정체성을 과시하려는 욕구가 더 강하기 때문이라고 합니다[Mok and Hraba 1991].

한편 베블런 효과는 부유한 계층뿐만 아니라 빈곤한 계층을 비롯해 거의 모든 계층에서 발생한다고 알려져 있습니다[Veblen 1899]. 사실상 모든 사람들이 어느 정도의 과시욕구를 갖고 있다는 것입니다. 그래서 자신의 소득이나 재산으로는 감당하기 어려운 럭셔리 스포츠카를 구매하고, 경제적으로 궁핍한 생활을 하는 카푸어car-poor족이 생겨나는 것 같습니다.

한편 베블런 효과와 매우 유사한 개념으로 파노플리 효과Effect de Panoplie, Panoplie Effect라는 게 있습니다. 파노플리 효과란 특정 계층, 계급, 집단 등이 주로 소비하는 상품을 구입함으로써 자신도 그러한 계층, 계급, 집단 등에 속한다고 착각하는 현상을 말합니다. 프랑스의 사회철학자인 장 보드리야르Jean Baudrillard가 사람들이 상품 구입을 통해 특정 계층에 속한다는 사실을 과시하려는 심리를 가리켜 이 용어를 맨 처음 사용했습니다. 여기서 파노플리Panoplie란 '집합set'이라는 뜻으로, 한 묶음의 장난감 세트처럼 동일한 맥락을 가진 상품의 집단을 가리킵니다. 파노플리 효과는 어린아이가 의사놀이 장난감 세트를 통해 마치 의사가 된 듯한 기분을 느끼는 효과와 비슷하다고 할 수 있습니다.

크라우드소싱과 집단지성

군중심리에 대한 설명을 마치기 전에 군중심리와 비슷해 보이는 개념을 살펴보겠습니다. 바로 크라우드소싱과 집단지성인데요. 군중심리보다는 훨씬 더 이성적이고 긍정적인 효과가 많은 개념입니다. 행동경제학의 범주에 속한다고 보기는 어렵지만, 여러 사람의 아이디어와 행동이 개인, 조직, 사회에 영향을 미친다는 측면에서 유사성이 있으니 한번 살펴보겠습니다.

최근 우리나라의 기업, 특히 대기업 사이에서는 크라우드소싱crowdsourcing이라는 방식이 대유행입니다. 크라우드소싱이란 기업이 외부의 불특정 다수로부터 기업이 당면한 문제의 해결방법 또는 해결을 위한 아이디어를 구하는 방식을 의미합니다. 기업이 외부개방을 통해 혁신을 만들어 가는 것 또는 외부개방을 통한 기업 간의 협력을 개방형 혁신 또는 오픈 이노베이션open innovation이라고 부르는데, 크라우드소싱은 개방형 혁신보다는 좀 더 적극적인 개념으로 개방형 혁신이 한 단계 더 진화한 방식이라고 할 수 있습니다. 그래서 요즘은 크라우드소싱을 '개방형 혁신 2.0'이라고 부르기도 합니다. 크라우드소싱의 핵심은 crowd군중로부터 아이디어를 얻는 것sourcing인데, crowd의 대부분은 사용자이기 때문에 사용자 혁신user innovation으로 부르기도 합니다. 따라서 크라우드소싱은 기업이 다른 기업과의 협력뿐만 아니라 사용자들과도 협력해 혁신적인 가치를 공동으로 창출하는 방법론이라고 정의할 수 있습니다. 여러 사람 간의 협력 그리고 여러 사람의 아이디어와 행동이 기업의 새로운 가치 창출이라는 긍정적인 결과를 만들어낼 수 있다는 것이죠.

집단지성 collective intelligence이라는 용어는 많이 들어봤을 거예요. 집단지성은 말 그대로 집단적인 지적 능력을 의미합니다. 개체적으로는 미미하게 보이는 박테리아, 동물, 사람의 능력이 총의를 모으는 과정을 통해 한 개체의 능력 범위를 넘어선 힘이나 지적 능력을 발휘할 수 있다는 것입니다. 아주 극단적인 예를 들자면 한 사람의 머리보다는 열 사람의 머리가 더 똑똑하다는 것이죠. 집단지성은 원래 개미나 벌처럼 무리를 지어 생존하는 동물들이 보이는 긍정적인 집단행동을 의미합니다. 개미들이 단체로 굴을 파서 효율적으로 집을 짓거나 벌들이 일사불란하게 꿀을 모으고 저장하는 모습을 보면 집단지성이 얼마나 대단한지를 알 수 있습니다.

인간의 집단지성은 동물의 집단지성보다 당연히 더 강력합니다. 소수의 우수한 전문가의 능력보다 다양성과 독립성을 가진 일반인 집단의 통합된 지성이 더 올바른 결론에 이를 수 있다는 것입니다. 집단지성은 과거에 사회학, 경영학, 컴퓨터과학 등에서 주로 연구되고 적용돼 왔으나, 지금은 모든 사회현상에 적용되고 있습니다. 집단지성은 중지(대중의 지혜), 집단지능, 협업지성, 공생적 지능이라고도 부릅니다. 위키백과 또는 위키피디아 Wikipedia는 집단지성의 대표적인 예라고 할 수 있습니다. 여러 사람이 자유롭게 열람하고 확실하지 않거나 잘못된 정보는 누구나 수정하거나 삭제할 수 있기 때문입니다. 다양한 사람들의 종합적 지식을 한데 모아 놓고, 거의 정확한 정보가 산출되도록 참여자들이 서로 노력하는 것이죠. 이런 측면에서 본다면 위키백과 내에서는 군중심리가 매우 긍정적인 결과를 만들어낸다고 볼 수 있습니다.

7장

행동경제학의 사촌들이 있다: 게임이론과 점증모형

행동경제학과 매우 닮은 이론이 있습니다. 바로 게임이론과 점증모형인데요. 게임이론은 주로 경제학에서, 점증모형은 행정학 특히 정책학에서 연구되는 분야입니다. 게임이론과 점증모형은 현실의 의사결정(선택)이 구체적으로 어떻게 이뤄지는지 분석하는 데 매우 유용하다는 점과 그러한 의사결정 과정과 결과가 항상 합리적이지 않을 수도 있음을 강조한다는 점에서 행동경제학과 사촌 정도 되지 않을까 생각합니다. 그럼 게임이론부터 먼저 알아보겠습니다.

게임이론의 정의

게임이론game theory이라는 용어를 한 번쯤은 들어봤을 텐데요. 게임이론을 아주 간단히 정의하면 게임 상황을 활용해 인간의 선택에 관해 연구하는 학문입니다. 그런데 여기서 말하는 게임이란 무엇일까요? 게임game이란 두 명 이상의 참여자들players이 상호작용을 통해 각자의 이익을 추구하지만, 어느 누구도 그 결과를 자기 마음대로 결정할 수 없는 전략적 상황을 의미합니다(신임철 2001). 말이 조금 어렵죠. 쉽게 얘기하면 게임 참여자가 게임의 결과를 일방적으로 결정할 수 없다는 것이 게임이 가진 가장 큰 특징이라는 거예요. 사실 우리가 아는 거의 모든 게임이 게임이론에서 말하는 게임이라고 보시면 됩니다. 예를 들면 보드게임, 오락실 게임, 카지노 게임, 그리고 최근 유행하는 온라인 게임인 MMORPGMassive Multiplayer Online Role Playing Game까지 모두 게임에 해당됩니다. 이 모든 게임에서는 게임 참여자가 게임의 결과를 자기 마음대로 통제할 수 없다는 공통점이 있는 것이죠.

게임이론이란 이러한 전략적 상호작용이 존재하는 게임 상황에서 게임 참여자들의 전략이 초래할 결과에 대한 모형을 세우고, 그 모형화된 게임에서 게임 참여자들의 전략을 이해하기 위한 분석틀을 제공하는 학문이라고 정의할 수 있습니다[신임철 2001]. 즉 게임이론이란 게임 참여자들의 전략적 선택을 연구하는 학문입니다.

역사적으로 볼 때 게임이론은 원래 경제적 문제를 해결하기 위한 새로운 접근방법으로 탄생했습니다. 즉 게임이론은 인간의 경제적 선택을 설명하기 위해 탄생한 학문입니다. 1940년대 게임이론의 창시자라고 할 수 있는 폰 노이만^{John von Neuman}과 모겐스턴^{Oskar Morgenstern}의 연구를 거치면서 게임이론은 비로소 독립학문으로 자리를 잡게 됐습니다. 게임이론의 탄생이 경제학과 밀접한 관련이 있었기 때문에 게임이론은 초기에 주로 경제적 문제를 설명하는 데 활용됐으나 지금은 정치, 사회, 심리, 경영, 외교, 전쟁 등의 분야까지 적용범위가 넓어지게 됐습니다[신임철 2001].

모든 게임은 전제^{assumptions}가 있습니다. 게임의 전제는 게임이 확실성^{certainty}하에서 진행되는지, 아니면 불확실성^{uncertainty}하에서 진행되는지와 관련된 문제입니다(불확실성하에서의 선택의 문제를 다루는 주류경제학의 기대효용이론과 행동경제학의 전망이론이 떠오르지 않나요?). 게임이론에서는 게임의 전제를 매우 중요하게 다루는데요. 그 이유는 게임의 전제에 따라 각 게임 참여자의 전략적 선택이

달라지고, 그에 따라 게임의 결과가 영향을 받기 때문입니다.[신임철 2001]

용의자의 딜레마 게임

용의자의 딜레마 게임 Prisoner's Dilemma Game 이라는 게 있는데요. 혹자는 수인의 딜레마 게임 또는 형사피고인의 딜레마 게임이라고도 부릅니다. 아마 어디선가 들어봤을 거예요. 용의자의 딜레마 게임은 1950년에 프린스턴대학교 수학과 교수인 앨버트 터커 Albert. W. Tucker 가 처음 고안했다고 합니다.

용의자의 딜레마 게임은 아마도 게임이론에서 가장 유명한 게임일 거예요. 어떤 내용인지 한 번 살펴보겠습니다. 두 용의자가 함께 범죄를 저질렀다는 이유로 체포됐는데, 서로 의사소통을 할 수 없도록 다른 감방에 수감돼 검사의 취조를 받고 있습니다. 담당 검사는 두 용의자가 함께 범죄를 저지른 것은 확신하고 있으나 확실한 증거가 없어 두 용의자 모두에게 자백하기를 각각 권고하면서, 만약 둘 다 자백을 하지 않으면 이 범죄보다는 형이 가벼운 범죄를 적용시키고(징역 1년), 만약 한쪽은 자백하고 다른 한쪽은 자백하지 않는다면 자백한 용의자는 정직성에 대한 대가로 무죄 방면(징역 0년)을 해주겠지만, 자백하지 않은 용의자에게는 법정 최고형(징역 10년)을 구형할 것이며, 만약 둘 다 자백하면 징역 8년을 구형할 것이라는 제안을 합니다. 이러한 상황을 용의자의 딜레마라고 합니다.[신임철 2001]

용의자의 딜레마 게임에서의 균형(게임의 결과)은 두 명의 용의자 모두가 자백을 하는 것인데요. 왜 그런지 다음에 나오는 게임의 보수표를 보면서 설명하겠습니다.

용의자2

		부인	자백
용의자1	부인	1년, 1년	10년, 0년
	자백	0년, 10년	8년, 8년

용의자1의 입장에서 볼 때 용의자2가 부인한다고 가정한다면 용의자1은 자백하는 편이 유리합니다. 용의자2가 부인한다고 가정할 때 만약 용의자1도 부인을 한다면 용의자1은 1년 징역을 구형받고, 만약 용의자1이 자백한다면 용의자1은 무죄로 방면되기 때문입니다(1년 징역보다는 무죄 방면이 낫겠죠). 또한 용의자1의 입장에서 볼 때 용의자2가 자백한다고 가정하더라도 용의자1은 자백하는 편이 유리합니다. 용의자2가 자백한다고 가정할 때 만약 용의자1도 자백한다면 용의자1은 징역 8년을 구형받고, 만약 용의자1이 부인을 한다면 용의자1은 징역 10년을 구형받기 때문입니다(징역 10년보다는 징역 8년이 낫겠죠). 따라서 용의자1의 우월전략(상대방이 어떤 전략을 선택하든지 상관없이 자신에게 항상 더 나은 보수를 주는 전략)은 자백을 하는 것입니다. 마찬가지로 용의자2의 입장에서도 자백하는 것이 우월전략입니다. 결론적으로 두 명의 용의자 모두 각자의 우월전략인 자백을 선택하게 되고, 따라서 용의자의 딜레마 게임의 균형은 우월전략균형이 되어 두 명의 용의자 모두

8년 징역형을 구형받게 됩니다[신임철 2001]. 혹시라도 이해가 잘 안 되시면 다시 차근차근 읽어 보길 바랄게요.

그런데 말입니다. 뭔가 좀 이상하지 않나요? 두 명의 용의자는 각자에게 가장 유리한 선택(자백)을 했습니다. 하지만 결과는 어떤가요? 두 명의 용의자 모두 징역 8년이 구형됐습니다. 만약 두 명의 용의자 모두 범행을 부인했다면 둘 다 징역 1년을 구형받았을 거예요. 용의자들 입장에서는 징역 8년보다는 징역 1년을 구형받는 게 더 유리한 결과죠. 용의자들 입장에서는 각자에게 가장 유리한 합리적 선택(자백)을 했지만, 합리적 선택의 결과는 비합리적 선택(부인)의 결과보다 훨씬 더 좋지 않습니다. 합리적 선택이 오히려 비합리적 결과(최선이 아닌 결과)를 초래한 것입니다.

이러한 게임의 결과가 행동경제학에 주는 시사점은 크게 두 가지라고 생각합니다. 첫째, 인간의 합리적 선택이 반드시 가장 좋은 결과를 초래하지는 않는다는 사실을 보여줍니다. 즉 게임이론에서는 게임 참여자들의 합리적 선택이 반드시 가장 바람직한 게임의 균형에 이르게 하지는 않는다는 것입니다. 행동경제학은 인간이 비합리적 선택을 한다고 주장함과 동시에, 때로는 비합리적 선택이 합리적 선택보다 더 좋은 결과를 초래할 수도 있다고 주장합니다. 이 부분이 바로 행동경제학과 게임이론이 만나는 부분입니다. 용의자의 딜레마 게임에서 비합리적 선택은 부인을 하는 것이고, 비합리적 선택(부인)의 결과가 합리적 선택(자백)의 결과보다 용의자들에게 더 유리한 결과를 초래합니다. 이러한 결과는 비합리적 선택의 결과가 합리적 선택의 결과보다 더 나을 수도 있다는 행동 경제학의 주장을 뒷받침해 주는 것이죠.

둘째, 용의자의 딜레마 게임에서 용의자들이 자신들에게 더 나은 결과를 얻기 위해 둘 다 자백이 아닌 부인을 선택할 수도 있지 않을까요? 그렇다고 할 경우에 용의자들은 도대체 어떤 이유 때문에 합리적 선택(자백)이 아닌 비합리적 선택(부인)을 하게 될까요? 행동경제학과 게임이론 간 관련성을 논할 때 이러한 질문에 답하는 것이 매우 중요하다고 생각합니다. 왜냐하면 행동경제학은 인간의 비합리적 선택 이면에 존재하는 인간의 심리에 주목하기 때문입니다.

행동경제학에서는 신뢰[trust]라는 인간의 심리적 요인을 중요하게 다룹니다[Evans and Revelle 2008; Camerer 2003; Rousseau et al. 1998]. 신뢰란 다른 사람의 의도나 행동에 대한 긍정적인 기대에 기반해 자신이 손실을 볼 가능성을 수용하려는 의도로 구성된 심리적 상태입니다[Rousseau et al. 1998]. 즉 다른 사람의 의도나 행동에 대해 긍정적으로 생각함으로써 자신에게 손실이 발생할 가능성조차도 수용하려는 심리라고 할 수 있습니다. 아주 간단히 정의하면 자신의 손실 가능성을 감수하면서 다른 사람을 믿는 것입니다. 따라서 신뢰는 이타주의에 기반한 심리 상태라고 할 수도 있습니다.

사람들은 신뢰라는 심리적 요인 때문에 때때로 주류경제학의 선택 기준에 어긋나는 비합리적인 행동을 한다는 것인데요. 용의자의 딜레마 게임의 경우에 용의자들이 만약 상대방은 결코 배신하지 않고 검사의 심문에 대해 범죄 사실을 일관되게 부인할 것이라는 확신, 즉 상대방에 대한 신뢰가 있다면 용의자들은 비록 자백하는 것이 합리적 선택임을 알고 있으면서도 둘 다 부인(비합리적 선택)함으로써 우월전략균형보다 더 나은 결과를 얻을 수 있을 것입니다. 즉 게임 참여자들은 서로 신뢰함으로써 더 큰 보수를 얻을 수 있다는 뜻이죠. 신뢰는 협력을 낳고, 협력은 모두에게 더 나은 결과를 가져다줄 수 있습니다.

사슴사냥 게임

게임이론과 신뢰의 문제를 좀 더 살펴보겠습니다. 사슴사냥 게임 stag hunt game이라는 게임이 있습니다. 용의자의 딜레마 게임과 비슷한 게임인데요. 사슴사냥 게임의 개념은 18세기 프랑스 계몽주의 철학자인 장 자크 루소Jean-Jacques Rousseau가 사람들 간에 장기적인 협력이 불가능한 이유를 설명하기 위해 최초로 고안해 냈습니다. 현대에 와서는 개인 간의 관계를 넘어 조직 간, 국가 간 협력이 어려운 이유를 설명하는 데 활용됩니다[Fishbacher et al. 2001].

사슴사냥 게임을 자세히 알아보겠습니다. 우선 사슴사냥 게임의 보수표는 다음과 같습니다.

		사냥꾼2	
		사슴	토끼
사냥꾼1	사슴	10, 10	0, 5
	토끼	5, 0	5, 5

두 명의 사냥꾼이 사냥을 나가려고 합니다. 만약 두 사냥꾼이 협력해 커다란 사슴 한 마리를 함께 잡는다면 각각 10의 보수(효용)를 얻게 됩니다. 이때 사슴을 잡기 위해서는 두 사냥꾼이 반드시 협력해야 합니다. 사냥꾼 혼자서는 사슴을 잡을 수가 없기 때문이죠. 그리고 각각 토끼 사냥을 해서 각자 토끼 한 마리씩 잡는다면 사냥꾼들은 각각 5의 보수를 얻게 됩니다. 사슴이 토끼보다 더 크기 때문에 사슴을 사냥했을 때의 보수가 토끼를 사냥했을 때보다 더 큰 것이죠. 그런데 만약 어느 한 사냥꾼은 사슴을 사냥하는데 다른 사냥꾼은 사슴사냥에 협력하지 않고 토끼를 사냥한다면 사슴사냥을 한 사냥꾼은 아무 것도 잡지 못해 보수는 0이 되고, 토끼 사냥을 한 사냥꾼은 토끼 한 마리를 잡기 때문에 보수는 5가 됩니다.

사슴사냥 게임의 균형 즉 게임의 결과는 어떻게 될까요? 아마도 두 사냥꾼은 서로 협력하지 않고 각자 토끼 사냥을 해서 결국엔 각각 토끼 한 마리씩만 잡게 될 거예요. 만약 사냥꾼1이 사슴사냥을 하는데 사냥꾼2는 사슴사냥에 협력하지 않고 자기 혼자 토끼사냥에만 열중한다면, 사냥꾼1은 아무 것도 잡지 못할 거라고 생각할 거예요. 사냥꾼2도 같은 생각이겠죠. 따라서 두 사냥꾼 모두 아무것도 잡지 못하는 것보다는 차라리 토끼라도 한 마리 잡는 편이 더 낫겠다고 판단하게 됩니다. 상대방을 신뢰할 수 없으니 보수(효용)는 작지만 확실한 걸 선택하겠다는 거죠. 매우 합리적인 행동입니다.

그런데 만약 두 사냥꾼이 서로를 100% 신뢰하는 관계라고 가정해봅시다. 그렇다면 두 사냥꾼은 서로 협력해서 사슴사냥을 하게 될 것이고, 그 결과 각각 10이라는 가장 큰 보수를 얻을 수 있습니다. 신뢰라는 심리적 요인이 작용하기 때문에 두 사냥꾼은 작지만 확실한 효용(토끼)을 포기하고(즉 비합리적 선택을 하고), 사슴사냥을 함께 하게 되는 것이죠. 신뢰가 만들어낼 수 있는 사슴사냥 게임의 또 다른 균형입니다.

상대적 이득

게임이론과 행동경제학 간의 관계에 대한 설명을 마무리하기 전에 상대적 이득^{relative gains}에 대해서도 알아볼게요. 상대적 이득이라는 개념은 시카고대학교의 현실주의 국제정치학자인 미어샤이머^{John Joseph Mearsheimer} 교수가 주장한 개념인데요. 간략히 설명하면 국가들이 서로 협력해 서로가 이득을 얻는다 하더라도 이때 각 국가가 얻게 되는 이득의 상대적 차이가 발생한다면 국가들 간의 협력은 어렵다는 개념입니다. 즉 상대적 이득의 차이 때문에 국제협력이 어렵다는 얘기죠[Mearsheimer 1990; Powell 1991].

주류경제학에 따르면 협력하지 않으면 아무런 효용도 얻을 수 없지만, 협력하면 각각 서로 다른 크기의 효용을 얻게 되는 상황(즉 상대적 이득이 발생하는 상황)에서 경제 주체들은 각자 얻게 되는 효용의 크기와 상관없이 상호 협력을 통해 각자의 효용을 조금이라도 증가시키려고 할 것입니다. 즉 아무것도 얻지 못하는 것보다는 남들보다 작은 것이라도 일단 얻어내는 것이 합리적 행동인 것이죠.

하지만 상대적 이득의 이슈 때문에 현실에서 경제 주체들은 그렇게 쉽게 협력하지는 않습니다. 특히 국가들 간의 관계가 그렇겠죠. 예를 들면 두 경제 강대국이 협력해서 어떤 사업을 같이 하는데 A국가는 이 사업으로 1조 달러를 벌고, B국가는 10조 달러를 벌게 된다면 두 강대국 간의 협력은 쉽지 않을 것입니다. 즉 두 강대국은 서로 협력하지 않는 비합리적인 행동을 하게 될 거예요. 왜냐하면 A국가 입장에서는 B국가가 나중에 10조 달러를 갖고 경제력과 군사력을 키워 A국가를 위협하거나 침략할 수도 있다고 우려할 수 있기 때문입니다. 미국과 중국 간의 관계를 생각해보면 이해가 쉬울 거예요.

이러한 현상은 행동경제학에서 다루는 두 가지 중요한 개념과 관련이 있습니다. 하나는 신뢰의 문제이고, 다른 하나는 공정성의 문제입니다. 만약 두 강대국이 서로 신뢰하는 관계라면, 비록 두 강대국이 얻게 되는 효용의 크기가 서로 다르다고 할지라도 두 강대국은 협력을 통해 각자의 효용을 조금이라도 증대시킬 것입니다. 신뢰라는 심리적 요인이 두 강대국에게 합리적 행동을 하게 만드는 것이죠. 반면 공정성의 관점에서 보면 어떨까요? 두 강대국이 협력했는데 각자 얻게 되는 효용이 다르다는 것은 적은 효용을 가져가는 A국가 입장에서는 공정하지 않다고 판단할 것입니다. 따라서 A국가는 협력하지 않을 것입니다. 공정이라는 심리적 요인 때문에 두 강대국 간의 협력이 어려워지는 것이죠. 따라서 행동경제학의 심리적 요인은 비단 개인의 행동에만 영향을 미치는 것이 아니고 국가의 행동에도 영향을 미친다는 사실을 알 수 있습니다.

정책결정모형

행정학에는 정책학이라는 세부 학문이 있습니다. 정책학은 말 그대로 정책을 연구하는 학문으로, 정책학에서 말하는 정책은 물론 정부 정책을 의미합니다. 정책학에서는 정책을 결정하는 모델에 관한 연구도 하는데, 정책결정모형과 행동경제학 간에 관련이 좀 있습니다. 주류경제학과의 관련성도 있고요. 그럼 먼저 정책과 정책결정모형을 알아보겠습니다.

정책이란 '어떤 특정한 상황에서 정부가 계획하는 사회를 만들기 위해 정부가 행하는 일련의 의사결정' 또는 '바람직한 사회상태를 이룩하려는 정책목표와 이를 달성하기 위해 필요한 정책수단에 대해 권위 있는 정부기관이 공식적으로 결정한 기본방침'을 말합니다. 정부정책은 많은 편익을 발생시키기도 하지만 이를 위해 필요한 많은 비용을 유발하며, 그것이 국가전체나 국민생활에 미치는 영향이 매우 크기 때문에 정책은 가장 바람직하게 결정돼야 합니다. 이러한 정책결정과 관련된 문제를 해결하기 위해 연구하는 것이 바로 정책결정모형입니다[신임철 2001].

정책결정모형은 정책이 어떠한 과정을 통해 결정되고, 어떻게 결정되는 것이 바람직하며, 그러기 위해서는 어떻게 해야 하는지를 설명하는 가설적인 모형을 말합니다. 정책결정을 연구하는 학자들에 따라 각각 설명하고 강조하려는 정책결정과정의 측면이 상이하기 때문에 정책결정모형의 예는 대단히 많습니다. 예를 들면 합리모형, 점증모형, 싸이버네틱스 모형, 만족모형, 최적모형 등이 있습니다[신임철 2001].

　다양한 정책결정모형 중에서 합리모형과 점증모형을 제외한 다른 모형은 합리모형과 점증모형을 조금씩 변형시키거나 양자를 혼합해 재구성한 모형이기 때문에, 이 책에서는 정책결정모형의 이념형[ideal type]이라고 할 수 있는 합리모형과 점증모형에 대해 알아보겠습니다. 그리고 이 두 정책결정모형이 주류경제학과 행동경제학에서 주장하는 의사결정과정과 어떤 관련이 있는지도 알아보겠습니다.

주류경제학과 합리모형

우선 합리모형[rational model]부터 살펴볼게요. 합리모형은 다음에 제시하는 다섯 가지 정책결정단계를 거쳐 가장 최선의 정책대안을 선택해야 한다는 것을 내용으로 하는 정책결정모형입니다. 이 다섯가지 단계를 합리적 의사결정의 단계 또는 분석적 의사결정의 단계라고 부릅니다[신임철 2001]. 다음에 나오는 내용을 읽어보면 알겠지만, 합리모형은 주류경제학에서 주장하는 합리적 선택[rational choice]을 위한 의사결정과정과 매우 유사합니다. 즉 합리모형은 결국 합리적 선택 또는 합리적 행동을 위한 의사결정모형이라고 생각하면 됩니다.

합리모형의 첫 번째 단계에서는 해결해야 할 문제나 달성하려는 목표를 명확히 하고, 두 번째 단계에서는 문제를 해결할 수 있는 또는 목표를 달성할 수 있는 여러 가지 대안을 광범위하게 탐색하며, 세 번째 단계에서는 각 대안이 추진됐을 때 나타날 수 있는 결과를 예측하고, 네 번째 단계에서는 각 대안의 예상결과를 평가해 비교하고, 마지막 다섯 번째 단계에서는 이 대안 중에서 최선의 대안을 선택합니다. 이상의 다섯 가지 단계로 이뤄진 합리모형은 최적의 정책대안을 선택하기 위해 정책결정자가 어떻게 행동해야 하는지에 대한 규범적^{normative}이고 처방적^{prescriptive}인 지식을 제공해 줍니다[신임철 2001]. 하지만 합리모형은 다음에 설명하는 두 가지의 치명적인 한계가 있습니다.

첫째, 합리모형은 현실의 정책결정과정을 설명하는 데 한계가 있습니다. 즉 현실설명력이 떨어집니다. 현실의 정책결정과정은 합리모형에서 주장하는 것처럼 앞에서 나온 다섯 가지 단계를 순차적으로 거쳐 이뤄지는 것이 아닙니다. 즉 정책은 합리적이고 분석적인 방법이 아닌 직관이나 습관 또는 정치적 타협 등의 방법에 의해 결정되는 것입니다. 명확하지 않은 목표와 문제가 설정되고, 제한된 범위의 한정된 대안만 탐색되며, 각 대안의 결과도 몇 가지만 예측되고 비교되며, 그중에서 적당한 정책대안을 선택하게 되는 것이 현실의 정책결정과정입니다. 게다가 이러한 과정 속에서 다양한 정책 관련 집단이 참여하게 돼 정책결정과정은 정치적 과정의 성격까지 띠게 됩니다[신임철 2001]. 주류경제학에서 주장하는 합리적 선택이라는 개념의 현실성이 떨어지는 이유와 거의 동일합니다.

둘째, 합리모형은 비현실적인 가정을 설정한다는 한계가 있습니다. (지금부터 나오는 얘기는 1장에서 설명한 '주류경제학의 전제에 대한 비판'의 내용과 거의 똑같습니다) 미국의 사회과학자인 허버트 사이먼이 주장한 바와 같이 인간은 제한된 합리성을 가진 존재입니다. 따라서 광범위한 대안의 탐색이나 각 대안의 완전한 결과예측 등은 사실상 불가능합니다. 그리고 정책결정을 둘러싼 환경에는 엄청난 불확실성이 존재하고 있죠. 또한 이러한 대안탐색이나 결과예측이 비록 인간에 의해 가능하다고 할지라도 모든 대안탐색과 결과예측에는 막대한 비용과 시간이 필요하다는 것입니다. 따라서 합리모형은 정책결정자에게 너무나 가혹한 노력과 능력을 요구합니다 [신임철 2001]

정리하면 정책결정모형으로서의 합리모형은 주류경제학과 거의 동일합니다. 둘 다 인간은 합리적인 의사결정을 하고 합리적인 행동을 한다고 주장하지만, 둘 다 현실 설명력이 부족하고 비현실적인 가정에 기반하고 있습니다. 그럼 이제 합리모형과 정반대라고 할 수 있는 점증모형과 행동경제학의 관계에 대해 알아보겠습니다.

행동경제학과 점증모형

합리모형과 가장 대비되는 내용과 성격을 가진 정책결정모형이 바로 점증모형^{incremental model}입니다. 점증모형은 정책결정에 대한 현실적인 설명모형으로, 연속적이고 제한된 비교에 기반한 의사결정 방법입니다. 린드블롬^{Charles Lindblom}, 윌다프스키^{Aaron Wildavsky} 등의 학자들이 주장했습니다. 합리모형이 정책결정문제의 기본적인 이슈에서 출발해 점차 세부적인 주제로 옮겨가면서 정책목표를 설정하고 대안을 검토해 가는 근본적인 접근방법이라고 한다면, 점증모형은 현존하는 상태로부터 조금씩 변화시키는 점진적인 접근방법이라고 할 수 있습니다.[신임철 2001]. 요약하면 합리모형은 이상적인(합리적인) 의사결정모형이고, 점증모형은 현실적인(비합리적인) 의사결정모형이라는 것입니다. 마치 주류경제학과 행동경제학 간 비교와 비슷해 보이죠.

점증모형을 뒷받침하는 두 개의 지주는 인간의 인지능력 한계와 다원주의^{pluralism}입니다. 인간은 인지능력의 한계 때문에 완전한 합리성이 아닌 제한된 합리성에 의해 의사결정을 하며(행동경제학의 주장과 동일), 사회의 다원화에 따라 정책이 정부 일방에 의해서 결정되기보다는 정치적 과정을 거치면서 점증적으로 결정된다는 개념입니다.[Lindblom 1959; Lindblom 1979].

린드블롬은 정책결정자의 분석능력과 시간이 부족하고 정보도 제한돼 있고, 대안 간 비교의 기준으로 이용할 가치기준마저 불분명한 상태에서는 현재의 정책에서 소폭적인 변화만을 대안으로 고려해 정책을 결정하고, 시간이 흐름에 따라 피드백 되는 정보를 모아 잘못된 점이 있으면 수정하고 보완하는 방식으로 연속적인 정책결정을 하는 것이 실현가능성도 높고 바람직한 정책결정방법이라고 주장합니다[Lindblom 1959; Lindblom 1979]. 합리모형과 비교했을 때 점증모형은 정책결정비용이 작기 때문에 비용 대비 효과의 크기가 크며, 현대사회처럼 급변하는 정책결정 환경에서는 불확실성을 줄이기 위해 합리모형의 정책결정보다는 정책을 계속적으로 수정하고 보완하는 점증모형이 더 바람직하다고 생각합니다. 또한 여러 이해집단의 참여에 의한 정치적 과정을 거쳐 정책이 점증적으로 결정되면 정치적 갈등을 줄일 수 있게 돼, 정치적 실현가능성도 높이고 정책의 안정성도 확보할 수 있는 이점이 있습니다[신임철 2001].

하지만 점증모형은 정책이 결정되는 과정을 부분적으로 조금씩 계속해서 정책을 다듬어 나가는 점진적인 과정이라고 서술할 뿐, 구체적이고 역동적인 정책결정의 과정은 상세하게 설명하지 못하는 한계가 있습니다. 이러한 점증모형의 한계에 대해 드로 Yehezkel Dror는 점증모형이 과학 science이 아니라 단순한 인간의 관성을 나타내고 있을 뿐이라고 비판했습니다[Dror 1964]. 다시 말하면 행동경제학의 개념 중 하나인 인간의 관성(2장 참조)이라는 심리적 요인 때문에 정책결정과정이 점증적으로 이뤄진다고 할 수 있습니다. 이렇게 보면 행동경제학과 점증모형은 학문적으로 사촌이라고 말해도 무리가 없을 것 같습니다.

사람들은 돈을 잃을 게 뻔한데도 왜 계속 카지노 게임을 할까?

인천 영종도의 인천국제공항 근처에는 '파라다이스시티'라는 동
북아시아 최초의 복합 리조트가 있습니다. 파라다이스시티는
2017년 4월에 오픈했는데, 축구장 46개 크기의 면적인 33만m^2의
부지에 호텔, 외국인 전용 카지노, 컨벤션센터, 쇼핑센터, 클럽, 아
트 갤러리, 고급 레스토랑, 실내 테마파크, 대형 워터파크형 스파
등의 다양한 초호화 시설을 갖추고 있습니다. 저는 파라다이스시
티에서 약 3년 동안 마케팅 커뮤니케이션을 총괄하는 임원으로 일
했습니다. 그때 파라다이스시티 카지노를 방문하는 카지노 고객들
을 보면서, 문득 "사람들은 왜 카지노 게임을 할까?"라는 근본적
인 질문을 스스로 해보게 됐습니다.

인간의 비합리성을 가장 잘 보여주는 예가 바로 카지노 게임이
라고 생각합니다. 확률적으로 볼 때 카지노 게임을 해서 돈을 딸
확률은 매우 낮습니다. 즉 베팅금액 대비 딸 수 있는 기대값이 매
우 작다는 뜻이죠. 따라서 주류경제학의 관점에서 본다면 사람들
이 카지노 게임을 하는 것은 매우 비합리적인 행동입니다. 하지만
세상에는 카지노 게임을 하는 사람들이 매우 많습니다. 그리고 한
번 카지노 게임을 하게 되면, 그 이후에도 기회가 생길 때마다 계

속 하는 사람들이 많습니다. 그렇다면 사람들은 돈을 잃을 게 뻔한 데도 왜 계속 카지노 게임을 할까요?

이러한 질문에 답하기 위해 여러 가지 연구를 해봤습니다. 우선 구체적으로 카지노 고객의 어떤 행동이 비합리적인 행동인지와 그러한 비합리적인 행동에 영향을 미치는 심리요인은 무엇인지 알아보고자 했습니다. 그래서 카지노 회사에서 딜러 또는 마케팅 직원으로 근무하면서 카지노 고객들을 상대한 경험이 있는 12명을 대상으로 심층 인터뷰를 진행했습니다[신임철 2020].

심층 인터뷰 결과 카지노 게임을 하는 것 자체가 비합리적 행동이며, 카지노 고객의 가장 비합리적인 행동은 장시간 카지노 게임을 하는 것과 큰 금액을 베팅하는 것이라는 답변을 얻었습니다. 또한 카지노 고객의 이러한 비합리적 행동에 영향을 미치는 심리요인은 매몰비용(과거에 이미 지출되어 현재는 회수할 수 없는 비용), 베블런 효과(남들에게 과시하려는 욕구 때문에 비합리적 행동을 하는 현상), 자신감(사람들이 주어진 정보를 합리적으로 해석하지 않거나 정보를 합리적으로 해석했다고 하더라도 합리적인 해석 결과에 따르지 않고, 자신에 대한 믿음이나 자신의 운에 대한 확신에 따라 행동하려는 심리), 이용가능성 편향(일반적인 이론, 객관적인 데이터, 통계자료보다 최근에 발생한 주변의 구체적인 사건이나 의사결정자의 주관적인 경험을 떠올려 결정하려는 심리), 군중심리(다른 사람들의 의사결정이나 행동을 따라 하는 것)라는 것을 알아냈습니다[신임철 2020].

좀 더 이해하기 쉽게 설명해 보겠습니다. 사람들은 카지노에서 이미 잃은 돈을 만회하기 위해 계속 베팅합니다(매몰비용). 자신이 카지노 게임을 할 정도로 돈이 있다는 사실과 자신의 베팅 기술이 좋다는 것을 다른 사람들에게 과시하고 싶어서 카지노 게임을 합니다(베블런 효과). 자신이 카지노 게임을 하면 반드시 돈을 딸 것이라는 확신이 있기 때문에 카지노 게임을 합니다(자신감). 과거에 자신이 카지노에서 돈을 딴 적이 있거나 누군가 카지노에서 큰 돈을 딴 적이 있다는 소문을 들었기 때문에 카지노 게임을 합니다(이용가능성 편향). 그리고 카지노 게임을 하는 친구들이나 주변 사람들을 따라 카지노 게임을 합니다(군중심리).

그런데 특이하게도 심리적 회계(기업이 예산을 관리하듯이 개인도 자신의 마음 속에 스스로 설정한 계정별로 한도, 수입, 지출 등을 관리하는 것)는 카지노 고객의 비합리적인 행동을 완화시킬 수 있다는 사실도 알 수 있었습니다. 즉 심리적 회계를 형성한 사람들은 자신의 마음 속 카지노 게임 계정에 예산을 아예 배정하지 않거나 감내 가능한 수준의 금액만을 배정하고, 다른 계정에서 전용하지 않으려고 하기 때문에 카지노 게임을 거의 하지 않거나 카지노 게임 계정에 배정된 금액 내에서만 카지노 게임을 하게 된다는 사실입니다[신임철 2020]. 5장에서 공부했듯이 심리적 회계가 카지노 고객의 자기통제를 강화했기 때문입니다.

다음으로는 매몰비용, 베블런 효과, 자신감, 이용가능성 편향, 군중심리, 심리적 회계가 각각 카지노 고객의 게임시간과 베팅 금액에 어떤 영향을 미치는지를 통계적으로 검증하기 위해 카지노 게임 경험이 있는 162명을 대상으로 조사를 했습니다. 조사에 대한 답변을 분석한 결과 매몰비용, 베블런 효과, 자신감, 이용가능성 편향이 강한 사람일수록 더 긴 시간 동안 카지노 게임을 한다는 점과 더 큰 금액을 베팅한다는 사실을 알아냈습니다. 그중에서도 매몰비용과 베블런 효과가 가장 큰 영향을 미쳤습니다. 하지만 군중심리는 게임시간과 베팅 금액에 통계적으로 유의미한 영향을 미치지는 못했습니다. 한편 심리적 회계가 강한 사람일수록 카지노 게임시간은 더 짧고 베팅 금액은 더 작다는 사실도 발견했습니다[신임철 2020; 신임철, 임성택 2020a]. 심리적 회계가 자기통제를 강화했기 때문이죠.

마지막으로 심리적 회계가 형성된 사람들은 그렇지 않은 사람들보다 정말로 카지노 게임시간이 더 짧은지와 베팅 금액이 더 작은지를 좀 더 정확하게 검증하기 위해 225명을 대상으로 간단한 실험을 해봤습니다. 실험 참가자들의 절반에게는 심리적 회계를 형성하도록 유도하는 시나리오에 따라 답하게 하고, 나머지 절반의 참가자들에게는 심리적 회계와 관련 없는 시나리오를 제시했습니다. 실험 결과 심리적 회계를 형성하도록 유도하는 시나리오에 따라 답을 한 실험 참가자들은 그렇지 않은 참가자들보다 카지노 게임시간은 더 짧고 베팅 금액도 더 작았습니다[신임철 2020; 신임철, 임성택 2020b]. 역시 심리적 회계로 인한 자기통제 효과 때문입니다.

이제 결론을 정리해 보겠습니다. 사람들이 돈을 잃을 게 뻔한데도 카지노 게임을 계속하는 이유는 매몰비용, 베블런 효과, 자신감, 이용가능성 편향 때문입니다. 그리고 일부 사람들은 군중심리 때문에 친구들이나 지인들을 따라서 카지노 게임을 하기도 합니다. 한편 심리적 회계가 강하게 형성된 사람들은 자기통제력이 강화돼 카지노 게임을 거의 하지 않거나 게임시간이 짧고 베팅 금액도 작습니다. 카지노 게임을 적당히 재미로만 즐기려면 평소에 심리적 회계에 관심을 갖고, 행동경제학을 공부하는 것이 꼭 필요하다고 생각합니다.

지금까지 이 책을 완독해 주셔서 감사합니다. 이 책이 행동경제학에 대한 독자들의 지적 호기심을 해결하고, 독자들이 일상생활에서 크고 작은 선택을 하는 데 있어 조금이나마 도움이 되기를 기대해 봅니다. 그리고 이 책이 사람들의 심리와 행동을 이해하고, 좀 더 나은 공동체를 설계하려는 분들에게도 작은 도움이 됐으면 좋겠습니다. 앞으로도 행동경제학에 대해 많은 관심을 부탁드립니다.

참고문헌

들어가며_ 우리나라 독자를 위한 행동경제학 입문서가 있으면 좋겠다

- Sendhil Mullainathan, Richard H. Thaler, "Behavioral Economics", 「National Bureau of Economic Research」, NBER Working Papers: 7948, 2000
- Richard H. Thaler, "Behavioral economics: Past, present, and future", 「American Economic Review」, 106(7), 1577~1600, 2016
- 신임철, 「소비자행동에 관한 행동경제학 관점의 연구」, 경영학 박사학위논문, 성균관대학교, 2020

1장_ 행동경제학이 도대체 뭐야?: 경제학+심리학

- John Eatwell, Murray Milgate, Peter Newman, 『Utility and Probability』, London: Macmillan, 1987
- Jonathan St. B. Evans, "In two minds: dual-process accounts of reasoning", 「TRENDS in Cognitive Sciences」, 7(10), 454-459, 2003
- Jonathan St. B. Evans, Keith E. Stanovich, "Dual-process Theories of Higher Cognition: Advancing the Debate", 「Perspectives on Psychological Science」, 8(3), 223-241, 2013
- Keith Frankish, "Dual-Process and Dual-System Theories of Reasoning", 「Philosophy Compass」, 5(10), 914-926, 2010
- Sendhil Mullainathan, Richard H. Thaler, "Behavioral Economics", 「National Bureau of Economic Research」, NBER Working Papers: 7948, 2000
- Daniel Kahneman, Amos Tversky, "Prospect Theory: An Analysis of

Decision under Risk", 「Econometrica」, 47(2), 263-292, 1979

- Herbert A Simon, "A Behavioral Model of Rational Choice", 「Quarterly Journal of Economics」, 69(1), 99 – 118, 1955

- Keith E. Stanovich, Richard F. West, "Individual differences in reasoning: Implications for the rationality debate?", 「Behavioral and Brain Sciences」, 23(5), 645-726, 2000

- Richard H. Thaler, "Behavioral economics: Past, present, and future", 「American Economic Review」, 106(7), 1577-1600, 2016

- Richard H. Thaler, Sendhil Mullainathan, "How Behavioral Economics Differs from Traditional Economics?", 「Emotional Intelligence and Crowd Technologies Research: Behavioral Economics」, Collection of Articles of Internet Conference(www.crowdintell.com), 103-108, 2013

- "Fama, Hansen and Shiller win Nobel Prize for economics", Financial Times(https://www.ft.com/content/6f949e8c-34c1-11e3-8148-00144feab7de), 15 October 2013

- 고석빈, 신임철, 『처음 만나는 금융공학』, 에이콘출판사, 2018

- 리처드 탈러, 캐스 선스타인, 『넛지: 똑똑한 선택을 이끄는 힘(Nudge: Improving Decisions about Health, Wealth, and Happiness)』, 안진환, 최정규 옮김, 리더스북, 2018

- [기대효용이론] 매경시사용어사전
https://100.daum.net/encyclopedia/view/31XXXXXX2753

- [드레퓌스 사건] 위키백과
https://ko.wikipedia.org/wiki/드레퓌스_사건

- [시스템] 위키백과
https://ko.wikipedia.org/wiki/시스템

2장_ 사람들은 대충 직감으로 신속하게 판단한다: 휴리스틱과 편향

- Adam Grant, 『Originals: How Non-Conformists Move the World』, Penguin Books, 2016

- Chris Guthrie, "Better settle than sorry: the regret aversion theory of litigation behavior", 「University of Illinois Law Review」, 43, 1999

- Michael T. Hannan, John Freeman, "Structural Inertia and Organizational Change", 「American Sociological Review」, 49(2), 149-164, 1984

- Dominik Jung, "Nudge action: Overcoming decision inertia in financial planning tools", Behavioraleconomics.com(https://www.behavioraleconomics.com/nudge-action-overcoming-decision-inertia-in-financial-planning-tools/), 2019

- Carmen Keller, Michael Siegrist, Heinz Gutscher, "The role of the affect and availability heuristics in risk communication", 「Risk Analysis」, 26(3), 631-63, 2006

- B. Madrian, D. Shea, "The power of suggestion: Inertia in 401(k) participation and savings behavior", 「Quarterly Journal of Economics」, 116, 1149-1187, 2001

- Christopher Marquis, "Imprinting: Toward a Multilevel Theory", 「The Academy of Management Annals」, 7(1), 193-243, 2013

- Eli Pariser, 『The Filter Bubble: What The Internet Is Hiding From You』, Penguin Press, 2013

- Michael M. Pompian, 『Behavioral Finance and Wealth Management: How to Build Investment Strategies That Account for Investor Biases』, 2nd Edition, Wiley Finance, 2011

- Jay R. Ritter, "Behavioral finance", 「Pacific-Basin Finance Journal」, 11(4), 429-437, 2003

- M. Seiler, V. Seiler, S. Traub, D. Harrison, "Regret aversion and false reference points in residential real estate", 「Journal of Real Estate Research」, 30(4), 461-474, 2008

- Amos Tversky, Daniel Kahneman, "Availability: A heuristic for judging frequency and probability", 「Cognitive Psychology」, 5(2), 207-232, 1973

- "'Yeah, we're spooked': AI starting to have big real-world impact, says expert", Guardian(https://www.theguardian.com/technology/2021/oct/29/yeah-were-spooked-ai-starting-to-have-big-real-world-impact-says-expert), 29 October 2021

- "Making Sense Of Shareholder Value: 'The World's Dumbest Idea'", Forbes(https://www.forbes.com/sites/stevedenning/2017/07/17/making-sense-of-shareholder-value-the-worlds-dumbest-idea/?sh=6c0a00f32a7e), 17 July 2017

- 김준석, "주식시장 개인투자자의 행태적 편의", 「자본시장포커스」, 2021-17호, 2021

- 조천호, 『파란하늘 빨간지구』, 동아시아, pp.173-174, 2019

- [필터버블] 네이버 지식백과
  https://terms.naver.com/entry.naver?docId=2718605&cid=55571&categoryId=55571

- [필터버블] 위키백과
  https://ko.wikipedia.org/wiki/필터_버블

- Dan Ariely, 『Predictably Irrational, Revised and Expanded Edition: The Hidden Forces That Shape Our Decisions』, Harper Perennial; Revised and Expanded Edition, 2010

- E. Galanter, P. Pliner, "Cross-Modality Matching of Money Against Other Continua", 「Sensation and Measurement」, 65-76, 1974

- Chris Guthrie, "Better settle than sorry: the regret aversion theory of litigation behavior", 「University of Illinois Law Review」, 43, 1999

- Daniel Kahneman, Amos Tversky, "Prospect Theory: An Analysis of Decision under Risk", 「Econometrica」, 47(2), 263-292, 1979

- Daniel Kahneman, Amos Tversky, "Choices, Values, and Frames", 「American Psychologist」, 39(4), 341-350, 1984

- Daniel Kahneman, Jack L. Knetsch, Richard Thaler, "Experimental Tests of the Endowment Effect and the Coase Theorem", 「Journal of Political Economy」, 98(6), 1325-1348, 1990

- D. Prelec, G. Loewenstein, "The red and the black: Mental accounting of savings and debt", 「Marketing Science」, 17(1), 4-28, 1998

- S. I. Rick, "Tightwads and spendthrifts: An interdisciplinary review", Financial Planning Review(https://doi.org/10.1002/cfp2.1010), 1(1-2), e1010, 2018

- Hersh Shefrin, Meir Statman, "The Disposition to Sell Winners Too Early and Ride Losers Too Long: Theory and Evidence", 「The journal of finance」, 40(3), 777-790, 1985

- Richard Thaler, "Toward a Positive Theory of Consumer Choice", 「Journal of Economic Behavior and Organization」, 1(1), 39-60, 1980

- Amos Tversky, "Elimination by Aspects: A Theory of Choice", 『Psychological Review』, 79, 281-299, 1972

- Amos Tversky, Daniel Kahneman, "Loss Aversion in Riskless Choice: A Reference-Dependent Model", 『The Quarterly Journal of Economics』, 106(4), 1039-1061, 1991

- O. Zellermayer, "The pain of paying", Doctoral dissertation, Department of Social and Decision Sciences, Carnegie Mellon University, Pittsburgh, PA, 1996

- 생텍쥐페리, 『어린 왕자』, 혜원출판사, pp.81-88, 2002

- "경제 속 마음을 읽다 - 당신이 고수들의 투자법을 결코 따라 할 수 없는 이유", 정신의학신문(http://www.psychiatricnews.net/news/articleView.html?idxno=32096), 2021.11.19

4장_ 어떤 관점에서 바라보느냐에 따라 풍경이 바뀐다: 프레이밍 효과

- Randolph Preston McAfee, Hugo M. Mialon, Sue H. Mialon, "Do sunk costs matter?", 『Economic Inquiry』, 48(2), 323-336, 2010

- George A. Akerlof, Robert J. Shiller, 『Animal Spirits: How Human Psychology Drives the Economy, and Why It Matters for Global Capitalism』, Princeton University Press, 2009

- Charles T. Clotfelter, Philip J. Cook, "Notes: The "Gambler's Fallacy" in Lottery Play", 『Management Science』, 39(12), 1521-1525, 1993

- Howard Rachlin, Vasiliy Safin, Kodi B. Arfer, Ming Yen, "The attraction of gambling", 『Journal of the Experimental Analysis of Behavior』, 103(1), 260-266, 2015

- Stefan Roth, Thomas Robbert, Lennart Straus, "On the sunk-cost

effect in economic decision-making: a meta-analysis review",
「Business Research」, 8(1), 99-138, 2015

- Amos Tversky, Daniel Kahneman, "The framing of decisions and the psychology of choice", 「Science」, New Series, 211(4481), 453-458, 1981

- 신임철, 「소비자행동에 관한 행동경제학 관점의 연구」, 경영학 박사학위논문, 성균관대학교, 2020

- 어빙 피셔, 『화폐 착각: 돈의 마술에 넘어가도록 만드는 편향(The money illusion)』, 정명진 옮김, 부글북스, 2016

- 유발 하라리, 재레드 다이아몬드, 닉 보스트롬, 린다 그래튼, 다니엘 코엔, 조앤 윌리엄스, 넬 페인터, 윌리엄 페리, 『초예측』, 오노 가즈모토 엮음, 정현옥 옮김, 웅진지식하우스, pp.194-195, 2019

- 이석훈, "행태경제학 관점에서 본 디폴트옵션의 도입 필요성", 「자본시장 포커스」, 2020-18호, 2020

- 장하준, 『사다리 걷어차기: 선진국 경제 발전 신화 속에 감춰진 은밀한 역사(Kicking Away the Ladder: Development Strategy in Historical Perspective)』, 김희정 옮김, 부키, 2020

- 장하준, 『나쁜 사마리아인들: 신자유주의는 왜 실패할 수밖에 없었는가?(Bad Samaritans: The Myth of Free Trade and the Secret History of Capitalism)』, 이순희 옮김, 부키, 2018.

- 「성경전서 개역한글판」 DB, 성서개역자회, 대한성서공회

- [도박사의 오류] 위키백과
  https://ko.wikipedia.org/wiki/도박사의_오류

- [드라마 '송곳'] 다음(Daum)
  https://search.daum.net/search?w=tv&q=%EC%86%A1%EA%B3%B3

&irk=69141&irt=tv-program&DA=TVP

- [초원복국 사건] 위키백과
  https://ko.wikipedia.org/wiki/초원복국_사건

5장_ 엄마는 왜 노점상에게 콩나물을 살 때 값을 깎으려고 할까?: 심리적 회계

- Hal R. Arkes, Cynthia A. Joyner, Mark V. Pezzo, Jane-Gradwohl Nash, Karen Siegel-Jacobs, Eric Stone, "The Psychology of Windfall Gains", 「Organizational Behavior and Human Decision Processes」, 59(3), 331 – 347, 1994

- Ronald G. Bodkin, "Windfall Income and Consumption", 「American Economic Review」, 49(4), 602 – 614, 1959

- Kevin J. Egan, Jay R. Corrigan, Daryl F. Dwyer, "Three reasons to use annual payments in contingent valuation surveys: Convergent validity, discount rates, and mental accounting", 「Journal of Environmental Economics and Management」, 72, 123-136, 2015

- Nicholas Epley, Ayelet Gneezy, "The Framing of Financial Windfalls and Implications for Public Policy", 「Journal of Socio-Economics」, 36(1), 36 – 47, 2007

- Chip Heath, Jack B. Soll, "Mental budgeting and consumer decisions", 「Journal of Consumer Research」, 23(1), 40-52, 1996

- Chelsea Helion, Thomas Gilovich, "Gift Cards and Mental Accounting: Green-lighting Hedonic Spending", 「Journal of Behavioral Decision Making」, 27(4), 386-393, 2014

- Howard Rachlin, "Self-Control", 「Behaviorism」, 2(1), 94-107, 1974

- Howard Rachlin, "Self-control: Beyond commitment", 「Behavioral and Brain Sciences⌋, 18(1), 109-121, 1995

- Howard Rachlin, "Self-Control Based on Soft Commitment", 「The Behavior Analyst⌋, 39(2), 259 – 268, 2016

- Howard Rachlin, Leonard Green, "Commitment, choice and self-control", 「Journal of the Experimental Analysis of Behavior⌋, 17(1), 15-22, 1972

- Ran Kivetz, "Advances in Research on Mental Accounting and Reason-Based Choice", 「Marketing Letters⌋, 10(3), 249-266, 1999

- Mordechai E. Kreinin, "Windfall Income and Consumption: Additional Evidence", 「American Economic Review⌋, 51(3), 388 – 390, 1961

- France Leclerc, Bernd H. Schmitt, Laurette Dube, "Waiting time and decision making: Is time like money?", 「Journal of Consumer Research⌋, 22(1), 110-119, 1995

- Jonathan Levav, A. Peter McGraw, "Emotional Accounting: How Feelings About Money Influence Consumer Choice", 「Journal of Marketing Research⌋, 46(1), 66-80, 2009

- Matthew L. Locey, Bryan A. Jones, Howard Rachlin, "Self-control and altruism", 「APA handbook of behavior analysis⌋, 1, Methods and principles, 463 – 481, 2013

- Katherine L. Milkman, John Beshears, "Mental Accounting and Small Windfalls: Evidence from an Online Grocer", 「Journal of Economic Behavior & Organization⌋, 71(2), 384-394, 2009

- Walter Mischel, 『The Marshmallow Test: Mastering Self-Control』, Little, Brown Spark, September 23rd 2014

- Suzanne O'Curry, Michal Strahilevitz, "Probability and Mode of

Acquisition Effects on Choices Between Hedonic and Utilitarian Options", 「Marketing Letters」, 12(1), 37 – 49, 2001

- Drazen Prelec, George Loewenstein, "The Red and the Black: Mental Accounting of Savings and Debt", 「Marketing Science」, 17(1), 4-28, 1998

- Nicolas Reinholtz, Daniel M. Bartels, Jeffery R. Parker, "On the mental accounting of restricted-use funds: How gift cards change what people purchase", 「Journal of Consumer Research」, 42(4), 596-614, 2015

- Richard H. Thaler, "Mental Accounting and Consumer Choice", 「Marketing Science」, 4(3), 199-214, 1985

- Richard H. Thaler, "Mental accounting matters", 「Journal of Behavioral Decision Making」, 12(3), 183-206, 1999

- Richard H. Thaler, "Mental Accounting and Consumer Choice", 「Marketing Science」, 27(1), 15-25, 2008

- Richard H. Thaler, E. J. Johnson, "Gambling with the House Money and Trying to Break Even: The Effects of Prior Outcomes on Risky Choice", 「Management Science」, 36(6), 643-661, 1990

- Yi-lin Wang, Qing-gong LI, Da-gen ZHOU, Ting-rong WU, "Undergraduate students' time management: perspective of mental accounting", 「Journal of Xinyu University」, 2014

- 김준석, "주식시장 개인투자자의 행태적 편의", 「자본시장포커스」, 2021-17호, 2021

6장_ 사람들은 과연 자신의 선택에 얼마나 확신을 갖고 있을까?: 자신감과 군중심리

- George A. Akerlof, Robert J. Shiller, 『Animal Spirits: How Human Psychology Drives the Economy, and Why It Matters for Global Capitalism』, Princeton, Princeton University Press, 2009

- L. Simon Bagwell, B. Douglas Bernheim, "Veblen effects in a theory of conspicuous consumption", 「American Economic Review」, 86(3), 349-373, 1996

- B. M. Barber, T. Odean, "Trading is hazardous to your wealth: The common stock investment performance of individual investors", 「The Journal of Finance」, 55(2), pp.773-806, 2000

- Sushil Bikhchandani, Sunil Sharma, "Herd behavior in financial markets", 「IMF Staff Papers」, 47(3), 279-310, 2001

- EC Chang, JW Cheng, A Khorana, "An examination of herd behavior in equity markets: An international perspective", 「Journal of Banking & Finance」, 24(10), 1651-1679, 2000

- Pauline Rose Clance, Suzanne Ament Imes, "The imposter phenomenon in high achieving women: Dynamics and therapeutic intervention", 「Psychotherapy: Theory, Research & Practice」, 15(3), 241 – 247, 1978

- Seth Godin, 『This Is Marketing: You Can't Be Seen Until You Learn to See』, Portfolio; Illustrated edition, 2018

- Teng-Ching Huang, Bing-Huei Lin, Tung-Hsiao Yang, "Herd behavior and idiosyncratic volatility", 「Journal of Business Research」, 68(4), 763-770, 2015

- John Maynard Keynes, 『The General Theory of Employment, Interest, and Money』, Harcourt Brace and World, 1936

- Harvey Leibenstein, "Bandwagon, Snob, and Veblen Effects in the Theory of Consumers' Demand", 『The Quarterly Journal of Economics』, 64(2), 183－207, 1950

- Waiman Peter Mok, "Age differences in gambling behavior", 『Digital Depository』, Iowa State University, 1990

- Waiman Peter Mok, Joseph Hraba, "Age and gambling behavior: A declining and shifting pattern of participation", 『Journal of Gambling Studies』, 7(4), 313-335, 1991

- Pascal Molenberghs, Fynn-Mathis Trautwein, Anne Böckler, Tania Singer, Philipp Kanske, "Neural correlates of metacognitive ability and of feeling confident: a large-scale fMRI study", 『Social Cognitive and Affective Neuroscience』, 11(12), 1942-1951, 2016

- John V. Petrocelli, Steven J. Sherman, "Event detail and confidence in gambling: The role of counterfactual thought reactions", 『Journal of Experimental Social Psychology』, 46(1), 61-72, 2010

- Michael M. Pompian, 『Behavioral Finance and Wealth Management: How to Build Investment Strategies That Account for Investor Biases』, 2nd Edition, Wiley Finance, 2011

- Roger L. Ransom, "Confidence, fear and a propensity to gamble: The puzzle of war and economics in an age of catastrophe 1914-1945", 『Social Science History』, 40(4), 599-625, 2016

- David S. Scharfstein, Jeremy C. Stein, "Herd behavior and investment", 『The American Economic Review』, 80(3), 465-479, 1990

- Fran Tonkiss, "Trust, confidence and economic crisis", 『Interecono mics』, 44(4), 196-202, 2009

- Thorstein Veblen, 『The theory of leisure of class』, The Viking Press, 1899

- Daniel John Zizzo, "The cognitive and behavioral economics of envy", 「SSRN Electronic Journal」, 2007

- "Sunderland marathon course was 264m short", BBC(https://www. bbc.com/news/uk-england-tyne-22488193), 10 May 2013

- 김준석, "주식시장 개인투자자의 행태적 편의", 「자본시장포커스」, 2021-17호, 2021

- 신임철, 「소비자행동에 관한 행동경제학 관점의 연구」, 경영학 박사학위논문, 성균관대학교, 2020

- 조천호, 『파란하늘 빨간지구』, 동아시아, p.250, 2019

- 「성경전서 개역한글판」 DB, 성서개역자회, 대한성서공회

- ""아빠는 주식을 던졌다"…폭락장 '패닉셀링' 연구결과 들여다보니", 머니투데이(https://news.mt.co.kr/mtview.php?no=2021092822345079120&outlink=1&ref=https%3A%2F%2F), 2021.09.28

- [노노스족] 다음(Daum)
  https://dic.daum.net/word/view.do?wordid=kkw000436951&supid=kku010190528

- [오즈의 마법사] 위키백과
  https://ko.wikipedia.org/wiki/오즈의_마법사

- [집단지성] 위키백과
  https://ko.wikipedia.org/wiki/집단_지성

- [파노플리 효과] 매경시사용어사전
  https://100.daum.net/encyclopedia/view/31XXXXX21168

7장_ 행동경제학의 사촌들이 있다: 게임이론과 점증모형

- A. M. Evans, W. Revelle, "Survey and behavioral measurements of interpersonal trust", 「Journal of Research in Personality」, 42(6), 1585 – 1593, 2008

- C. F. Camerer, 『Behavioral Game Theory』, Princeton, NJ: Princeton University Press, 2003

- Yehezkel Dror, , "Muddling Through-"Science" or Inertia?", 「Public Administration Review」, 24(3), 153-157, 1964

- Urs Fishbacher, Simon Gachter, Ernst Fehr, "Are People Conditionally Cooperative? Evidence from a Public Goods Experiment", 「Economics Letters」, 71(3), 397 – 404, 2001

- Charles E. Lindblom, "The science of 'muddling through'", 「Public Administration Review」, 19, 79 – 88, 1959

- Charles E. Lindblom, "Still muddling, not yet through", 「Public Administration Review」, 39, 517 – 526, 1979

- John Mearsheimer, "Back to the Future", 「International Security」, 15:5-56, 1990

- Robert Powell, "Absolute and Relative Gains in International Relations Theory", 「The American Political Science Review」, 85(4), 1303-1320, 1991

- D. M. Rousseau, S. B. Sitkin, R. S. Burt, C. F. Camerer, "Not so different after all: A cross-discipline view of trust", 「Academy of Management Review」, 23(3), 393 – 404, 1998

- 신임철, 「전교조와 정부 간 게임에 영향을 미친 요인에 관한 연구」, 행정학 석사학위논문, 서울대학교, 2001

마치면서_ 사람들은 돈을 잃을 게 뻔한데도 왜 계속 카지노 게임을 할까?

- H. Aguinis, K. J. Bradley, "Best practice recommendations for designing and implementing experimental vignette methodology studies", 「Organizational Research Methods」, 17(4), 351-371, 2014

- C. Atzmuller, P. M. Steiner, "Experimental vignette studies in survey research", 「Methodology European Journal of Research Methods for the Behavioral and Social Sciences」, 6(3), 128-138, 2010

- 신임철, 「소비자행동에 관한 행동경제학 관점의 연구」, 경영학 박사학위논문, 성균관대학교, 2020

- 신임철, 임성택, "카지노고객의 행동에 영향을 미치는 심리요인에 관한 행동경제학 관점의 연구", 「관광연구저널」, 34(7), 107-121, 2020

- 신임철, 임성택, "심리적 회계가 카지노 게임행동에 미치는 영향에 관한 연구: EVM 실험 연구를 중심으로", 「호텔경영학연구」, 29(8), 109-121, 2020

이 책에는 다양한 인물들이 등장하는데 모두 다 가상의 인물입니다. 다만 일부 등장인물의 이름은 제 지인들의 실제 이름입니다. 물론 단순히 이름만 차용한 것입니다. 이름 차용을 허락해준 분들에게 특별한 감사를 드립니다.

경현 – 노경현: 오늘의집 PO, 뤼이드 PM
경훈 – 김경훈: 오늘의집 선임PO, 뤼이드 Product Team Leader
승현 – 임승현: 아이디어스 CSO, 뤼이드 COO
용환 – 이용환: 스마일게이트 HR Head, 뤼이드 HR Head, Towers Watson
인범 – 김인범: 아톤 CFO, 뤼이드 CFO, 한국공인회계사(KICPA)
정현 – 임정현: 포바이포 부사장, 뤼이드 부대표, 페이스북
종진 – 원종진: 썰즈 CMO, 뤼이드 Tribe Leader
지현 – 이지현: 포바이포 이사, 뤼이드 이사, Edelman, Columbia MBA
진서 – 윤진서: 슬링 CTO, 라인 개발자, 뤼이드 VP of Engineering

찾아보기

처음 만나는 **행동경제학**
심 리 를 알 면 경 제 가 보 인 다

초판 발행 | 2022년 2월 28일
3쇄 발행 | 2023년 6월 19일

지은이 | 신 임 철

펴낸이 | 권 성 준
편집장 | 황 영 주
편 집 | 김 진 아
　　　　　임 지 원
디자인 | 윤 서 빈

에이콘출판주식회사
서울특별시 양천구 국회대로 287 (목동)
전화 02-2653-7600, 팩스 02-2653-0433
www.acornpub.co.kr / editor@acornpub.co.kr

Copyright ⓒ 에이콘출판주식회사, 2022, Printed in Korea.
ISBN 979-11-6175-618-9
http://www.acornpub.co.kr/book/behavioral-economics

책값은 뒤표지에 있습니다.